地方政府与区域公共管理研究丛书

丛书顾问：夏书章教授

丛书主编：陈瑞莲教授

社会科学文献出版社
SOCIAL SCIENCES ACADEMIC PRESS (CHINA)

地方政府与区域公共管理研究丛书

当代中国政府间关系导论

Introduction to the Relationship Among Governments in Contemporary China

张紧跟　著

社会科学文献出版社
SOCIAL SCIENCES ACADEMIC PRESS (CHINA)

图书在版编目（CIP）数据

当代中国政府间关系导论/张紧跟著. –北京：社会
科学文献出版社，2009.6
（地方政府与区域公共管理研究丛书）
ISBN 978 – 7 –5097 –0728 –9

Ⅰ. 当… Ⅱ. 张… Ⅲ. 中央政府 – 关系 – 地方
政府 – 研究 – 中国 Ⅳ. D62

中国版本图书馆 CIP 数据核字（2009）第 038225 号

此项研究获得教育部人文社会科学重点研究基地重大项目
"区域公共管理研究：国际比较的视角"（2007JJD630017）、中
山大学二期"985 工程"公共管理与社会发展研究创新基地、
2005 年度教育部人文社会科学青年项目（13000 –4101131）、广
东省哲学社会科学规划项目（13000 –4221136）资助。

总　序

陈瑞莲[*]

迈入 21 世纪，世界全面过渡到信息社会和知识经济时代，经济全球化、区域一体化、社会信息化、市场无界化的浪潮汹涌，民族国家或地区诸多的传统"内部"社会公共问题与公共事务，变得越来越"外部化"和"无界化"，跨国或跨行政区划的"区域公共问题"大量滋生，并有复杂化、多元化和规模化之态势。以往一个国家和一个政府进行的单边公共行政已经力不从心，无法面对大量的"区域公共问题"，如何生产和供给"区域公共物品"，解决区域经济发展中的投资与贸易、资源配置、环境治理、公共卫生、公共安全等区域公共问题，成为区域政府所面临的严峻挑战。从我国来看，随着社会的转型和体制的转轨，那些曾经禁锢于行政区划的公共问题也逐渐突破管辖区的刚性束缚而向更广阔区域渗透和释放，从而衍生为错综复杂的区域性公共问题。因此，从某种意义上说，21 世纪中国公共管理面对的最大挑战莫过于区域公共管理的挑战，处理好和解决好系列

---

* 陈瑞莲系中山大学政务学院教授、博士生导师，中山大学行政管理研究中心地方政府与区域公共管理研究所所长，教育部高等学校公共管理类学科教学指导委员会委员。

区域公共性问题，和谐社会的发展愿景就不再遥远。

　　然而，无论是哪一类区域公共问题，都是传统管理技术和理论尚未涉及也无法解决的难题。因此，基于这种时代背景和现实需求，公共管理学科中的分支领域——区域公共管理研究应运而生。区域公共管理研究发轫于欧美，在国外学界一般称之为"区域治理"研究，其理论源流可追溯到20世纪早期诞生的区域经济学，后来融会了政治学、发展理论、治理理论等多元视角，逐步成为区域科学研究中的一门重要分支学科。在我国，有关区域公共管理（行政）研究的著述尚较为零散，区域公共管理研究的学者社群尚未成形。但我们坚信，随着时代的发展，区域公共管理研究将会愈来愈凸显其重要的理论意义和实践价值。

　　自20世纪90年代中期起，我们率先在国内学界进行了区域行政和区域公共管理的研究，从区域行政概念的探析到区域公共管理研究的深化，其间经历了十多年的摸索与探讨。1994年，我们在中山大学行政管理专业硕士点首设区域行政研究方向。1998年又在行政管理专业博士点设置该方向。我们当时的研究趣旨侧重于探讨区域行政研究的源流，同时强调研究的区域性，利用地缘与本土研究优势，将研究重点集中在区域行政的基础理论及港、澳、珠三角公共管理模式的形成机理和运作机制，并对其公共管理模式的主要特色及粤港澳政府合作进行了有效探索。在总体研究取向上，我们认识到区域研究需要突破个别学科各自为政所导致的知识困局，在研究上实现学科之间的相互整合，从知识的源头打破本位主义与工具主义所预设的各种条框，研究者需要兼具宏观视野与跨科际的思考能力。因此，我们强调打破单一学科的视野束缚，以实现跨学科的科际整合，将单一的研究取向转变为政治学、经济学、法学和管理学多学科取向，使区域公共管理研究朝着跨学科研究、多学科相互渗透、相互融合的研究方向发展。我们深信这种科际整合的区域公共管理研究思路，在实践中能够解答传统区域科学如区域经济学、政区地理学、区域社会学、区域规划学等学科所不能解答的问题，必将丰富和发展区域科学的研究视野和研究途径。

伴随全球化和区域一体化浪潮滚滚而至，我国市场化、工业化、城市化和现代化进程的不断加速，传统社会公共问题"区域化"和无界化的态势更加明显，我们认识到跨越地理管辖区域边界的公共问题的治理是当代公共管理需要面对的最为重要的挑战之一，区域公共管理面对和要解决的是区域性公共问题，因而它区别于传统的"行政区行政"，对政府公共管理的治理结构和制度建构提出了新的挑战和诉求。于是 2000 年将"区域行政"研究拓展为"区域公共管理"研究，并把它作为国家教育部人文社科重点研究基地——中山大学行政管理研究中心的重要研究方向和行政管理博士点的研究方向，致力于对全球化进程中所出现的种种层面的具体区域公共事务进行研究和探讨。在这种研究取向的指导下，我们在一系列领域就具体区域问题进行了研究，如城乡二元结构问题、区域协调发展问题、区域政府间竞争问题、区域政府间关系协调问题、流域公共治理问题、区域经济一体化问题、地方保护主义与国内政策一体化问题、行政区划变革问题，以及国外区域公共管理研究经典和前沿的译介等等。本系列丛书便是我们这个团队的研究者们的部分研究成果。我们希望本系列丛书的出版有助于推动区域公共管理理论研究的深化，也有助于促进我国区域协调发展，城乡协调发展，为构建和谐社会尽我们的微薄之力。

2006 年 10 月于中山大学康乐园

目录 CONTENTS

摘　要

　　国内政府间关系是现代政府体系的重要组成部分，它通常指涉各级政府间的立法、行政和司法关系。孟德斯鸠曾经指出："一个共和国，如果小的话，则亡于外力；如果大的话，则亡于内部的不完善。"① 从国家构建之日起，国内政府间关系就成为政治生活史中一个亘古不变的重要政治现象。迄今为止，国内政府间关系仍然是现代政治生活的核心事实，如何理顺国内政府间关系使之适应经济社会发展的需要成为当代国家治理所面临的主要挑战。20 世纪 80 年代以来，伴随着全球性的经济市场化和地方分权化的发展态势，国内政府间关系变革已经成为世界各国政府改革普遍关注的重点领域。作为上层建筑的重要组成部分，国内政府间关系受制于既定的经济基础、社会结构和行政技术因素。随着经济体制、社会结构和行政工艺的变化，国内政府间关系也将随之发生变化。目前，在各国新一轮的政府改革浪潮中，国内政府间关系的分权、竞合、多中心治理等已经成为普遍的发展趋势。在 21 世纪之初，中国迈入建设社会主义市场经济的关

---

① 〔法〕孟德斯鸠：《论法的精神》（上），张雁深译，商务印书馆，1987，第 130 页。

键转型期,如何调整国内政府间关系,促进政府发展,已经成为当代中国必须应对的关键问题。因此,对当代中国政府间关系展开研究,不仅对于拓宽政治学与公共行政学的研究视野,而且对于推进中国的政治体制改革,促进国家整合、政府善治与和谐社会建设,都具有重要意义。

本书在理论联系实际这一基本原则的指导下,通过理论分析与实证分析相结合,深度剖析了当代中国政府间关系的基本运行状态,力图揭示出当代中国政府间关系运行中存在的问题,并对走出困境的路径选择作了切合中国实际的探索性分析。

全书内容分为六章与结语。第一章是导论,梳理了国内政府间关系的含义,对当代中国政府间关系研究的相关文献进行综述,探讨了当代中国政府间关系的研究对象,分析了当代中国政府间关系研究的方法与意义。第二章研究当代中国政府间纵向关系,在对相关理论进行综述的基础上,回溯了当代中国政府间纵向关系的发展历程,剖析了当代中国政府间纵向关系的发展实践及其存在的主要问题,最后对理顺当代中国政府间纵向关系进行了思考。第三章研究当代中国地方政府间横向关系,在对相关理论进行综述的基础上,剖析了当代中国地方政府间横向关系发展及其出现的问题,并对协调当代中国地方政府间横向关系进行了探讨。第四章研究当代中国行政区划改革中的政府间关系,在对相关理论进行综述的基础上,剖析了当代中国行政区划存在的问题,并在分析相关改革实践的基础上进行了反思。第五章研究当代中国城市群治理中的政府间关系,在对相关理论与研究文献进行综述的基础上,分析了当前的治理实践,并对未来治理的改革进行了思考。第六章研究当代中国区域非均衡发展中的政府间关系,在对相关理论和相关学科研究进行综述的基础上,对统筹区域发展进行了探讨。结语对全书内容进行了简要的理论总结。

第一章

导　　论

第一节　国内政府间关系的含义

一　国内政府间关系概念的提出

美国学者赖特指出，作为一个学术术语，Intergovernmental Relations（IGR）源于美国 20 世纪 30 年代新政的实施和联邦政府为了克服大萧条时期经济社会恐慌所作的全面的努力。[①] 20 世纪 30 年代，美国联邦政府为应对和克服大萧条时期的经济和社会恐慌局面，积极推行新政措施。为了避免各州质疑其破坏政府间纵向分权的宪政架构，联邦政府提出强调自由、进步与主动的政府间关系务实运作观念。当时的经济恐慌引发了许多全国性社会问题，任何单个的州政府或地方政府都无法单独解决。为此，联邦政府突破了以往的二元联邦制运作模式，改而奉行联邦政府主动进取、各级政府密切合作的政策，联邦政府通过财政补助、专业指导、法令规范等政策工具，实质性地介入到地

---

① Deil S. Wright, "Understanding Intergovernment Relation," in Jay M. Shafritz, Albert C. Hyder, *Classic of Public Administration*, Harcourt Brue College Publishers, 1996, pp. 578 - 594。

方性公共事务的管理之中。这样，联邦政府与州政府之间就扬弃了过去分权制衡的态度，改为主动积极的密切合作，共同建立一种全新的服务供给与输送系统管道，以推动罗斯福新政措施、扭转国家命运的一种新型的政府互动行为。二战以后，随着福利国家理念的兴起，美国联邦政府更是经常通过政府间关系运作，对州和地方政府的公共政策规划和执行发挥着相当的影响力。

这一术语的提出与运用，也与当时美国政治学研究中行为主义方法的兴起有着内在的关联。因为在此之前，学者们在研究美国的国家结构形式时，往往只是简单地将美国的州政府与联邦政府之间的关系定位为联邦制，而其丰富而复杂的具体内涵却无法从联邦制这一静态的宪法结构中展示出来。随着政治学研究中行为主义方法的兴起，对具体政治过程与政治行为研究的日渐重视，越来越多的学者开始使用"政府间关系"一词。

然而，IGR 最早在文献中使用的是克莱德·施耐德（Clyde F. Snider），他于 1937 年在《美国政治学评论》上发表了《1935～1936 年的乡村和城镇政府》一文；威廉·安德森（William Anderson）对这一概念的发展也有贡献。但是，施耐德和安德森都没有说明这一术语的来源。安德森的同代人 W. 布鲁克·格雷夫（W. Brook Graves）作为一个年鉴杂志的编辑，于1940 年第 207 期编辑了 25 篇覆盖美国联邦与州、联邦与地方、州际关系的文章，并最后冠之以《美利坚合众国的政府间关系》的名称，但无论是这些文章的作者还是编辑都没有认识到界定IGR 或将它与联邦主义、新联邦主义、合作联邦主义区别开来的必要。

虽然 Intergovernmental Relations（IGR）在公共行政与公共政策的相关英文文献中是个出现频率较高的词组，但值得注意的是，即使是在公共行政理论与实践都相对比较发达的发达市场经济国家，对这一问题的重视也只是 20 世纪 60 年代以后的事情。① 一方面，是因为在以威尔逊—韦伯范式为基础的传统公共行政学理论视野中，强调分工精细和效率至上，政府公共管理是以明确的边界划分为前提的。"尽管这种管理中的'地盘保护主义'有时既是可以理解而且是合适的，但是却无法对变化社会中的政治和经济要求作出及时回应，因此适应甚至生存要求公共机构跨越固有的边界限制。"② 另一方面，是因为随着现代化大生产的发展和政府对社会事务干预的扩大，加之具有发达的通讯和交通设施作为基础，各国国内区域经济合作得到蓬勃发展，这一新型的经济生活方式极大地推动了政府间关系的发展。正如一些美国学者所指出的，"传统的公共行政理论是建立在指挥统一的假设基础上的，然而 20 世纪 60 年代后，政府管理战略发生了根本变化——在生产公共物品和服务时政府越来越依赖于多个机构之间、跨政府之间以及公—私—非营利组织之间的伙伴关系——这颠覆了传统理论"。③ 而且，很多公共性事务不是单一行政辖区所能单独解决的，如污水处理、废物排放、公共交通等就需要多个辖区政府的共同努力和协作行动，这些努力和行动使政府间关系逐渐由原来的纵向权力划分逐渐演变为一种高度复杂的共同承担责任和共同解决问题的政府间合作体系。正如保罗·R. 多梅尔所言："许多政策性和行政性的事务今天不只涉及单个社区及其官员，还会导致上下左右纵横交错的官员或政府部门之间正

---

① 《布莱克维尔政治学百科全书》，中国政法大学出版社，1993，第 365 页。

② Donald F. Kettl and H. Brinton Milward, *The State of Public Management*, the John Hopkins University Press, 1996, p. 145.

③ Mosher, Frederick C., 1980, "The Changing Responsibilities and Tactics of the Federal Government", *Public Administration Review* 40; Salamon, Lester M. 1981, "Rethinking Public Management: Third-Party Government and the Changing Forms of Government Action", *Public Policy* 29.

式或非正式关系的复杂网络。"①

20世纪50年代,当IGR成为美国国会法定语言时,该术语广泛应用的大道就铺就了。1953年,美国国会成立了"政府间关系"临时委员会,随后创立了永久性的政府间关系委员会,包含了一流的官员,涵盖了联邦、州、地方的关系。在近50年监控政府间关系走向的过程中,这个机构已经产生了大量研究成果和政策建议。在20世纪60、70年代,这一术语的正式使用得到拓展,并在联邦、州和地方层级上得到使用。例如,1968年美国国会通过了政府间合作法案授权项目。到1970年,几乎所有的州都已经建立了一个执行机构或有专门官员负责处理有关IGR的问题。1969年的一份调查报告指出,16%的超过1万人的城市有全职的政府间关系的协调者,52%的超过10万人的城市有全职的政府间关系的协调者;到1975年,这一比例分别上升到39%和76%;到1980年每个州都有一个机构和全职人员专门承担IGR责任。到了20世纪80年代,国内政府间关系已经成为美国政府治理广泛使用和普遍认可的常用概念。

二　国内政府间关系的概念

(一)西方学者的界定

20世纪60年代后,随着政府管理实践的发展,西方学者逐渐意识到了政府间管理问题的重要性。美国学者安德森首次提出"政府间关系"这一概念,并将其界定为"各类的和各级政府机构的一系列重要活动,以及它们之间的相互关系"。不过,他是从政府公职人员之间的人际关系和人的行为角度来看待政

---

① 〔美〕理查德·D.宾厄姆等:《美国地方政府的管理》,北京大学出版社,1997,第167页。

府间关系。① 后来，另一位美国学者明确指出，国内政府间关系概念比联邦主义涵盖的范围更广，联邦主义主要强调联邦与州的关系以及各州之间的关系，而国内政府间关系还包括联邦与地方、州与地方、国家—州—地方之间、地方与地方之间的关系。②

20世纪80年代后，对政府间日常事务的管理开始成为政府间关系的重要组成部分，有学者指出当时联邦德国的制度不仅包括广泛的交织和相互依赖，而且也包含合作和协调的过程运作。③ 有的学者将对美国体制研究的焦点放在日常管理的重要性上，认为政府间关系发展到了一个新的阶段，即处于政府间管理的时代。④ 赖特认为有三个原因可以说明现在处于政府间管理的时代：（1）计算的增多，如需要掂量中央拨款的代价和收益，通过调整使按公式分配资金的收益者产生变化，在不遵守调控要求的风险与遵守的代价之间作出取舍，等等；（2）运用调包的手法或能力，即把为某一目的获得的资源用于另一目的；（3）负载过度而导致成本过高、无效率和调控过度。⑤ 而政府间管理除了政府间纵向关系之外，必然包含着政府间横向关系问题，正如美国学者罗森布罗姆等所指出的："联邦主义需要两种类型的协调

---

① 参见 William Anderson, *Intergovernmental Relations in Review*, Minneapolis: University of Minnesota Press, 1960。

② 〔美〕狄尔·赖特：《对政府间关系的一般分析观察》，载〔美〕R. J. 斯蒂尔曼《公共行政学》（上），李方等译，中国社会科学出版社，1988，第253页。

③ Joachim Hans Hesse, "The Federal Republic of German: From Cooperative Federalism to Joint Policy – Making", in *West European Politics*, 1987（10）: 70 – 87.

④ Robert Agranoff, *Intergovernmental Management: Human Services Problem-Solving in Six Metropolitan Areas*, Albany, N. Y.: State University of New York Press, 1986.

⑤ Deil S. Wright, "Managing the Intergovernmental Scene: the Changing of Federalism, Intergovernmental Relations and Intergovernmental Management", in William B. Eddy, ed, *Handbook of Organization Management*, New York: Marcel Dekker, 1984.

与合作，其一是联邦政府与州政府之间的合作，其二是各州政府之间的合作。"① 另外，在美国政治实践中，在地方政治层面上，一直存在着关于"超级地方主义"（主张多中心的分散治理等，关注政府的效率、效力和责任心等问题）和"巨人政府"（主张造就统一的、强有力的、管理整个地区的都市政府，关注市民文化的健康和社会公平）两种理论的争论。② 尽管其解决问题的思路更多地集中于政府组织规模和行政区划调整，但其争论的焦点实际上就是大都市区治理中的政府间关系问题。

至此，国内政府间关系作为一个涵盖一个国家内部政府间纵向和横向两个层面内容的概念逐渐被确立。

（二）国内学者的争论

1. 国内政府间关系

在《国内政府间关系》一书中，林尚立教授认为政府间关系主要是指"各级政府间和各地区政府间关系，包含纵向的中央政府与地方政府间关系、地方各级政府间关系和横向的各地区政府间关系"③。此外，林尚立教授认为，政府间横向关系虽然主要指地方政府间关系，但由于中国传统的政府间关系模式是以条块关系为基础的，所以横向关系有时也包括政府内部各部门之间的关系。④ 简而言之，政府间关系的主体主要是指中央政府和各级地方政府，但是在中国条块分割的政府运行体制下，政府内部各部门有时也成为政府间关系的主体。关于政府间关系的具体

---

① 〔美〕戴维·H. 罗森布鲁姆、罗伯特·S. 克拉夫丘克：《公共行政学：管理、政治和法律的途径》，张成福等译，中国人民大学出版社，2002，第131～132页。

② 参见〔美〕尼古拉斯·亨利著《公共行政与公共事务》，项龙译，华夏出版社，2002，第371～378页。

③ 林尚立：《国内政府间关系》，浙江人民出版社，1998，第14页。

④ 林尚立：《国内政府间关系》，浙江人民出版社，1998，第313页。

内容，林尚立教授认为应该包括权力关系、财政关系和公共行政关系。①

2. 府际关系

谢庆奎教授将政府间关系称为"府际关系"，并将其界定为"包括中央政府与地方政府之间、地方政府之间、政府部门之间、各地区政府之间的关系"②。谢庆奎教授也认为政府部门是府际关系的十分重要的主体，因而将部门之间的关系纳入了研究范围。台湾学者赵永茂等认为，府际关系乃是一个国家内部不同政府间的相互运作关系。狭义来说，主要是指各层级政府间之垂直互动关系；广义而言，府际关系其实更涵盖同级政府间的水平互动关系、特定政府机关内各部门间协调管理及政府同民间组织的公共关系等。③ 在《府际关系论》一书中，杨宏山博士认为，狭义地讲，府际关系仅指不同层级政府之间的垂直关系网络；广义的府际关系，不仅包括中央政府与地方政府之间、上下级地方政府之间的纵向关系网络，而且还包括互不隶属的地方政府之间的横向关系网络，以及政府内部不同权力机关之间的分工关系网络；更宽泛地讲，府际关系不仅指涉国内政府间关系，而且包括主权国家政府间关系。④

3. 政府间关系

陈国权教授和李院林通过对长江三角洲地方政府间关系的研究，提出"所谓政府间关系，是指多边多级政府之间的利益博弈与权力互动的一种政治经济关系"⑤。由于研究的对象是长江

---

① 林尚立：《国内政府间关系》，浙江人民出版社，1998，第70~71页。
② 谢庆奎：《中国政府的府际关系研究》，《北京大学学报》2000年第1期。
③ 赵永茂、孙同文、江大树等：《府际关系》，台北元照出版公司，2001，第6页。
④ 杨宏山：《府际关系论》，中国社会科学出版社，2005，第2页。
⑤ 陈国权、李院林：《论长江三角洲一体化进程中的地方政府间关系》，《江海学刊》2004年第5期。

三角洲，所以，这里的"多边关系，是指江苏、浙江和上海两省一市之间的横向水平关系；多级关系，既包括省级行政区划内部的纵向垂直关系，也包括互不隶属的城市之间的'等级'关系"。陈振明教授主编的《公共管理学———一种不同于传统行政学的研究途径》一书中在比较林尚立教授与谢庆奎教授研究结论的基础上，提出政府间关系是指中央政府与各级地方政府之间纵横交错的网络关系，它既包括纵向的中央政府与地方政府、各级地方政府之间的关系，也包括同级地方政府之间以及不存在行政隶属关系的非同级政府之间的关系。①

除此之外，中山大学陈瑞莲教授将国内政府间关系问题纳入区域公共管理的研究体系之下。②

对比以上各种观点，我们可以看出，除了概念表述上的区别之外，不同学者对政府间关系的主体以及"政府间关系更为根本的实质性"的理解也存在着分歧。那么，我们应该怎样界定政府间关系呢？

首先，国内政府间关系是一个国家内部政府间的横向关系与纵向关系，因此主权国家政府间关系作为现代国际政治的主要研究对象应该被排除在外，而在当代公共治理研究中日益重要的政府与非政府组织之间的关系③也超出了国内政府间关系的概念范

---

① 陈振明：《公共管理学———一种不同于传统行政学的研究途径》，中国人民大学出版社，2003，第 145 页。

② 陈瑞莲：《论区域公共管理研究的缘起与发展》，《政治学研究》2003 年第 4 期。

③ Judith Saidel, "Resource Interdependence: The Relationship Between State Agencies and Nonprofit Organizations", *Public Administration Review*, Vol. 51, Iss. 6 (Nov/Dec, 1991), pp. 543 – 553. Adij Najam, "The Four-C's of Third Sector-Government Relations: Cooperation, Confrontation, Complementarities, and Co-optation", *Nonprofit Management & Leadership*, Vol, 10, No. 4 (Summer 2000), pp. 375 – 396. 卢维华：《非政府组织与政府的关系：资源相互依赖理论的视角》，《公共管理学报》2005 年第 2 期。

围。至于政府部门之间的关系是否应该包括在内，笔者认为要从两方面来看。一方面，从现阶段来说，部门关系是政府间关系的应有之意。当代中国的改革不仅使得经济社会发生巨大变迁，国家能力与权力结构也在"条块分割"下发生重大改变，市场并未取代官僚部门的作用，相反，透过利益网络，官僚部门成为名副其实的"国中之国"①。按照这一逻辑，当代中国政府不是一个完整的实体，而是由许多拥有不同程度自主权的机构所组成，是一种分离性结构，科层机构在功能上相互分割，条条、块块与条块之间经常存在着张力。因此，"条块"分割是中国行政管理实践中一种形象的说法。另一方面，以前瞻性的观点来看，部门毕竟是构成各级政府的机构，是次于"政府"的行政主体，所以不应该归纳到政府间关系的范畴之内。尽管由于计划经济体制的影响，中国政府间关系出现了扭曲的现象，"条块"矛盾突出，政府间关系深受"条条"的影响，使部门成为分析政府间关系的重要变量。然而，部门这一变量只是特定时期出现的影响政府间关系的特殊因素，它会随着体制的日趋完善逐渐淡化，而"政府"这一主体却具有长期的稳定性。

其次，国内政府间关系的主要内容是利益关系。在谢庆奎教授看来，所谓政府间关系，实际上是政府之间的权力配置与利益分配关系，具体包括利益关系、权力关系、财政关系和公共行政关系。而在林尚立教授那里，政府间关系则包括权力关系、财政关系和公共行政关系。陈国权教授和李院林在阐述概念时，加入了"利益博弈"和"权力互动"的内容，并且以"政治经济关

① Richard Baum and Alexei Shevchenko, "The 'State of the State'", in Merle Goldman and Roderick MacFarquhar ed, *The Paradox of China's Post-Mao Reforms*, Cambridge: Harvard University Press, 1999, pp. 333–360.

系"作为政府间关系的落脚点。笔者认为，这些学者的观点是比较全面的，基本上勾勒出了国内政府间关系的具体图景。但是，基于本书讨论的需要以及进一步对研究问题的抽象，可以对这些内容进行再概括，那么国内政府间关系的核心内容实质上正如同谢庆奎教授所言是利益关系，因为其他关系不过是利益关系的具体化而已。

最后，在国内政府间关系的主导脉络上，纵向关系与横向关系同等重要。诚如林尚立教授所言："在任何一个国家，中央与地方关系都将直接决定整个国内政府间关系的基本格局。因为中央与地方关系决定着地方政府在整个国家机构体系中的地位、权力范围和活动方式，从而也就决定了地方政府体系内部各级政府之间的关系，决定了地方政府之间的关系。"① 改革开放之前，由于一方面缺乏合作的内在动力与需求，另一方面缺乏合作的物质基础，因此在传统的高度中央集权管理体制下，横向地方政府间关系发展被阻隔不可避免。但是，改革开放以来，随着市场化进程的推进以及纵向权力结构的调整等，地方政府作为地方利益代表者的自主意识逐渐觉醒，地方政府为追求本辖区利益的最大化，必然会不断加强横向经济联系，从而使得地方政府间横向关系不断得到发展。因此，谢庆奎教授认为在政府间垂直和水平上的纵横交错关系中，府际关系在改革前后"发生了很大的变化，由单一性走向多样性，由垂直联系为主发展横向联系为主"②。由此，笔者认为，政府间纵向关系与政府间横向关系在现代国家的内部治理中都同等重要。

综上所述，笔者认为，国内政府间关系是指一个主权国家内部多边多级政府之间利益博弈与权力互动的一种利益关系。

① 林尚立：《国内政府间关系》，浙江人民出版社，1998，第19页。
② 谢庆奎：《中国政府的府际关系研究》，《北京大学学报》2000年第1期。

三 相关概念之比较

1. 联邦主义

联邦主义通常被认为是一种在相反和敌对的利益之间以权力制约权力的政府理论。正如西方许多哲学家、神学家和政治理论家所指出的那样,联邦主义思想根植于《圣经》之中。联邦主义关注自治与分享治理的结合。就最广义而言,联邦主义涉及个体、群体和持久的政体之间的联系而又有限的联合,使得在维持各党派相互的完整性的同时准备积极追求共同目标。作为一个政治原则,联邦主义与宪法权力的分散有关。联邦主义(Federalism)的实质在于,"通过其存在和权威都受到宪法保障的中央政府与地方政府之间的分权而将统一性和地区多样性纳入一个单一的政治体制之中"。显然,联邦主义重视宪法权威,机构在层层重叠中各司其职,犹如一块分层蛋糕,是一种维护联邦与州两个权威、同级政府间(部门间)泾渭分明而很少直接联系的政府关系模式。联邦主义的主要特点在于:第一,通过宪法权威把联邦政治体制的权力散布于各个独立而又互相作用的政治中心,权力分配给负责立法、行政和司法功能的相互分立的决策结构,且每项分配的权力都是有限的,以使一个决策结构能够否决或制约其他决策结构的行为。第二,独立和依存、竞争和合作构成了联邦政府和地方成员政府关系的特色。联邦制使人们有可能把处理共同问题的有效的中央权力同保留地方自治特色结合起来,它构建了联邦和地方成员政府的权威都受到宪法保护的政治秩序。第三,通过具体规定个人的宪法权利来限制政府的权威,并对公民直接和间接参与治理程序作出了规定。作为一种组织政治生活和管理公共事务的模式,公民精神在联邦主义中得到培育生长。

作为国家结构形式的联邦主义渊源流长,人们可以从古希腊的城邦和意大利中世纪的城市共和国中看到其不同的存在形式,现代意义的联邦主义是由美国在 1787 年立宪后逐步确立的。因此，一般认为，在讨论美国宪法设计的基本特征时，联邦主义是最为显著的概念之一。联邦主义旨在描述联邦与各州政府之间权力运用区分的一种政治组织形态。在联邦主义下，虽然全国性政府和各成员政府都统一在共同的国家主权和政治系统之下，但各自相对独立，它们之间的协调与合作，是以承认各自在法律和行政上的独立为前提的。这与单一制国家有着根本性的区别。正因为如此，麦迪逊认为："拟议中的宪法严格说来既不是一部国家宪法，也不是一部联邦宪法，而是两者的结合。其基础是联邦性的而不是国家性的；在政府一般权力的来源方面，它部分是联邦性的，部分是国家性的；在行使这些权力方面，它是国家性的，不是联邦性的；在权力范围方面，它又不是联邦性的，不是国家性的。最后，在修改权的方式方面，它既不完全是联邦性的，也不完全是国家性的。"①

联邦主义的实施模式，各国有所不同。至于联邦宪法如何规范联邦与各成员的权限划分，乃是观察各国联邦主义运作模式的重要焦点。例如，美国宪法对于联邦与各州的权限划分，采用的是单独列举联邦权限，将未列举的剩余权限保留给各州；加拿大则是分别列举联邦与各省的权限，将未列举的事权，视其性质是属于全国性的还是一省性的，来决定其权限归属；南非则只是列举各邦权限，而未列举事权皆推定属于联邦。② 这三种宪法规范模式的差异性，必然会具体影响其联邦主义的施行。而同一个国家在不同时期，其联邦主义的运作内涵也会出现若干变化。③ 如美国的联邦主义运作在其发展历程中就先后经历了许多次变化，

① 《联邦党人文集》，程逢如等译，商务印书馆，1980，第 198 页。
② 薄庆玖：《地方政府与自治》，五南图书出版公司，2000，第 26 页。
③ 参见王丽萍《联邦制与世界秩序》，北京大学出版社，2000。

尼古拉斯·亨利将其变化概括为"多层饼式的联邦主义，1890~
1930、磐石般的联邦主义，1930~1960、水龙头式的联邦主义，
1940~1970、百花齐放的联邦主义，1950~1970、假象式的联邦
主义，1970~1980、自我奋斗式的联邦主义，1980 至今"[①]。

　　在联邦主义宪政框架下，各级政府间关系可以分为两大部分：
一是联邦政府与各成员政府之间的分权框架，二是各成员政府对
其地方政府的治理模式。其中，联邦主义的运作主轴，在于全国
性政府与各成员政府之间的互动。至于在各成员政府之内，其纵
向关系更近似于单一制国家的中央政府与地方政府之间的关系。
联邦主义视野下的政府间关系是一种静态的制度安排与设计，它
解决了政府结构的制度安排问题，但同时也存在着明显的不足。
一是过多关注于组织结构和法律制度，忽视了政治文化和心理因
素对政府间关系的影响。政府间关系的有序运转不仅仅取决于组
织的正式结构和法律制度，还决定于政府所拥有的组织文化和心理
习惯。二是对地方自治机构及其在政府间关系中的地位重视不够。
美国宪法第十条修正案规定："本宪法所未授予合众国或未禁止各州
行使之权力，均由各州或人民保留之。"由此产生了一个模棱两可的
问题，即什么权力保留"给人民"和什么权力保留"给各州"。

　　因此，在基本内涵上，联邦主义与国内政府间关系存在着比
较明显的区别，相对于国内政府间关系偏向动态运作的实践管
理，联邦主义显然更强调宪政规范的法定权限划分。换言之，联
邦主义旨在通过联邦宪法来规范联邦政府与成员政府之间的权限
划分，以保障各成员单位宪法权限的完整性与自主性，而国内政
府间关系则主张突破既有法令限制，通过动态的政府间管理互动
来扩展各级政府的运作空间。不过，在概念使用上，国内政府间

① 〔美〕尼古拉斯·亨利：《公共行政与公共事务》，项龙译，华夏出版社，
　　2002，第 348~349 页。

关系并非是要取代联邦主义，只是强调可以用国内政府间关系来扩大联邦主义所无法包含的各级政府间运作与互动关系。例如，国内政府间关系并不仅仅局限于联邦与各成员政府之间和各成员政府与地方政府之间的纵向关系，它超越了联邦主义的法制框架，在法定的组织层级和职责分工之外运用政策手段，不断拓宽政府政策的运作空间等。①

2. 中央与地方关系

相对于联邦制国家以联邦主义来概括全国性政府与各成员政府间之互动关系，单一制国家则通常以中央与地方关系来指称其纵向政府间运作框架。在单一制国家中，中央与地方关系成为国家结构形式在现实政治中的具体体现。从严格意义上讲，中央与地方关系应该是国家权力在国家政权结构中的纵向配置。不过，与联邦主义重视地方分权相比，中央与地方关系比较强调中央主导和层级节制。

单一制国家之所以用中央与地方关系来涵盖国内政府间纵向关系运作，其原因在于单一制国家的地方分权与自治，都是由中央政府所创设。与联邦制国家先有成员政府后在成员政府基础上建立全国性政府不同，单一制国家往往先有中央政府，然后再建构其地方政府体系。因此，单一制国家用中央与地方关系来描述垂直的政府层级节制，而联邦制国家则用联邦主义强调地方分权，单一制国家的中央政府对其纵向政府间关系运作比联邦制下的联邦政府更具有主导性。此外，单一制国家大多都有中央集权的历史背景，特别强调如何对地方政府有效进行行政控制或自治监督。② 然而随着政治民主化和地方分权化理念的发展，中央政

---

① Deil S. Wright, *Understanding Intergovernmental Relations*, Belmont: Wadsworth, Inc, 1988, pp. 36 – 39.

② R. A. W. Rhodes, *Control and Power in Center-Local Government Relations*, Hampshire, England: Gower Publishing Company Limited, 1986.

府主导的行政控制型运作模式日渐式微。以英国为例，第二次世界大战后，中央与地方关系就不断发生变化。1979 年撒切尔夫人推动行政改革以来，中央干预地方的现象有明显增加的趋势。而 1997 年布莱尔领导的工党政府上台后，则倡导"第三条道路"，力主地方政府角色必须再度转型，中央政府希望地方当局挺身应对挑战，共同合作建立一个现代化的英国。在具体操作上，布莱尔政府行政改革的重要措施是对威尔士、苏格兰和北爱尔兰实行地方自治，将地方行政权移交给新成立的地方议会和地方行政长官。布莱尔政府强调政府间实行权力分享而不是权力分割，强调地方政府的主要角色是治理地方而非执行中央政策，强调在中央与地方以及地方政府之间建立"伙伴关系"，而不是建立纵向的行政隶属关系。

与国内政府间关系相比，中央与地方关系主要侧重于政府体系内的纵向关系，而不包括水平的政府间横向关系。此外，中央与地方关系更强调中央政府的主导地位和层级节制，而国内政府间关系更强调政府间的互动与协作。

3. 广域行政

不论是联邦主义还是中央与地方关系，都是聚焦于纵向的国内政府间关系问题。至于水平性的国内政府间关系，日本与中国台湾学者往往称为广域行政，其主要含义是跨越单一地方政府的行政事务的共同处理。[①] 具体而言，广域行政在概念上，可以细分为两个部分：一是广域问题，指的是此项问题超越现有行政区划下一个地方政府的管辖范围；二是政府间行政，指的是这种问题必须通过不同地方政府的互动与协作，才能获得解决。广域行政的相关课题主要包括河川流域的整治与水资源利用、都市生活圈的城乡互动、产业发展的规模经济等。至于广域行政的具体实

---

① 张正修：《地方制度法理论与实用》，学林文化事业公司，2000，第 265 页。

践，可以有许多不同的运作模式。以日本为例，其地方自治法积极鼓励地方公共团体推行彼此间的各项合作关系，主要运作类型有四种，即形成特别地方公共团体、合作组织协议会或行政联络会议、建立人事或设施性合作关系、设置广域市町村圈。①

广域行政通常是指同一行政层级、两个以上地方自治团体之间的政府间合作关系，当然有时也可能跨越两个层级以上，成为多级政府彼此之间的互动关系。这种政府间互动需求，主要源于经济社会环境的变迁，导致既有行政区划设置无法有效地解决地方性和区域性发展问题。例如长江、黄河、珠江等这样的跨省流域的有效治理就必须通过协调中央政府与各省政府以及各省政府之间的关系来协同解决。而即使在一个省区范围之内，许多跨地区公共性问题的有效治理，也是通过广域行政的运作来实施的。

此外，城市群发展中的公共事务治理，也是各国广域行政的运作焦点，也是国内政府间关系的重要探讨课题之一。至于在城市群区域如何处理广域行政问题，各国所采用的方法各不相同。如美国学者在研究当代美国的城市群治理时，将其治理实践概括为巨人政府论、多中心治理与新区域主义。② 而中国台湾学者则将广域行政的运作模式分为五种，即行政区划合并、上级政府执行、中心都市负责、各方共同处理、组织联盟机构。③ 在当代中国的广域行政实践中，行政区划合并也经常被使用，但其涉及政治与行政等各个层面的复杂问题时，可能会引发诸多纷争。

至于广域行政的课题，中央集权国家多采取上级政府执行或交由中心都市负责，地方分权国家则倾向于组织区域性联盟机

① 张正修：《地方制度法理论与实用》，学林文化事业公司，2000，第268～276页。
② David K. Hamilton, *Governing Metropolitan Areas*, New York: Garland Publishing, Inc, 1999.
③ 张正修：《地方制度法理论与实用》，学林文化事业公司，2000，第265～302页。

构，让各个相关政府自由参与，共同合作解决。以美国为例，根据联邦政府的调查统计，每一个城市群平均有 102 个地方政府存在，包括市、县、镇、学区、特区等，这些地方政府分别拥有不同的权限，虽然彼此的辖区经常相互重叠，但是基于地方分权的政治传统，这些许许多多的地方政府类似于市场上的企业，各自通过合作与竞争，以此有效回应民众的需求。这种合作是通过地方政府间服务协定来实现的，包括政府间服务合同、联合服务协定和政府间服务转移三种形式。① 此外，在法国大区政府的体制变革中，配合国家政治经济发展的需求，从经济规划区、中间机关，逐渐发展成为第一级地方自治团体，则是另一种值得参考的广域行政运作模式。②

与国内政府间关系相比，广域行政这一概念更多地是指一个国家内部的地方政府间横向关系，而一般不包含政府间纵向关系。因此，广域行政所研究的问题只是国内政府间关系的一个组成部分。

4. 政府间管理

所谓政府间管理，是指期待通过非层级节制的网络行政，以协商谈判与化解冲突来达成特定政策目标。③ 政府间管理有以下特征：第一，政府间管理是以问题解决为焦点，被视为一种行动导向的过程，通常允许政府官员采取必要的手段，去推动各项具有建设性的工作。第二，政府间管理是了解和处理政府组织变迁的一种方法或工具，可以用来解释各级政府如何以及为何用特定

---

① 〔美〕尼古拉斯·亨利：《公共行政与公共事务》，项龙译，华夏出版社，2002，第 369 页。

② 赵永茂：《法国区政府对精省后政府组织变革的启示》，《理论与政策》第 14 卷，2000 年第 1 期。

③ 陈金贵：《美国府际关系与府际管理的探讨》，《行政学报》1990 年第 22 期，第 13～26 页。

的方式进行互动，并可提供采取有效策略行为的建议。第三，政府间管理，强调联系、沟通以及网络发展的重要性，这些途径是促使政府间计划得以顺利推展的正面因素。①

20 世纪 70 ~ 80 年代，美国的政府间关系发生了重大变化，出现了政府、市场、社会共同来参与，以应对公共需求的政府间管理趋势。此外，90 年代以来的各国政府再造方案中重要的共同趋势之一，即地方政府间伙伴关系的建立，也是推动政府之间合作管理的重要原因。同时，风起云涌的全球治理运动也进一步推动了政府间管理的产生和发展。政府间管理吸纳了治理理论的精华，例如主张政府组织由金字塔型转向扁平化；淡化政府权威，由政府单边管理转向多边（政府、企业、公民、社会团体等）民主参与。政府间管理除了注重各级政府关系外，还重视公私部门的协作，追求建立一种平等关系。因此，政府间管理是行政革新和政府再造的重要产物，它代表了一种复杂且互相依赖的管理过程。

政府间管理，一方面强调政府间在信息、自主性、共同分享、共同规划、联合劝募、一致经营等方面的协调合作；另一方面强调公私部门的混合治理模式，倡导第三部门积极参与政府决策。其主要内容有②：（1）协调性、依赖性的网络型结构。政府间管理克服了传统官僚体制的弊端，重新安排中央—州（省）—地方政府（市、县、乡镇）之间的关系。政府间管理突破金字塔型的层级限制，将整个行政组织体系视为网络状组织。各级政府都处于信息枢纽中，能便捷地获取平行或垂直的信息；可以根据公共服务内容和服务对象，采取灵活的组织形式；不同政府间的资源实现共享，实现资源配置优化；对重大或者突发事故协调控

---

① Agranoff, Robert, "Directions in Intergovernmental Management", *International Journal of Public Administration*, 1988, 11 (4): 357 – 391.

② 张四明：《府际间的协调：问题与解决途径》，《行政学报》1998 年第 29 期。

制，实行项目管理和危机联动管理。（2）公共产品和服务的多元化供给。政府间管理把民营企业、非营利性组织、公民也纳入管理的视野，主张公私部门的多元混合。（3）项目和管理功能上的府际间转移。政府间管理主张依据效率原则，把相关公共物品项目和管理功能进行府际间转移。生产公共物品或实施公共规制的技术本质是，不同的服务在不同地区有不同的效率。劳动密集型服务如警察巡逻和教育，由小型到中型的组织承担最有效率；资本密集型服务如污水污物的收集、处理和排放，则通常是由服务于较大地区和人口的公共设施来承担才最有效率。（4）多方协商的合作机制。政府间管理注重建立合作型的组织结构，主张政府的作用是协商和协调公民和各种社区团体的利益，营建共同的价值观；实现政府政策目标的机制是建设公共、私人和非营利性机构的联盟，以满足相互一致的需求；理想的组织结构是一种合作型结构，由内部和外部共同领导。这种合作型的组织结构，既包括政府系统内的各级组织，也包括系统外的企业、公民和非营利性组织的参与。（5）小社区、跨邻里的大都市区治理结构。大都市中"巨型政府"在安排和提供很多公共服务上的"大而无效"以及居民对大城市改革的普遍质疑，说明"一个社区，一个政府"的治理模式是低效的。政府间管理理论认为，大都市中高度集中的政府通常不能及时地对市民的偏好、生活方式和其他城市问题作出反应，他们要求管理城市的政治单位应该足够小，以"更方便城区里的政府官员充分了解不同公民团体的不同偏好，公共官员将尽可能贴近公民以使他们对不同邻里的生存条件给予不同的回应，政府官僚机构要尽可能小，以便于管理"①。（6）目标导向、网际沟通的冲突解决方式。政府间管理

① 〔美〕文森特·奥斯特罗姆等：《美国地方政府》，井敏等译，北京大学出版社，2004，第42页。

理论抛弃了过去联邦主义和政府间关系处理冲突依靠上级政府权威、法律裁判的方式，而是突出了目标管理、网际沟通、价值愿景以及多方参与、对话和协商的冲突解决管理机制和手段；强调组织互动与网络关系，利用不同功能的专业网络解决问题的过程；围绕目标导向，强调评估、执行、监督、缩短等功能，实现问题的解决及协调能力建构。

政府间管理的兴起将打破传统政府管理的区域和层级观念，有助于由传统的较权威、封闭和狭隘的旧地方主义，转为强调权力或资源相互依赖、开放和区域合作的新地方主义。政府间关系的主角是政府，包括水平关系与垂直关系的静态与动态互动关系，且在这关系网络中强调政府机关工作人员间的互动角色。政府间关系探究的重点是各级政府之间的交互活动、政府间决策过程及协调互动。与政府间关系相比较，政府间管理特别注重政策执行面的问题解决取向，更加依靠非层级节制的网络行政，以协商谈判化解冲突，从而实现特定政策目标和完成治理任务。政府间关系注重政府体系内部的交流与对话，表现为互相之间的博弈与互动；政府间管理则是一种更为开放的思维，强调政府系统内与系统外的互动，以解决问题为导向，激励官员积极主动地合作。因此，可以将政府间管理看做是国内政府间关系的扩展。

第二节　国内政府间关系的研究综述

一　国内政府间关系的研究状况

（一）西方学者对国内政府间关系的研究

在西方国家，国内政府间关系一直都是公共行政与公共政策领域的重要研究课题。与国内政府间关系演变的实践相呼应，国内政府间关系的研究也经历了一个发展的历程。

在 20 世纪 80 年代之前，西方学者的研究主要是关注国内政府间纵向关系。对此，沈立人先生在其《地方政府的经济职能和经济行为》① 一书中就列举了一系列西方学者关于中央与地方关系研究的著述，包括英国中央政策检查组的《中央政府与地方政府的关系》、琼思的《中央与地方政府关系研究的新方法》、罗兹的《英国中央与地方关系的研究：一种分析模式》和《中央政府与地方政府关系中的控制与权力》、埃利奥特的《中央与地方关系中的法律作用》、佩奇的《中央政府对地方政府施加影响的手段》、桑德斯的《为什么要研究中央与地方的关系？》、里甘的《英国中央与地方的关系：实力依赖关系论的应用》、艾伦的《中央与地方的关系》、赖特主编的《西欧国家中央与地方的关系》、村松岐夫的《地方自治》等等。这一点从后来董礼胜编写的《欧盟成员国中央与地方关系比较研究》② 一书中所援引的大量文献也可以得到证明。

但是，在 20 世纪 80 年代后，国内政府间关系研究出现了一些新变化，即从关注宪政规范转向关注动态运作，从关注国内政府间纵向关系扩展到关注国内政府间横向关系。对此，美国学者指出，因为"美国大致有 87504 个政府组织，它们之间时而合作，时而竞争，有时甚至于发生冲突；在各种相关政策领域，公共管理都面临着协调不同政府之间计划的艰巨任务"③。从相对有限的英文文献电子检索来看，出现了大量新的研究论文与著

---

① 沈立人：《地方政府的经济职能和经济行为》，上海远东出版社，1998，第71 页。

② 董礼胜：《欧盟成员国中央与地方关系比较研究》，中国政法大学出版社，2000。

③ 〔美〕戴维·H. 罗森布鲁姆、罗伯特·S. 克拉夫丘克：《公共行政学：管理、政治和法律的途径》，张成福等译，中国人民大学出版社，2002，第105 页。

作。其中，有代表性的成果有《政府间关系与南加州的空气净化政策》、《联邦主义、政府间关系与政府间管理：历史背景与概念比较》、《州和地方政府间竞争》、《政府间关系》、《克林顿的教育政策与 20 世纪 90 年代的政府间关系》、《政府间关系的政治》、《美国的政府间关系：基础、远景和议题》、《理解政府间关系》、《20 世纪 80 年代的政府间关系》、《管理政府间关系政策和网络的战略》、《大都市区治理》、《大都市区的政治变迁》、《协作性公共管理：新战略》、《都市区治理：冲突、竞争与合作》① 等。

---

① Sheldon Kamieniechi and Michael R. Ferrall, "Intergovernmental Relations and Clean Air Policy in Southern California," *The Journal of Federalism* 21, Summer 1991; Deil S. Wright, "Federalism, Intergovernmental Relations, and Intergovernmental Management: Historical Reflections and Conceptual Comparisons," *Public Administration Review*, 50 (March/April, 1990); Daphne A. Kenyon and John Kincaid. , *Competition among States and Local Governments.* , The Urban Institute Press. 1991; Gerry Stocker, "Intergovernmental Relations," *Public Administration*, 73 (Spring), 1995; Susan H. Furman, "Clinton's Education Policy and Intergovernmental Relations in the 1990s," *The Journal of Federalism* 24, Summer 1994; David C. Nice & Patricia Frederickson, *The Politics of Intergovernmental Relations*, Nelson-Hall, Inc. Chicago, 1999; Laurence J. O'Toole (ed), *American Intergovernmental Relations: Foundations, Perspectives and Issues*, Washington, D. C. : Congressional Quarterly, 2000; Deil S. Wright, *Understanding Intergovernmental Relations*, Belmont: Wadsworth, Inc, 1988; Richard H. Leach (ed), *Intergovernmental Relations in the 1980s*, New York: M. Dekker, 1983; Robert W. Gage & Myrna P. Mandell (eds), *Strategies for Managing Intergovernmental Policies and Networks*, New York, NY: Praeger Publishers, 1990; David K. Hamilton, *Governing Metropolitan Areas*, New York: Garland Publishing, Inc, 1999; John J. Harrigan and Ronald K. Vogel, *Political Change in the Metropolis*, Addison-Wesley Educational Publishers Inc, 2003; Robert Agranoff and Michael McGuire, *Collaborative Public Management: New Strategies*, Georgetown University Press. 2004; Richard C. Feiock. , *Metropolitan Governance: Conflict, competition, and cooperation*, Georgetown University Press. 2005.

西方学者对国内政府间关系的研究，主要有财政研究、管理研究、结构研究、政治研究、沟通研究等不同的研究取向。其中，财政关系被认为是国内政府间关系的核心内容。财政关系的核心问题是各级政府间的征税比例、上下级政府间的拨款方式以及上级政府对下级政府的财政控制程度。管理研究主要关注于上级政府如何对下级政府进行调控与引导，以及不同层级政府间的公共行政和公共政策运作。结构研究依托于一国的宪法和法律制度，主要关注于各级政府的组织结构和治理体制。政治研究则通过对各种政治力量的相互博弈进行分析，以把握和揭示一国的政府间关系格局。沟通研究注重对各级政府及其官僚机构之间的接触渠道和沟通效果进行研究。地方政府可以通过行政接触、利益集团、政党、政治精英、私人关系等多种途径与上级政府进行接触。

（二）中国学者对国内政府间关系的研究

1. 中央与地方关系研究

在相当长一段时期内，中国学者对国内政府间关系的研究主要是以研究中央与地方关系为核心而展开的。尤其是 20 世纪 90 年代以来，随着中国市场化进程的逐步展开和深入发展，中国的中央与地方关系随之开始发生深刻变化。围绕这一重大实践，学术界展开了深入研究，相关文献著作非常丰富。以著作为例，主要有辛向阳的《大国诸侯：中央与地方关系之结》（中国社会科学出版社 1995 年）、吴国光与郑永年合著的《论中央与地方关系——中国制度转型中的轴心问题》（牛津大学出版社 1995年）、胡鞍钢与王绍光合著的《中国国家能力报告》（辽宁人民出版社 1994 年）、薄贵利的《中央与地方关系研究》（吉林大学出版社 1991 年）和《集权分权与国家兴衰》（经济科学出版社 1997 年）、魏礼群的《市场经济中的中央与地方经济关系》（中国经济出版社 1994 年）、童之伟的《国家结构形式论》（武汉大学出版社 1997 年）、周伟林的《中国地方政府经济行为分析》

（复旦大学出版社 1997 年）、马力宏的《分税制与中央和地方关系调整》（陕西人民出版社 1999 年）、王丽萍的《联邦制与世界秩序》（北京大学出版社 2000 年）、胡书东的《经济发展中的中央与地方关系——中国财政制度变迁研究》（上海三联书店 2001年）、寇铁军的《中央与地方财政关系研究》（经济管理出版社 2001 年）、金太军的《中央与地方政府关系建构与调谐》（广东人民出版社 2004 年）、杨小云的《新中国国家结构形式研究》（中国社会科学出版社 2004 年）、熊文钊的《大国地方——中国中央与地方关系宪政研究》（北京大学出版社 2005 年）、张志红的《当代中国政府间纵向关系研究》（天津人民出版社 2005 年）等。如果再加上散见于各类期刊上的论文，则更是不胜枚举。

2. 地方政府间横向关系研究

近年来，随着中国市场化进程的逐步深入，为传统计划经济体制所阻隔的横向经济联系获得了蓬勃发展。但是，随着市场化的推进，以计划经济为依托的行政区定势不断被冲刷，以市场经济为动力的经济区动态不断地激荡，由于两者的错位而导致的矛盾也越来越表面化了。于是，区域经济发展中也出现了种种矛盾与冲突。因此，越来越多的学者开始关注区域经济发展中的地方政府间横向关系问题。这是因为当前中国的地方政府竞争，正在由传统的行政经济体竞争转向区域经济体竞争，区域经济体内的各个地方政府之间将是一荣俱荣、一损俱损。研究者根据当代中国政府与市场关系的实际，明确提出在区域经济发展中必须加强地方政府间合作。① 正是在区域经济相互依赖的发展背景下，在

---

① 参见陈剩勇、马斌《区域政府合作：区域经济一体化的路径选择》，《政治学研究》2004 年第 1 期；陈瑞莲、张紧跟：《试论区域经济发展中的政府间关系协调》，《中国行政管理》2003 年第 12 期；荣跃明：《区域整合与经济增长——经济区域化趋势研究》，上海人民出版社，2005；张紧跟：《当代中国地方政府间横向关系协调研究》，中国社会科学出版社，2006 等。

长江三角洲、珠江三角洲等区域，为了谋求共同发展和提高整体竞争力，理论界不断提出应加强各区域地方政府间的合作，[①]各级政府也开始进行区域发展规划以及建立健全推动区域内地方政府间横向合作的各项制度。

3. 国内政府间关系研究

1998 年，浙江人民出版社出版了复旦大学林尚立教授撰写的《国内政府间关系》。该书不仅首次在国内率先提出国内政府间关系这一概念，而且对国内政府间关系的基本理论展开了系统全面的研究。在该书中，林尚立教授不仅构建了国内政府间关系的一般理论基础，考察了主要西方国家政府间关系的演变过程与发展的总体特征，而且还对中国政府间关系的历史选择、传统模式、改革实践与总体发展进行了详尽、系统的分析，为国内政府间关系的进一步研究奠定了良好的基础。从该书篇幅来看，主要侧重于研究中央与地方关系，而且更偏重于理论研究。

2000 年，北京大学的谢庆奎教授在《北京大学学报》上发表了《中国政府的府际关系研究》。在这篇论文中，谢庆奎教授对府际关系的基本概念、特征与表现形式进行提纲挈领的分析与介绍，从而使学术界再次意识到府际关系研究在当代中国政治与政府管理中的重要性。

---

① 陈国权、李院林：《论长江三角洲一体化进程中的地方政府间关系》，《江海学刊》2004 年第 5 期；马斌：《长三角一体化与区域政府合作机制的构建》，《经济前沿》2004 年第 10 期；朱文晖：《走向竞合——珠三角与长三角经济发展比较》，清华大学出版社，2003；谢鹏飞：《泛珠三角区域合作研究》，广东人民出版社，2004；莫建备等主编《大整合·大突破——长江三角洲区域协调发展研究》，上海人民出版社，2005；纪晓岚主编《长江三角洲区域发展战略研究》，华东理工大学出版社，2006；梁珠寅、陈广汉：《2006年：泛珠三角区域合作与发展研究报告》，社会科学文献出版社，2006；等等。

2001 年，台湾元照出版有限公司出版了台湾"国立"暨南国际大学赵永茂教授等主编的《府际关系》一书。该书在梳理府际关系基本概念与常见分析模式的基础上，详细介绍了英国、法国、日本、美国、德国的府际关系，并对中国台湾地区的府际关系实践进行了深入研究。该书不仅将府际关系的理论研究与实践问题有机结合起来，而且还初步提出了一个府际关系比较研究的基本框架。从该书内容来看，府际关系不仅涉及中央与地方关系、地方与地方之间关系，而且还包括行政区划问题，从而大大拓宽了国内政府间关系的研究范围。

2005 年，中国社会科学出版社出版了中国人民大学杨宏山博士撰写的《府际关系论》一书。该书将理论研究与实践分析相结合，在梳理府际关系基本概念、研究对象与基本模式的基础上，分别对单一制国家的府际关系模式、联邦制国家的府际关系模式、全球视野中的府际关系变迁、中国府际关系的制度创新和全球化时代的主权国家府际关系进行了深入研究。该书的特色在于将府际关系的研究放在全球性政府改革和全球化的时代背景下，并将府际关系的研究与全球化时代的国际政治发展结合起来，大大延伸了府际关系的研究视野，拓宽了府际关系的研究范围。

2005 年，台湾元照出版公司出版了台湾东海大学史美强教授撰写的《制度、网络与府际治理》一书。该书首先立足于从网络视角来观察府际关系间的互动，既包括垂直的（中央与地方）府际关系，也包括水平的（地方与地方）府际关系。其次，通过制度面与网络分析的结合，以分析影响网络行动者之间互动的制度原因。最后，利用制度与网络结合的分析框架，分析了台湾的府际关系中竞争与合作并存的现状，提出了台湾府际治理的发展方向：一是纵向政府间应建立对等协力的关系，二是区域整合发展的必要。

2003 年，中国人民大学出版社出版了厦门大学陈振明教授主编的《公共管理学——一种不同于传统行政学的研究途径》一书。在该书的第四章，作者用相当完整的篇幅分析了公共管理中的政府间关系问题，详细介绍了国内外政府间关系研究现状和研究途径，对政府间关系两个向度上的问题进行了研究。该书不仅明确了政府间关系的主体是一级政府而非政府部门，而且提出了政府间关系网络化的发展趋势。

2006 年，中国社会科学出版社出版了中山大学陈瑞莲教授主编的《区域公共管理导论》一书。该书将国内政府间关系纳入到区域公共管理的研究框架之内，不仅研究了区域政府间竞争问题，而且研究了区域政府间关系协调问题，极大地拓展了国内政府间关系的研究视野。

二 对已有研究状况的评论

1. 从总体上来看，已有的研究仍然处于概念和问题范围界定等初步研究阶段

当然，这些学者的研究为本书的进一步研究提供了良好的研究基础。

2. 对当代西方公共行政学的最新研究成果借鉴不够

在当代西方学者所展开的关于国内政府间关系的研究中，由于 20 世纪 80 年代之后世界各国的政府体制和公共行政都受到新公共管理和政府再造运动的影响，有学者主张政府间管理应该成为相关研究的焦点。[1] Agranoff（安格罗夫）还提出了政府间管

---

① Deil S. Wright, "Federalism, Intergovernmental Relations, and Intergovernmental Management: the Origins, Emergence, and Maturity of Three Concepts across Two Centuries of Organizing Power by Area and by Function," in Jack Rabin, W. Bartley Hildreth, and Gerald J. Miller. (eds.), *Handbook of Public Administration*, New York: Marcel Dekker, 1998, pp. 381 – 447.

理的研究议题，包括：（1）社会结构、基本权力关系或财政责任的根本变革；（2）中央—州—地方关系的重组；（3）各层级政府所负责的计划或功能活动发生重大的调整；（4）现行计划的服务水准或范畴发生显著的政策调整或逆转；（5）大都市区治理的重大变化。[①] 而从国内学者已有的研究来看，关于国内政府间关系的研究议题主要仍局限于研究国内政府间关系的纵向与横向两个层面的法律制度问题。

3. 已有的研究对当代中国的实践问题研究不充分

从现有研究来看，关于中国政府间关系的研究主要侧重于对一般意义上的中央与地方关系、地方政府间横向关系的规范理论研究，而对当代中国发展实践中的一些政府间关系问题缺乏深入研究。

4. 缺乏理论创新

正是这种理论研究的滞后，或者缺乏新的思考问题的视角，或者受传统思维定式的束缚，使得我们的政府公共管理实践在这一新型公共事务治理上缺乏系统和有效的机制，因而，没有取得预期的效果，有些问题时至今日仍然在延续，这不能不引起公共管理研究者的高度重视。正如江泽民所指出的，"实践基础上的理论创新是社会发展和变革的先导，通过理论创新推动制度创新，才能不断在实践中探索前进"[②]。因此，面对当代中国改革与发展中出现的这一新型的公共管理问题，我们不能墨守成规，不能也不应该拘泥于传统政府公共管理的理论视角，应该在积累经验材料的基础上，进行理论创新，才能寻求到新型治理之道，提高治理绩效。

---

① R. Agranoff, *Intergovernmental Management*: *Human Services Problem Solving in Six Metropolitan Areas*, Albany, NY: State University of New York, 1986.

② 江泽民：《全面建设小康社会，开创有中国特色社会主义事业新局面》，人民出版社，2002，第12~13页。

第三节 中国政府间关系的研究对象

一 政府间纵向关系

所谓国内政府间纵向关系，是指依托国家结构以及行政区划的具体划分，在垂直结构中的不同层级政府之间形成的各种关系。从纵向上看，现代国家的内部结构大体上存在着两种不同的制度建构模式。在实行地方自治的国家，由于地方政府的权力不是上级政府授予的，而是由法律明确赋予的，不同层级地方政府间的行政指导和制约性较弱，在公共管理实践中更趋近于协商与合作的关系。而在实行中央集权制度的国家，各级地方政府的权力都来自中央政府和上级政府，政府间纵向关系更多地表现为领导与被领导、制约与被制约的关系。

一般而言，国内政府间纵向关系主要取决于国家结构形式和国家政治与法律制度。例如美国学者赖特所提出的国内政府间纵向关系的三种模式——分离模式、下位包含模式和相互依存模式，实质上是对联邦制下的国内政府间纵向关系变迁的总结。①由于经济制度、历史文化传统、地理环境和行政区划的不同，再加上权力结构的影响以及政党政治运行体系的制约，不同政治体系中的国内政府间纵向关系是存在明显差异的。政府权力和政府职能在政府间纵向结构上的配置适当与否，也影响着国内政府间关系的发展模式。因此，应该注意到国内政府间纵向关系既包括静态关系（主要是指政府间法律关系的制度化状态），还应该包括动态关系（包括具体的政策关系、人际关系和行政调控关系），而且这两种关系是互相作用和相互影响的。

---

① 〔日〕松村岐夫：《地方自治》，孙新译，经济日报出版社，1989，第7页。

　　就国内政府间纵向关系的静态层面而言，国内学术界通常用"国家结构形式"一词来概括一个国家全国性政府与组成部分之间的纵向法律结构关系。从现代国家的实践来看，国家结构形式只有两种基本类型，即单一制和联邦制。

　　关于单一制与联邦制的区别，具体而言，主要应该看以下几个方面：（1）国家主权的归属，是属于全国性政府还是地方性政府；（2）全国性政府与地方性政府的权力来源，是前者授权后者，还是后者授权前者；（3）全国性政府与地方性政府之间的权力如何划分；（4）双方权力划分的依据，是以一个事先制定的规则为依据，还是以一方的意志为依据。不过，上述种种区别都是相对意义上的，因为在当今世界中，单一制与联邦制的区别界限正在逐渐模糊，单一制国家借鉴联邦制国家的优点，联邦制国家采纳单一制国家的长处，都是常见的做法。单一制和联邦制作为现代民族国家的两种基本类型的国家结构形式，二者的差异不在于政府权力的集中还是分散。草率地将集权与单一制相联系，把分权与联邦制画等号，只会使二者的区别表面化，对准确把握二者间关系毫无裨益。在对单一制与联邦制进行比较时，中国学术界通常采取抽象地、不作具体分析地褒单一制而贬联邦制的态度。但实际上，这两种国家结构形式并无绝对的优劣之分，无论何种形式，只要符合一国国情，有利于其经济社会和文化发展，有利于民族团结和政治整合，就是一种合理的选择。

　　不过，从20世纪至今的历史演进来看，在全球范围内，联邦制国家与单一制国家在实行地方分权和地方自治的改革与发展方面有趋同的发展趋势。20世纪70年代末，美国这个当今世界最典型的联邦制国家在经历了自20世纪30年代"罗斯福新政"以来不断强化联邦集权的发展后，也开始提出"还权于州"的"新联邦主义"。而像法国这样典型的单一制中央集权国家在20

世纪 80 年代也开始了向地方分权的改革。英国虽然在撒切尔夫人执政时曾不断强化中央集权，但布莱尔执政后也开始推行向地方分权的改革。这些国家虽然改革的具体做法不同，但演变的最终结果是要形成合作与平衡型的地方自治格局。①

在公共管理实践中，国内政府间纵向关系比宪法制度中的国家结构形式问题要复杂得多。首先，各级政府在管理公共事务和供给公共物品过程中所形成的关系非常复杂，包括权力关系、职能关系、政策关系、监控关系、税收关系、预算关系、公务合作关系、法律关系、司法关系等。从利益政治的角度而言，这些关系都可以化约为利益关系。在实际政治运作中，国内政府间纵向关系在很大程度上都是围绕着整体与部分、中央与地方、长期与短期等不同利益追求而展开的。由此，国内政府间纵向关系必然是一种多重利益博弈的关系。其次，随着民主政治的发展，不论是中央政府还是地方政府，它们存在的合法性基础都将更多地集中于实现政府的社会管理和公共服务职能上。随着经济与社会的发展，社会福利保障体制的完善和公共服务水平的提高，地缘关系对社会成员的束缚作用将逐渐降低，社会成员的迁徙将成为社会的常态。于是，社会管理职能的实现就需要纵向政府间通力合作才能完成。由此，国内政府间纵向关系又可能形成协商与合作关系。最后，市场经济的发展和全球化时代的到来，还会促使国内政府间纵向关系从简单的上下级隶属关系向伙伴关系演变。在市场化和全球化的背景下，一方面一些原属于中央政府的职责被转移到地方政府，另一方面地方政府参与全球性资源配置的机会不断增加。在这种情况下，中央与地方在某一特定领域工作中形成的合作关系，会使得国内政府间纵向关系发生变化。

---

① 喻希来：《中国地方自治论》，《战略与管理》2002 年第 4 期。

二　地方政府间横向关系

所谓地方政府间横向关系，是指没有行政隶属关系的地方政府间关系。从横向上看，一种是同级地方政府间的平行关系，另一种是不同级别但又不相互隶属的地方政府间的斜向关系。地方政府间横向关系，彼此不存在领导与被领导关系，也不存在着管辖与被管辖关系，主要体现为交流、竞争与合作的关系。

地方政府间横向关系发展的最初动因是经济以及社会纽带日益将它们紧密联系在一起，使它们在许多方面成为利益共同体或者常常面临共同的问题，彼此必须依赖对方的资源和协作才能实现各自的目标，并使各方共同受益。其次是市场化进程中资源要素的跨地区性自由流动、公共政策实施的外部性等引发的矛盾也需要通过相关地方政府间的协商谈判来解决。20 世纪 90 年代以来各个地方在整个国家的政治体系中为了增强对中央政府决策的影响力，以实现区域利益和资源分配最大化，相关地方政府之间也会加强横向合作。

地方政府间横向关系的发展实践，大体上可以归结为两个方面，即竞争与合作。关于地方政府间横向关系中竞争的产生，主要是由三个方面的压力导致的：一是来自本地区居民的压力，即必须提高当地居民的各种福利。二是来自其他地方政府的压力，即在地区发展中，不同地方政府的运行机制、地方性公共政策的差异等影响着资源的地区间流动。三是来自上级政府的压力。因为地方政府是否具有发展的潜力和迫切要求，影响着上级政府对其在诸多方面的支持、认同或援助的程度。对地方政府间竞争的研究，最主要的目的在于规范地方政府间竞争秩序。在一个合理规范的竞争秩序下，既要保障地方政府间竞争的正常开展以推动地方政府管理与发展的良性演进，又要防止竞争失控而变成一盘散沙，还要防止扼杀竞争而使制度僵化。而关于地方政府间合作，主要体现在随着地方政府职能的不断扩大，由于其拥有的人力、财力和物力的相对有限，无法满足社会增长的需要，因此各个层级的地方政府间各种形式的广泛合作成为解决问题的有效出路。地方政府间合作，首先是在政策网络中的合作，其次是建立在一定的合作组织基础上的合作，最后还可以是政党政治整合的结果。① 地方政府间合作，不仅具有地方政府协调管理的意义，而且具有重要的政治意义。

从当代中国的发展实践来看，随着市场化与分权化改革的逐步深入，为传统体制所阻隔的地方政府间横向关系也得到了迅速发展。以经济协作为基础的地方政府间横向关系的良性发展，不仅有利于本地区经济社会发展，而且也有利于减缓地区间经济发展不平衡，从而推动了整个国民经济的发展。但是，由于市场经济的发展还处于初期阶段、中央与地方的关系远未实现法治化以及相关制度供给不足，使得地方政府间横向关系发展中也出现了各种问题，对国民经济与社会发展造成了负面影响。因此，总的说来，当代中国地方政府间横向关系的发展状况可以概括为两个方面：第一，地区间互补与协作关系将大大加强，按市场经济原则进行重组而形成的区域经济将逐步发展起来；第二，地区间摩擦仍将存在。

应该强调指出的是，它具有一些独特的特征：第一，由于地方政府间不存在科层制下领导与服从的权力等级关系，因此其摩擦与矛盾的消解只能更多地诉诸于平等协商；第二，地方政府间关系所关涉的问题，不是纯粹的私人物品生产与供给问题，而是公共性问题；第三，地方政府间关系所涉及的问题往往不是单个地方政府面临的个体问题，而是多个地方政府所面

① 朱光磊：《现代政府理论》，高等教育出版社，2006，第306～307页。

临的共同问题或者外部性较强的问题；第四，地方政府间关系，不是负和博弈或者零和博弈，而是正和博弈；第五，地方政府间关系所面临问题的解决，往往不是单边而是多边的联合行动与协作，不是单方面的个体决策而是更多地建立在协调基础上的多边决策。

三 行政区划改革中的政府间关系

一般而言，行政区划就是国家对行政区域的划分。具体而言，就是根据国家行政管理和政治统治的需要，遵循有关法律规定，充分考虑经济联系、地理条件、民族分布、历史传统、风俗习惯、地区差异和人口密度等客观因素，将国家的国土划分为若干层次、大小不同的行政区域系统，并在各个区域设置相应的地方国家机关，建立政府公共管理网络，为社会生活和社会交往明确空间定位。

历史的经验证明，行政区域划分是国家对地方进行有效管理的基础和基本手段，是国家行政管理和政权建设的重要组成部分，与政治体制、经济体制，与民主政治建设、民族团结，与巩固国防、安定团结等息息相关。首先，合理划分行政区域是科学布置生产力的基础，有利于促进经济的健康发展。任何经济活动都要在一定的行政区域内进行，这就不可避免地会受到本行政区国家机关的影响。因此，行政区划的设置最终必然会对整个国家的生产力布局产生深刻的影响，必然会在政治体制和行政管理体制等方面影响、制约经济体制和经济活动形式，影响区域经济的形成和发展，影响资源的开发、管理和使用。在调节经济结构、促进区域市场经济发育和发展等方面，行政区划都有着不可低估的作用。其次，行政区划的实质是国家权力在地域上的分配。表面上看，只是把国家权力分成不同层次、一定大小的区域。但这只是行政区划的基础，是行政区划的外在形式和表现。就其内容和实质而言，则是通过这种划分，赋予各个层次的行政区域单位以相应的管理权限，以方便统治和管理，维护国家的统一和中央的权威。因此，广义上说，行政区划的功能其实就反映了中央与地方以及地方各级政区之间的关系，也就是中央与地方政府的纵向职权划分以及地方政府之间的职权划分。另一方面，如果单就其自身而言，行政区划也可以被认为是中央政府统治和管理地方的一种手段。这一点，更多地体现在中央政府与地方一级政区之间。单一制国家的地方政府与联邦制国家的地方成员单位的地位差别很大，行政区划作为一种统治和管理手段的使用也截然不同，但其目标又是基本一致的。行政区划体系安排是否妥当，关系到中央能否有效率地统率、指导地方，关系到地方政权建设、地方国家机关管理效能的发挥，关系到国家的统一和社会的安定团结，关系到经济发展和社会进步。

根据学者的归纳，世界各国行政区划的体制运作，大多受到历史传统、天然形势、交通及经济状况、人口与面积的均衡、政治目的、财政自主性、国防需要、公共建设、区域发展等各种不同因素的影响。[1] 或者说影响一国行政区划形成与演变的重要因素有政治因素、经济因素、民族文化因素、历史因素、自然因素以及行政组织管理因素等。[2] 行政区划作为国家结构体系的具体形态，从基本性质来讲，自应力求稳定。但是从经济发展来看，作为社会经济的上层建筑，它又必须适应其经济基础产生的变化而进行适应性调整。尤其是在现代社会发展中，由于"经济区的内容、范围、层次随着商品经济、经济中心城镇和交通线的发展变动，比较活跃，具有明显的开放性，一般没有法定性，边界

---

① 薄庆玖：《地方政府与自治》，五南图书出版公司，2000，第49~53页。
② 刘君德、冯春萍、华林甫、范今朝：《中外行政区划比较研究》，华东师范大学出版社，2002，第24~30页。

不很明确；行政区同行政权力的执行范围结合在一起，有法定性和明确的边界线，比较稳定"①。所以，虽然我们主观上希望经济区与行政区尽可能同幅，但是做不到，两者之间始终有交叉、有分割以致有断层。

　　由于行政区划不仅涉及中央政府与各级地方政府间的垂直分权，也会影响到各个同级地方政府间的水平互动关系。因此，对行政区划进行调整，就必然涉及对一个国家国内政府间关系的调整。对中央政府而言，行政区划的主要目的在于统治与管理的便利，有助于国家稳定发展；但对地方政府来说，行政区划则是确定自治范围，争取更多自主权与更大管辖范围。如 2000 年 5 月俄罗斯总统普京上台之初，就签署了一项行政命令，将俄罗斯划分为七大行政区，由总统代表来直接管辖，希望借此重新确立中央号令地方的权威，加强联邦政府掌控地方政府的能力。当然，这一措施的实施，必然遭遇到地方政府的抵制与抗拒。相对于调整纵向政府间关系的行政区划改革，地方政府的行政区域划分，就更多地偏重于经济社会环境变迁的有效公共管理。不论是日本 1953 年颁布的《町村合并促进法》，还是美国 20 世纪 60 年代地方政府的大量重组，以及 20 世纪 70 年代英国全面调整地方行政区域，都是如此。因为，从组织运作原理来讲，通过地方政府层级精简或组织合并，可以提高行政效率和降低交易成本。因此，行政区划调整就是国内政府间关系的调整。在行政区划调整与改革中，不论是中央政府还是地方政府，都希望借此获得各项利益。就国内政府间纵向关系而言，行政区划调整牵涉到上级政府权限代理关系的结构转变，进而影响彼此权力互动机制；而对国内政府间横向关系而言，行政区划调整会影响到其权力互动的合

　　① 陆大道：《中国行政区、经济区发展的回顾与展望》，《中国人民大学学报》1994 年第 6 期。

作与竞争。因此，国内政府间关系的互动，也会对一项行政区划改革政策的具体实施产生直接影响。

而从当代中国行政区划管理的实践来看，行政区划设置上存在的主要弊端包括：（1）管理幅度偏小，管理层次过多；（2）省级政区特别是自治区幅员偏大；（3）市领导县体制面临市场经济的严峻挑战；（4）设市模式存在明显的缺陷；（5）县乡村三级规模偏小；（6）"城中村"问题日益突出；（7）政区名称混乱；（8）政区边界尤其是省界犬牙交错；（9）同级行政区规模悬殊。① 这些都会直接或间接地关系到国内政府间关系。而从近年来所展开的行政区划改革实践来看，无论是对"市管县体制"所进行的"省直管县"改革或"市（县）改区"改革，以及基层行政区划中的乡镇合并改革，都影响到了国内政府间关系。

四　城市群治理中的政府间关系

综观全球经济的发展态势，以世界城市为核心的城市群（或城市带、都市圈等）已经成为世界经济最活跃的区域，并开始逐步主导全球经济。如纽约城市群、东京城市群、伦敦城市群等不仅是各自国家的政治和经济中心，也是全球经济、金融、商贸中心和跨国公司的控制中心，在国家和世界经济发展中具有枢纽作用，是连接国内和国际的中心节点。所谓城市群，是城市化与区域经济高度关联发展所产生的在特定地域空间上中心城市集聚化的城市组合形态，一般是指跨越城市界限而和中心城市在景观上连为一体或在职能上具有紧密联系的区域。它的显著特点是：城市集群和区域关联发展。它的表象是：以某一中心城市为核心、不同等级的规模城市所形成的城市区域体。城市群的形成

---

① 浦善新：《中国行政区划改革研究》，商务印书馆，2006，第127~156页。

一般要符合以下五个基本条件：第一，城市群圈域内至少应有一个经济发达并具有较强城市功能的大都市或能级较高的核心城市，而且对周边城市和地区应具有较强的经济吸引力和辐射力，能够成为圈域经济发展的"增长极"；第二，城市群经济所覆盖的周边城市和地区应具有一定的人口规模和人口密度，并与核心城市形成经济和通勤上的密切关系，能够依托中心城市形成经济和社会文化活动上的融合性和互补性，从而构成经济上的一体化关系；第三，城市群圈域内核心城市的城市化水平应达到一定程度，并形成以核心城市为首位的，大中小城市等级体系合理、圈层空间清晰，扩散地域宽广的城市群；第四，城市群圈域内有发达的基础设施网络，产业结构互补，城市之间功能具有不断创新和向高级化演进的能力；第五，城市群圈域是一个经济圈和社会圈，不是一个行政区。①

城市群往往具有一个或多个中心城市，以及与中心城市具有密切的社会、经济联系且带有一体化倾向的邻接城镇与地区所组成的圈层式结构。城市群不仅仅是一个地域范围的概念，更是一个具有密切职能联系的经济实体和社会实体。从本质上讲，城市群首先是一个经济圈，因为城市群形成的根本动力在于中心城市和周边地区两种异质空间在相邻条件下的相互作用，这种作用力以"流"的形式表现为各种要素和经济活动在空间上的集聚与扩散。② 其次，高度经济一体化的城市群不仅集聚着各种生产要素和经济活动，也集聚了大量的人口和社会活动。因此，城市群还是一个社会圈。这样，城市群区域的许多经济社会问题（如区域生态环境的改善和治理）就需要区域主体间的通力协作才

---

① 郁鸿胜：《崛起之路：城市群发展与制度创新》，湖南人民出版社，2005，第17～18页。

② 胡序威等：《中国沿海城镇密集地区空间集聚与扩散研究》，科学出版社，2000，第42～43页。

能切实解决，实现区域内经济社会资源的优化配置。而由于城市群是一个以经济联系、社会联系以及生态联系为核心形成的一体化的区域，往往并不是一个完整的行政地域单元。因此，推进城市群发展和城市群区域一体化进程，也有赖于跨地区、跨城市政府的协调与合作。[①]

在经历了近半个世纪的以郊区蔓延为主要方式的增长过程之后，欧美城市群地区的经济、社会和环境已经发生了深刻的变化，追求郊区生活方式的梦想和郊区蔓延的发展模式越来越不能适应现实生活的要求，出现了增长的危机。尤其是在城市群毫无节制的发展和蔓延中，其放射出的经济和社会文化的影响，连同日益严重的城市问题和矛盾，一起席卷了整个区域里的所有城市。从发达国家的实践来看，城市群在发展过程中始终存在着地区规划、交通设施、供水污水处理、空气质量管理、固体废弃物处理、城市群住宅建设、城市群绿化、城市群的市政劳工就业等一系列问题。最终，在城市群发展过程中，相关城市政府间的矛盾也开始显现出来。以美国为例，其城市群发展中的多中心治理结构产生了所谓政治上的"巴尔干化"，其弊端体现在：（1）导致了郊区服务质量与经济效益的低下；（2）导致了各个辖区在收入、财政、税率和服务等方面的不平衡；（3）使中心城市的地位和声望受到了削弱，从而影响了中心城市乃至整个城市群的发展潜力；（4）导致了中心城市和郊区之间、郊区与郊区之间重重的矛盾与斗争，因而不能有效地进行区域综合规划。[②] 因此，在城市群区域面临的最棘手问题是：既要解决人们的公共问题，同时又要找到能够最有效、最负责、最公正地

---

① 罗明义：《论城市圈域经济的形成规律及特点》，《思想战线》1998 年第 4 期。

② 孙群郎：《美国城市郊区化研究》，商务印书馆，2005，第 283～293 页。

解决这些问题的政府的适当规模、管辖权、职能甚至数量。多年来，各种理论流派费尽心机，力图找出城市群地区的正确组织模式，将大小不同的各种权力与地理区域的规模和复杂性结合起来。①要有效治理上述种种问题，必然就涉及城市群区域的相关政府间关系。在治理实践上，许多发达国家的城市群发展都实施跨行政区域的共管自治协调制度，并取得了卓有成效的结果。有些城市群区域尝试着进行统一整合，如加拿大的大温哥华地区的城市群政府建立了由城市群的21个市、区选举产生的代表组成的董事会，美国的华盛顿城市群则成立了统一正规的组织——华盛顿大都市委员会。有些城市群则实行双层治理，如大伦敦、大巴塞罗那等都市区则设立了一种两层的近似于联邦制的政府组织，上层的城市群政府职能管理超出地方政府辖区的区域公共服务事业，而地方政府职能范围只限于消防、治安、教育、城市卫生、道路交通、福利与文化娱乐等。有些城市群区域则在保持多中心治理结构的同时，也进行一定程度的合作，如美国的纽约城市群。

当代中国由于长期实行计划经济体制，城市群整体效应尚未完全发挥，总体来看，在城市群制度协调上面临着五大问题：（1）核心城市的集聚与辐射能力十分有限；（2）城市群内产业结构趋同，城市间分工不明确；（3）行政区划分割导致城市群中的城市矛盾日益尖锐；（4）城市群区域环境污染日益严重；（5）重大基础设施建设缺乏协调配合。②党的十七大强调指出，要"以增强综合承载能力为重点，以特大城市为依托，形成辐射作用大的城市群，培育新的经济增长极"。从欧美发达国家的

---

① U. S. ACIR, *The Organization of Local Public Economies*, A - 109, Washington, DC：U. S. Government Printing Office, 1987, p. 59.

② 徐国弟：《21世纪长江经济带综合开发》，中国计划出版社，1999，第178页。

实践来看，尽管当代中国的城市群发展尚处于起步阶段，但要保障城市群区域的健康发展，也必须建立健全城市群区域的共管自治协调制度。

五　区域非均衡发展中的政府间关系

各国在工业化进程中都曾面临过各种各样的区域问题。其中，区域发展非均衡问题是影响时期最长并具有普遍性的问题。一般认为，区域发展非均衡问题，是近现代以来民族国家内部存在的普遍现象。区域非均衡发展不仅是一个简单的经济问题，即空间资源配置问题，而且过大的区域差距将带来严重的社会问题，甚至演变为政治问题，并危及国家安全。

以市场机制为资源配置主要手段的发达国家，在实现工业化和推进经济现代化过程中，始终被区域发展不平衡问题所困扰，市场机制并没有像新古典主流经济学预期的那样使其区域经济实现相对均衡发展，而是使区域发展非均衡加剧。日趋严重的区域发展非均衡问题，迫使西方各国政府普遍采取政府干预的手段，以缓解其对经济和社会发展带来的负面影响。由于发达地区和不发达地区在政府的财政能力上存在着明显的差距，因此由中央财政实施财政转移支付，对于缩小地方政府所提供的公共服务水平的差距，对于协调地区发展都是非常必要的，也是市场经济国家所普遍实行的做法。而各国政府在调控区域发展差距时所使用的财政平衡机制和支持工具就直接涉及政府间的财政关系。

中国幅员辽阔，地区发展差距较大。20世纪80年代以来，随着区域发展政策的战略调整和市场取向改革的逐渐推进，中国取得了举世瞩目的整体经济发展绩效，创造了世界经济发展史上的"中国奇迹"，但与此同时却出现了愈发突出的区域发展非均衡问题，成为世界上严重非均衡发展的少数国家之一。① 为改变这一发展态势，自 20 世纪 90 年代中期开始，中国开始实行分税制财政体制，希望通过强化中央政府的财政汲取能力和再分配能力，加大对中西部地区的财政转移支付力度，来调控区域非均衡发展日益恶化的发展趋势。改革开放的深入发展，社会主义市场经济体制的建立与逐步完善，虽然有助于缓解区域发展非均衡问题的尖锐化，但是由于经济发展的初始水平、区位优势、基础设施条件、教育水平及人力资本积累水平等基本因素的影响，区域发展差距进一步拉大已经成为一个不争的客观事实。不仅是东、中、西部地区的各项经济指标的横向发展差距在拉大，省域经济发展的差距也在扩大，而且各省区内部的地区之间的发展不平衡问题也同样突出。从著名经济学家樊纲等所研究的中国分省地区的市场化程度来看，非国有经济的发展、政府与市场的关系、产品市场发育程度、要素市场发育、市场中介组织的发育等均存在明显的发展差距。② 对于像中国这样的单一制国家，地区财政不平衡以及地区发展不平衡，不仅会削弱中央权威，而且还会潜在地助长地方保护主义以及地方分裂的发展，区域非均衡发展局面甚至会被固化。因此，"逐步扭转地区差距扩大的趋势，促进地区协调发展，不仅是重大的经济问题，也是重大的政治问题，不仅关系到现代化建设的全局，也关系到社会稳定和国家的长治久安"③。

作为区域发展非均衡发展的体制背景，国内政府间关系的运行，直接关系到政府间财富分配和市场经济改革的活力。尽管造成区域非均衡发展的原因很多，但从公共管理的视角出发，

---

① 国际上公认的区域经济相对差异系数警戒线是 0.60 上下，但 1990 年中国的这一系数已经攀升到 0.90。
② 樊纲等：《中国分省市场化指数——各地区市场化相对进程报告（2000）》，经济科学出版社，2001。
③ 温家宝："牢固树立和认真落实科学发展观"，2004 年 2 月 29 日新华网。

国内政府间关系是其中的一个极其重要的影响因素。首先，区域发展非均衡的扩大趋势，与政府间经济管理存在相关的诱导性机制有关。如中央政府采取的梯度分权的发展战略启动了地区发展中的"赢者多得"的自然差距效应，而"一刀切"的宏观经济调控政策则制约着中西部地区的经济发展。其次，区域发展非均衡的扩大，与政府间纵向的调控限制性机制的不完善有关。如过渡性的分税制实施，保留了中央企业归中央管辖、地方企业归地方管辖的行政性分权体制，使得改革开放前期所形成的地区间企业发展差距得以继续保留，从制度上客观承认了差距存在的合理性。分税制的有效实施必须要有完善的财政转移支付制度，但是现行的财政转移支付制度还很不规范，尤其是政治性因素的掺入增加了地区发展的不平衡。[①] 此外，从1995年起开始推行的中央对地方的过渡时期转移支付制度虽然是一种财政均等化安排，但资金数量非常有限，难以抵消税收返还的"马太效应"[②]。

区域非均衡发展，会直接影响政府间纵向关系发展。对于政府间纵向关系发展而言，利益博弈逐渐增多。区域非均衡发展也会对地方政府间横向关系发展产生影响。对于地方政府间横向关系发展而言，利益冲突会不断增加。中国人民大学周业安教授的研究表明，在区域非均衡发展所引致的地区间竞争压力下，中国的不同区域的地方政府角色发生了分化，分别成为积极进取型、消极地方保护型和掠夺型地方政府。[③]

---

① 王绍光：《中国财政转移制度的政治逻辑》，《战略与管理》2002年第3期。
② 宋立、刘树杰主编《各级政府公共服务事权财权配置》，中国计划出版社，2005，第126页。
③ 周业安、赵晓男：《地方政府间竞争模式研究》，《管理世界》2002年第12期；周业安：《地方政府竞争与经济增长》，《中国人民大学学报》2003年第1期。

而要促进区域协调发展，不能仅仅依赖于调整政府间纵向关系，这已经为多年来中央政府所推行的多种区域协调发展政策的低效率所证明，还必须考虑通过调整地方政府间横向关系来促进区域协调发展。

第四节　中国政府间关系研究的
方法与意义

一　中国政府间关系的常见分析模式

对于国内政府间关系这一复杂的课题，国内学界的系统研究刚刚起步，所以国外相关研究所采取的分析模式或所建构的理论体系，无疑值得借鉴参考。美国学者怀特在《理解政府间关系》一书开头就指出，美国的政府间关系存在着多元化的分析视角，如总统的观点、州政府官员的观点、地方政府官员的观点、一般民众的观点等。对于政府间关系运作内涵到底是什么的问题，各种观点彼此间差别很大。① 英国学者施托克针对英国政府间关系的研究，提出了四种分析模式：行政权威论的二元政体、组织理论的权力依赖、新制度论的公共选择、国家理论的社会管制。② 英国学者格林伍德则总结了关于政府间关系的三种分析模式：代理机构论、合作关系论和实力—依赖关系论。③ 近年来，中国学者在这方面的研究也不断深入。林尚立教授在《国内政府间关

---

① Deil S. Wright, *Understanding Intergovernmental Relations*, Belmont: Wadsworth, Inc, 1988, pp. 3 – 12.

② Gerry Stocker, "Intergovernmental Relations," *Public Administration*, 73 (Spring), 1995, pp. 101 – 122.

③ 〔英〕格林伍德等：《英国行政管理》，汪淑钧译，商务印书馆，1991，第 160~164 页。

系》一书中，将政府间关系的理论与实践总结为集权主义、地方分权主义、均权主义和联邦主义。① 中国台湾学者江大树等在总结前人分析模式的基础上，提出了四种分析模式：宪政舞台上的权力互动、理性选择的分析模式、财政补助的资源依赖和政策执行的网络管理。② 张志红博士则将主流的国内政府间关系分析模式概括为四种：代理结构模式、理性选择模式、相互依赖模式和集分平衡模式。③

本书在综合国内外不同学者的研究基础上，将当代中国政府间关系的研究模式概括为以下几种分析模式。

1. 法律制度研究模式

本质上，政府间关系是一种权力互动现象，只是运作舞台设定在国家内部各个公共组织之间。从现代国家的政权建设来看，以完善的法律制度规范国家内部各个公共组织之间的关系是其中的关键性内容。因此，法律制度研究模式是研究国内政府间关系的基本途径。法律制度研究模式主要是从一个国家的政治体制出发，立足于对国内政府间关系的历史演进、组织结构与功能、政府间权力划分、政府间监督的途径与方式、政府间冲突与解决机制等制度规范进行研究。法律制度研究模式偏重于静态研究，把政府间关系看成是法律制度规范的结果，宪法和法律成为政府间关系研究的主要对象。

从法律制度角度对国内政府间关系进行研究，最为典型的是有关国家结构形式、中央集权与地方分权的研究。就国家结构形式而言，通常将现代国家的内部政府间关系分为单一制和联邦制两种结构形式。而单一制国家与联邦制国家的宪法制度在规范其

① 林尚立：《国内政府间关系》，浙江人民出版社，第 25~39 页。
② 赵永茂等主编《府际关系》，台湾元照出版有限公司，2001，第 25~33 页。
③ 张志红：《当代中国纵向政府间关系研究》，天津人民出版社，2005，第 45~58 页。

内部结构关系时有明显的差异。就中央集权与地方分权而言，中央集权与地方分权各有其理论基础，都有其合理性，可以通过相应的法律制度体现出来。

国内学者在研究当代中国的中央与地方关系时，通常会采用法律制度研究途径。从当代中国的宪法制度出发，一般都认为当代中国是一个中央集权的单一制国家，也有学者将当代中国的单一制称为民主集中单一制。[①] 而在深入研究当代中国中央与地方关系存在的问题后所提出的对策建议中，一般都主张实现中央与地方关系的法制化。[②] 近年来，还有学者在反思中国中央与地方关系互动实践的基础上，提出了中央与地方关系调节司法化的设想。[③]

2. 理性选择研究模式

理性选择的制度理论，主要汲取了新古典经济学中有关"经济人"的假设以及新制度经济学中有关制度在经济生活中作用的假设，来分析政治现象。其主要分析工具有制度与交易费用理论、博弈理论、委托代理理论等。理性选择的制度理论的主要逻辑在于：（1）公共选择的重点是集体决策，但是个人的理性选择是公共选择的核心前提；（2）制度的功能就是降低交易费用，使外部性内部化，使资源得到合理配置。其中，应用于分析国内政府间关系的典型分析模式，主要有交易费用理论、委托代理理论。[④]

理性选择模式，即从各级各类政府及其官员追求自身利益最大化这一基本动机出发，注重对各类政府主体之间的利益博弈和

① 童之伟：《国家结构形式论》，武汉大学出版社，1997，第 367～405 页。

② 潘小娟：《中央与地方关系的若干思考》，《政治学研究》1997 年第 1 期。

③ 刘海波：《中央与地方政府间关系的司法调节》，《法学研究》2005 年第 1 期。

④ 孙柏瑛：《新政治经济学与当代公共行政的发展》，《北京行政学院学报》2002 年第 2 期。

理性互动进行研究。其基本出发点在于对主体的理性经济人假设，即不仅普通社会成员是理性经济人，政府官员以及政府自身同样也是理性经济人，他们都有自身特殊的利益追求，其行为的目的都包含着追求自身特殊利益的最大化。对于政府及其官员而言，既是公共利益的代表，也是小集团利益的代表，当然也是政府官员个人利益的代表，是一个"三重利益代表"的混合角色。国内政府间关系的实质，实际上就是各级各类政府之间的利益关系。

近年来，一些学者运用博弈论、"以脚投票"理论和交易成本理论等来分析当代中国政府间关系，取得了非常丰富的成果。在博弈论看来，中央与地方关系具有利益竞争性质，随着地方独立性和自主性的扩大，地方政府追求地方利益的自主意识也会增强，它将推动中央与地方关系进行合理调适。[1] 不仅如此，地方政府间关系也具有博弈性质。[2] 在交易费用理论看来，中央政府掌握的暴力潜能使它享有极大的主动性，一旦发现制度创新的净收益大于零，就可以借助行政力量强制性地进行试点，并通过人为设置的改革"进入壁垒"来弱化外部性和不确定性，降低交易费用。[3] 而在委托代理理论看来，政府之间由于信息的不对称而导致的逆向选择和道德风险必然会导致现行的相关制度安排失效。[4] 理性选择模式改变了研究国内政府间关系的单向度思维，

[1] 孙宁华：《经济转型时期中央与地方政府的经济博弈》，《管理世界》2001年第3期；王国生：《过渡时期地方政府与中央政府的纵向博弈及其经济效应》，《南京大学学报》2001年第1期。
[2] 阳国亮：《地方保护主义的成因及其博弈分析》，《经济学动态》2002年第8期；周黎安：《晋升博弈中政府官员的激励与合作》，《经济研究》2004年第6期。
[3] 杨瑞龙：《渐进改革与供给主导型制度变迁方式》，载吴敬琏等著《渐进与激进》，经济科学出版社，1996，第75~88页。
[4] 李军杰、周卫峰：《基于政府间竞争的地方政府经济行为分析》，《经济社会体制比较》2005年第1期。

提出应考虑到地方政府的利益诉求和政府间关系的互动性。

3. 相互依赖研究模式

相互依赖研究模式主要分析国内政府间关系主体的多元互动，带有明显的行为主义方法论的痕迹。这种研究模式摆脱了静态的法律制度研究模式的局限性，在动态的发展中研究国内政府间关系发生的条件和运行的规律，因此更容易被实际工作者所接受。相互依赖模式是英国学者罗德斯在分析英国政府间关系时提出的，他认为政府间相互依赖的关系主要发生在一系列独立的政策、服务体系以及地方政府体系感兴趣的领域，而且这些关系还吸引着另外一些特殊领域中互动的组织。[①] 在实际应用中，相互依赖模式又可以分为两个类别：一是财政资源的相互依赖，二是政策执行的相互依赖。

财政税收是现代政府运作的基础，因此财政税收就成为国内政府间关系中利益分配的重要内容。不论是联邦制国家，还是单一制国家，公共财政议题都是国内政治生活中的重要环节，财政资源的相互依赖一直都是政府间关系中的关键性内容。关于国内政府间财政运作，一般涉及财政收支划分制度、地方征税权限、统筹分配税款分配方式、中央补助政策。其中，财政收支划分制度直接关系到各级政府的财政自主性程度，而财政自主性程度反映了各级政府自治权限的大小和治理能力的强弱。而中央政府统筹税款分配方式以及财政补助政策又直接影响到不同区域的地方政府发展。近年来，围绕当代中国的经济体制改革与公共财政制度建设，学术界从财政资源相互依赖的角度对国内政府间关系展开了系列研究，以及对 1994 年实行分税制后出现的问题进行的相关研究等，对当代中国的发展与改革实践产生了深远

---

① R. A. W. Rhodes, *Beyond Westminster and Whitehall: The Sub-Central Government of Britain*, London: Unwin Hyman, 1988.

的影响。[1]

在实际政治中，公共政策的执行也是发生国内政府间关系的主要平台。其中，不仅有政府间纵向关系的互动，而且还包含着政府间横向关系的竞争与合作。伴随着公共政策学科的兴起，20世纪80年代以来，在国内政府间关系研究领域，政策网络分析逐渐流行起来。网络理论作为倡导政府间互动和平等合作的分析工具，它是不满足于传统的公共组织科层等级理论的产物。政策网络理论认为，国内政府间关系是个网络系统，这种系统由多样化的行动者组成，其中包括中央政府和各级各类地方政府，每个政府都有自己的利益导向和政策目标。每个行动者都是政府间关系网络体系中的一个结点，分别具有不同的利益偏好和政策目标，分别发挥着不同的政策功能和作用，网络中并不存在着终极垄断性的政策行动者。在政府间关系政策网络中，行动者的多样性和彼此相互依赖性，淡化了传统的政府间关系的等级制色彩，政府间关系不再以金字塔型为基本特征，而是以多向度、相互依赖、扁平化为基本特征。在多向度和相互依赖的政府间政策网络中，每个行动者都无法依靠自己的单独行动达到目标，都需要得到其他行动者的资源支持。为此，各级各类政府通过策略性互动进行政策调适，通过构筑彼此信任和合作以尽可能地排除阻碍各自目标实现的因素，并争取其他行动者所拥有的资源支持。政府间关系政策网络的基本目标是，通过促成政府间合作来实现有关各方的共赢。[2]

---

[1] 胡鞍钢、王绍光：《中国国家能力报告》，辽宁人民出版社，1994；魏礼群：《市场经济中的中央与地方经济关系》，中国经济出版社，1994；马力宏：《分税制与中央和地方关系调整》，陕西人民出版社，1999；胡书东：《经济发展中的中央与地方关系——中国财政制度变迁研究》，上海三联书店，2001；寇铁军：《中央与地方财政关系研究》，经济管理出版社，2001。

[2] 杨宏山：《府际关系论》，中国社会科学出版社，2005，第29页。

二　研究中国政府间关系的主要方法

在社会科学研究中，理论与方法总是相互依存的，正如德国学者柏伊姆所言："一种理论如果不能从方法上检验与发展，则永远是一种没有用处的理论；反过来，一种方法如果离开了理论即具有使用价值的方法，永远是一种不结果实的方法。"[①] 从严格意义上的方法论出发，研究方法可以分为三个层次，即哲学意义上的方法论指导思想、研究方式和技术性的具体研究方法。[②] 由此，我们确定了本研究的方法。

1. 指导原则——理论联系实际

从理论意义上讲，社会科学研究者的主要成就表现在理论模型的建设及其发展上。在实践世界中，其成就表现不应该只是布道者，更不应该只是一堆脱离实际的空洞理论，而应该是通过经验观察去解决实践中存在的问题。社会实践离不开理论的指导，但理论本身必须来自于实践。任何没有经过实践检验的理论设计只是一种假说，而社会科学研究者的一个重大使命就是对许多理论假说进行验证。本书所研究的主题是一个与现实实践密切关联的问题，必须始终贯彻理论联系实践的原则，具体而言就是首先对已有经验材料进行归纳，接着在此基础上尝试着用一种理论进行规范分析，最后将结论用于个案分析的实践中进行检验。

2. 研究方式——定性研究

定性研究指的是"以研究者本人作为研究工具，在自然情境下采用多种资料收集方法对社会现象进行整体性探究，使用归纳

---

① 〔德〕克劳斯·冯·柏伊姆：《当代政治理论》，商务印书馆，1990，第61页。

② 风笑天：《社会学研究方法》，中国人民大学出版社，2001，第6页。

法分析资料和形成理论，通过与研究对象互动对其行为和意义建构获得解释性理解的一种活动"①。本书所研究的主题是当代中国的政府间关系，不可能是严密控制的在实验室条件下进行的量化研究，只能是在自然环境下和被研究者一起生活所从事的体验性研究。当然，这需要研究者与之进行互动，通过深入、细致、长期的体验、调查和分析，才能对其获得一个比较全面深刻的认识。

3. 技术性方法——案例研究和文献分析等

具体而言，本书的技术性研究方法主要包括：第一，比较研究法。比较分析的要点在于通过对不同事物或同一事物在不同阶段的情况进行比较，从中找出共同点以及本质的或规律性的东西。任何事物，总有优劣、长短、得失之分，对不同事物进行比较，可以更全面地研究和发现问题。比较研究方法通过分析不同国家政府间关系的相同点和不同点，总结政府间关系的本质及其演进规律，从而兴利除弊，取长补短，为我所用。比较研究主要是对不同国家的政府间关系模式进行横向比较，同时也包括对不同历史阶段的政府间关系模式进行纵向比较。第二，案例分析法。作为一种管理学研究的基本方法，本书在分析具体问题时试图通过相关案例的比较分析来达到目的，通过对典型案例的分析，不仅能加深对基本原理的理解，而且可以提高分析问题和解决问题的说服力。本书的典型案例来自于公开出版发行的专业性著作和新闻报道，虽然都是二手资料，但具有一定的典型性和代表性。第三，文献分析法。文献研究是一种通过收集和分析现存的以文字、数字、符号等信息形式出现的文献资料，来探讨和分析各种社会行为、社会关系及其他社会现象的研究方式。第四，历史研究法。历史研究法的基本目的就是要从历史的因果联系中，把握政府间关系的本质和

---

① 陈向明：《质的研究方法与社会科学研究》，教育科学出版社，2000，第12页。

发展规律。世界各国的政府间关系都是在一定历史条件下形成的，并随着政治经济变迁和社会发展而不断发生变化。从政府间关系的产生、发展和演化角度进行研究，在特定的历史背景中进行考察和分析，有助于把握政府间关系的演进规律，预测政府间关系的未来发展趋势。

三　研究中国政府间关系的意义

1. 有利于促进政府间形成良性的竞争与合作关系

通过协调政府间关系，建立良性运行的市场竞争机制，可以使地方政府以开放、竞争的心态去推动本地经济与社会发展，学习先进，推动创新，改善环境和激活市场，促进经济社会大发展；还可以促使地方政府转变政府职能，强化服务意识，提高服务水平，增强政府的责任意识。而在政府间建立有效合作的协调机制，特别是发达地区的地方政府和不发达地区的地方政府如果能在政策取向、资源配置、经济技术交流等领域进行更广阔的协调与合作，对于协调区际关系、逐步缩小地区间经济社会发展的不均衡状态、加快落后地区的经济社会发展、实施西部大开发战略都具有极其重要的现实意义。① 更重要的是，政府间通过长期合作，一方面会形成相互学习和信息获得机制，可以不断增强自身的竞争力和提高公共管理与发展水平；另一方面会形成社会资本，可以不断降低交易费用，实现各方共赢，最终有助于增进全社会的福祉。

2. 有利于实现资源的优化配置和提高当代中国政府整体的竞争力

通过协调政府间关系，有助于进行合理的地区分工，使市场

---

①　李忠学：《西部大开发中地方政府的协调与合作》，《中国行政管理》2000年第 8 期。

竞争和合作成为促进地区经济利益实现的重要手段；有助于推动地方政府相互开放市场，消除阻碍区域经济合作的藩篱，从而建立全国统一、开放、竞争、有序的市场，使市场在资源配置中真正发挥基础性作用，最终实现资源的优化配置和实现经济效益最大化。通过协调政府间关系，有助于地方政府间通过密切的协调与合作以实现各方共赢，通过相互学习以适应外部环境变化的挑战，最终提高整体的竞争力。所以，日本学者大前研一告诫道："在这个充满不确定因素和危险敌手的复杂世界上，最好不要单独行事。在广阔舞台上叱咤风云的大国，一贯与有共同利益的其他国家结盟，这并没有什么使人感到羞耻的。通过理解达成联盟是所有杰出战略家的保留节目。在这种竞争激烈的环境中，它对公司经理来说也是有效的。"① 于是，20 世纪 80 年代后，便出现了与原有竞争对手联合兼并进行合作的热潮，大企业集团之间的联合兼并之风席卷全球，其目的就是要形成更强大的竞争实力和国际竞争优势。因此，通过协调国内政府间关系，有利于提高整体竞争力，从而能在全球化的国际竞争中处于有利地位。

3. 有利于完善政府间关系

由于不同的具体国情，世界各国的政府间关系差异明显。有些国家的制度设计对于保障国家统一、民族团结、经济社会健康发展等，都起了积极的促进作用。而有些国家的制度设计显然束缚了地方政府的积极性和主动性，使各级政府陷入困境，甚至导致国家解体和民族分裂。实践也证明，无论是单一制还是联邦制，地方分权对于促进政治效率和政府善治都具有积极作用。通过对政府间关系与治理绩效进行比较研究，借鉴和吸取一些合理因素，对于完善当代中国的政府间关系无疑大有裨益。

---

① 〔美〕乔尔·布利克、戴维·厄恩斯特：《协作型竞争》，中国大百科全书出版社，1998，第 42 页。

4. 有利于丰富和发展当代中国的政府公共管理理论

从已有的理论研究来看，对于类似政府间关系不协调的问题，西方学者经常用"公用地的灾难、囚徒博弈的困境、集体行动的困境"① 以及"个体理性与集体理性的冲突"等非常经典精确的概括来加以阐释与说明。在协调政府间关系方面，当代美国著名经济学家詹姆斯·布坎南提出了"竞争性联邦主义"② 的应对机制，当代美国著名政治学家文森特·奥斯特罗姆则提出"复合共和制"③ 理论和"多中心体制"④ 理论，而埃莉诺·奥

① 参见〔美〕埃莉诺·奥斯特罗姆《公共事务的治理之道》，上海三联书店，2000，第 10～19 页。

② 所谓"竞争性联邦主义"，是指一方面由于联邦制在政治上为公民提供了类似于经济市场中"退出机制"，公民跨境自由迁徙和自由投资的宪法保障成为防止政治压迫的重要机制；另一方面在"主权分享型的联邦制"中，面对政治压迫，如果人们不愿意或不能利用退出机制，还可以运用其"呼声"。总而言之，布坎南认为，为了保障"个人主权"，应该选择竞争性联邦主义，以竞争克服垄断，以"主权分享"克服集权带来的福利国家的失败〔参见 James M. Buchanan, Federalism and Individual Sovereignty, *The Cato Journal* Vol. 15 2 – 3（Fall/Winter, 1995/96）〕。

③ 所谓"复合共和制"，是奥斯特罗姆从提供公共物品的有效性角度对竞争性联邦制的一种阐释，他指出"与联邦体制中职能重叠最类似的是私人产业中多种组织安排的结构。产业由不同规模的企业组成，各企业之间的关系通过包含竞争性选择的协商和交易程序进行协调。各企业提供相互补充、相互竞争的服务。……把联邦制看做是产业结构，由多种多样的、独立的机构组成，在提供和安排不同的集体物品和服务方面相互协作。……这一切都是属于联邦性质的公共行政体制的特色。具有职能重叠特征的行政体制具有较好的绩效，这一反直觉的解释道出了复合共和制理论对于解决当代问题的意义"（参见〔美〕文森特·奥斯特罗姆《复合共和制的政治理论》，上海三联书店，1999，第 197～198 页）。

④ 所谓"多中心"是相对于单一中心而言，是指在公共物品的供给中存在着许多决策中心，它们在形式上是相互独立的；多中心政治体制的重要含义是许多官员和决策结构分享着有限且相对自主的专有权，来决定、实施和变更法律关系（参见文森特·奥斯特罗姆《多中心》，载〔美〕迈克尔·麦金尼斯主编《多中心体制与地方公共经济》，上海三联书店，2000）。

斯特罗姆提出的"自主组织和治理"① 理论强调了在政府和市场之外的自主治理公共事务的可能性。但是，对于多中心或者说公共管理的多元主体之间的恶性竞争与冲突如何协调却并没有给予充分关注。而透过具体问题的研究，笔者试图揭示一个一般性的理论问题，即跨地区的公共事务治理问题或者多元主体在公共管理中的关系协调问题，这无疑对于当代中国公共管理理论的知识积累具有积极意义。

因此，本书的研究，不仅具有重大的实践意义，有利于为现实世界中纷繁复杂的公共管理问题找到良治之道，而且具有重大理论意义，从理论上拓宽了公共管理的理论视野。

---

① 这一理论是当代美国著名政治学家埃莉诺·奥斯特罗姆在大量实证案例研究基础上，探索关于在政府与市场之外实现自主治理公共池塘资源的可能性时提出的著名理论。她提出了"自筹资金的合约实施博弈"，认为没有彻底的私有化和完全的政府权力的控制，公共池塘资源的使用者可以通过自筹资金来制定并实施有效使用公共池塘资源的合约（参见〔美〕埃莉诺·奥斯特罗姆《公共事务的治理之道》，上海三联书店，2000）。

第二章
当代中国政府间纵向关系

在人类文明史中，国内政府间纵向关系始终是国家政权建设与国家运行的关键性问题，并关系到一个国家的盛衰兴亡。正确处理由于实行层级制管理而产生的政府间纵向关系，是现代国家所面临的一项长期任务。对于像中国这样一个管理层次多、管理幅度大，而且正处于现代化进程中的大国而言，正确处理政府间纵向关系更是显得尤为紧迫。本章将在综述有关政府间纵向关系理论的基础上，回顾当代中国政府间纵向关系的历史演进过程，深入剖析其发展现状，最终对理顺当代中国政府间纵向关系提出相应的思路。

第一节　相关理论综述

一　基本含义

国内政府间纵向关系是依托国家结构以及行政政区的具体划分，在垂直结构中的不同层级政府之间形成的各种关系。一般而言，政府间纵向关系主要取决于国家结构形式和国家政治与法律制度。由于经济制度、历史文化传统、地理环境和行政区划的不同，再加上权力机构的影响以及政党政治运行体系的制约，不同政治体系中的政府间纵向关系是存在较大差异的。所谓国内政府间纵向关系，主要是指在一个国家内部垂直结构中不同层次的政府间关系。具体到中国来讲，是指不同层级政府之间的行政关系、立法关系、司法关系、财政关系。

　　在宪法学与政治学中，与国内政府间纵向关系相关的概念通常有国家结构形式、中央与地方关系、联邦主义等。

　　所谓国家结构形式，其主要内容是从法律制度上规范国家整体与部分、中央与地方之间的权力配置问题。正是在这个意义上，有学者将其界定为"在国家结构体系内纵向配置国家权力行使权并规范其运用程序的制度模式"①。由于国家结构形式的构成者与国内政府间关系的行为主体在一定程度上是重合的，因此这两个概念之间存在着非常密切的关联。首先，国家结构形式从法理上规定了一个主权国家内部政府间纵向关系的基本框架，从而对实践中的国内政府间纵向关系运行产生着制度性的影响。因此，国家结构形式理论的发展，是研究国内政府间纵向关系的基础。其次，国家结构形式的理论研究的发展，大大拓展了国内政府间纵向关系的研究视野。近年来，国内相关学者对国家结构形式的研究有了长足的发展，在相当程度上厘清了单一制与联邦制这些基本概念及其相关理论争论②，这无疑为研究国内政府间关系的新模式拓宽了研究道路。但是，国家结构形式与国内政府间纵向关系仍然存在着明显的差异。就研究对象而言，国家结构形式主要关注国内纵向政府间职权划分与权力关系的法律制度问题，更多的是一种静态研究；而国内政府间纵向关系主要

---

① 童之伟：《国家结构形式论》，武汉大学出版社，1997，第 92 页。
② 参见童之伟《国家结构形式论》，武汉大学出版社，1997；王丽萍：《联邦制与世界秩序》，北京大学出版社，2000。

关注国内政府间纵向层面的互动与运作实践，更多的是一种动态研究。

而中央与地方关系和联邦主义分别是国家结构形式在单一制国家和联邦制国家中的现实政治表现。在实际运用中，研究者也常常会用中央与地方关系、联邦主义分别指称单一制与联邦制国家的国内政府间纵向关系。但实际上，国内政府间纵向关系与这两个概念之间仍然是存在差异的。从研究范围来看，中央与地方关系和联邦主义都是典型的"二元结构"，主要关注一个主权国家内部最高层政府与次级政府之间的纵向关系，而国内政府间纵向关系的研究范围还包括纵向层面上其他不同层级政府间关系。而从研究的价值取向来看，中央与地方关系和联邦主义主要是立足于规范的政府组织的层级节制与法制化的纵向权力配置问题，而国内政府间纵向关系则主要立足于纵向上不同政府之间的互动关系。

不过，在当代中国政府间纵向关系研究中，由于各层级政府治理结构的高度雷同以及各级行政机构在机构设置、职能配置上的"职责同构"，当代中国政府间纵向关系在不同层面上具有高度的相似性。因此，实践运行中的当代中国中央与地方关系研究与当代中国政府间纵向关系研究基本上是一致的。

二　研究视角

帝制时期的中国政府间纵向关系，一直以来都是一个很值得关注的研究问题。中央政府一方面想控制地方政府，另一方面又希望地方政府能独立自主地实施管理而减轻中央政府的负担；地方政府一方面希望发展自己的势力与中央政府抗衡，另一方面又希望获得中央政府的实质性援助。中国共产党建立政权之后，不论是党和国家领导人还是学术界，都将政府间纵向关系作为政权建设和国家管理的关键性问题。在毛泽东那里，中央与地方关系是必须妥善解决的十大关系之一。① 到了邓小平时代，则根据改革发展的不同情势需要，既提出了权力下放又强调加强中央权威。② 江泽民则将中央与地方关系列为当代中国现代化建设中带有全局性的重大关系之一，主张合作、共赢与依法治国。③ 进入21世纪后，新一代中央领导集体将统筹中央与地方关系纳入科学发展观的范畴。根据相关学者的研究，大体上可以归纳为四类：第一类是规范性的讨论；第二类是叙述性的分析；第三类是预测性的分析；第四类是理论性的建构（见表2－1）。

表 2 – 1　当代中国中央与地方关系研究的四种类型

	规范性的讨论	叙述性的分析	预测性的分析	理论性的建构
目　的	提出政策建议	组织资料和陈述事实	分析未来的变化	建构理论
成　果	中央集权、地方分权、制度化分权、合理分权、选择性集权、地方自治	诸侯经济、地方主义、地方国家公司主义、半联邦制、行为性联邦、中国式的联邦制、独立国家、混乱状的国家	现状延续、联邦制、地方割据、诸侯政治、体制改革、政体转型	发展型地方主义、维护市场型联邦制、国家能力论、非零和博弈、零和博弈、地方履行政策的模式、代理理论
因果解释力	最低	普通	其次	最高

资料来源：王嘉州：《中国大陆中央与地方关系研究文献之分析》，《东亚季刊》2001 年第 32 卷第 4 期，第 61 页。

---

① 毛泽东：《论十大关系》，《毛泽东选集》第五卷，人民出版社，1977，第 275～276 页。

② 辛向阳：《大国诸侯：中国中央与地方关系之结》，中国社会出版社，1997，第 496～509 页。

③ 江泽民：《正确处理社会主义现代化建设中的若干重大问题》，1995 年 10 月 9 日《光明日报》。

关于当代中国政府间纵向关系的研究路径，可以区分为三种类型：文化视角、结构视角和程序视角。[①] 其中，从文化的视角来研究，强调历史连续性的重要意义以及集体信念对民族整合与国家建立的影响。结构视角则将政府间纵向关系中冲突的起源归结为权力配置。而在程序视角中，政府间纵向关系的冲突主要是由于缺乏沟通渠道而造成的，并认为纵向政府间冲突的解决是通过批准、交易和谈判来达成的。在这三种研究视角中，各有不同的理论分析模型：文化视角的理论为地方主义与发展型的地方主义，结构视角的理论有财政联邦主义、国家能力理论和维护市场型联邦制理论，程序视角的研究则提出了非零和博弈理论、地方政策执行模式、双向负责论和委托代理理论。此外，碎片化权威结构模型与间歇性极权国家模型则贯穿于上述三种研究视角。

1. 文化视角

文化视角有三个特征：第一，重视价值变迁与文化转型，并从国家整合的途径来研究政府间纵向关系；第二，研究的议题聚焦于整合、区域主义、地方主义、省的自治；第三，基于整合理论假设，认为稳固的政府间纵向关系有赖于地区性价值转型的成功。因此，当代中国政府间纵向关系的变化，就是传统的大一统价值观与各地区区域主义或地方主义相互冲突的表现，或者说是地区性知识与全国性知识的冲突。在文化视角的研究中，地方主义是一个常用的分析理论模型。地方主义的类型又可以细分为政治性地方主义、经济性地方主义、民族性地方主义和文化性地方主义。其基本的含义是：第一，排他性的乡土情感和地方观念；第二，地方权力膨胀，损害了中央集权体制；第三，反对中央集

---

① 参见 Jae Ho Chung, "Studies of Central-Provincial Relations in the People's Republic of China, A Mid-Term Appraisal", *The China Quarterly*, June, 1995。陈政一：《九十年代以来中国大陆地方政府贪腐现象》，秀威资讯科技股份有限公司，2006，第 41~48 页。

权，主张地方分权。① 尽管地方主义表现形式多样，但它们的基本倾向是一致的，即追求地区或地方利益至上。由于地方主义所持利益取向与中央的要求总是矛盾和冲突的，由于地方主义的存在不仅仅影响到政府间关系，而且还会因自身与中央政府抗争的行为和运动而影响到整个社会的经济和政治生活。特别是地方分裂主义所代表的极端政治倾向和采取的极端政治行动，如暴力、骚乱等，不仅对中央政府构成威胁，而且对整个国家构成威胁。因此，地方分裂主义只要存在，中央政府就时刻面临这种挑战。一旦这种挑战爆发，中央政府就会陷入一种两难困境，即要么维护目前的领土完整而采取强硬的措施，要么对分裂主义作出让步，以保证在缩小的国家内享有完全的合法性。② 用地方主义理论模型分析当代中国政府间纵向关系，主要是探讨经济性地方主义，其内涵包括地方观念与地方权力的膨胀。③ 至于发展型地方主义，是研究者在地方主义基础上的进一步发展，其含义在于以经济发展为基本取向，并强调地方利益，从而加剧了纵向政府间关系的紧张。与传统的地方主义相比，两者相同之处在于都强调地方利益，但发展型地方主义更强调地方政府角色与行为的转型，并认为这是在产权地方化、财政放权以及官员任用制度权下放等制度背景下推行市场化所形成的。用发展型地方主义来推论中央与地方关系，其基本逻辑是：发展型地方主义→推动地方经济增长→为地方政府的权力提供了经济基础→强化了地

① 邓正兵：《论南京国民政府时期地方主义的特点》，《社会科学》2002 年第 9 期。
② 〔英〕伊夫梅尼等：《西欧国家中央与地方关系》，春秋出版社，1989，第 165 页。
③ Luo Xiaopeng, "Rural Reform and the Rise of Localism", in Jia Hao and Lin Zhimin (ed), *Changing Central-Local Relations in China*, Oxford: Westview Press, 1994, pp. 113–134.

方政府决策以地方利益为取向→地方居民发展出地方认同感→成为地方主义的文化与心理基础→地方成为相对独立的行为主体→国家整合困难→国家分裂。[①] 因此，从文化视角出发，为了避免国家分裂，需要从制度结构着手，在分权的基础上，将地方权力制度化。

2. 结构视角

结构视角的特征包括：第一，将政府间纵向关系概念简化为制度支配下互动模式的运行；第二，认为纵向政府间的冲突起源于中央结构的安排与地方对其角色与利益的认知存在落差；第三，特别关注中央集权与地方分权的问题，因而研究焦点在于财政与经济计划的安排；第四，将地方分权看作解决纵向政府间冲突的灵丹妙药。结构视角的理论有财政联邦主义、国家能力论以及维护市场型联邦制等。财政联邦主义是处理政府间财政关系的一种规范制度，强调各级政府在财政收支上的独立性和自主性。[②] 该理论最重要的概念是分权，并提出财政职能分配的基本框架，主张中央政府的职能是稳定宏观经济、进行收入分配以及提供全国性公共物品。地方政府的职能是提供地方性公共物品并执行资源配置。在这个框架下，对于政府间税收分配与转移支付却存在两种不同主张：一种是主张赋予地方政府税收管辖权，使其权责相符，防止地方财政赤字；另一种则主张中央政府适度保留税收管辖权，以利于地区间财政平衡以及中央政府实现其意图。根据财政联邦主义理论研究当代中国的纵向政府间财政关系，得出的基本结论是应该实行收入集权、支出分权的财政体制。[③] 国家能力

---

① 吴国光、郑永年：《论中央—地方关系：中国制度转型中的一个轴心问题》，牛津大学出版社，1995，第二章。

② 胡庆康、杜莉：《现代公共财政学》，复旦大学出版社，2001，第320页。

③ 胡书东：《经济发展中的中央与地方关系——中国财政制度变迁研究》，上海三联书店、上海人民出版社，2001，第5、6、186页。

理论是指中央政府将自己意志、目标转化为现实的能力，其中
包括汲取能力、调控能力、合法化能力、强制能力等。在其
中，汲取能力最为重要，因为此能力的下降将导致国家的分
裂。按照王绍光和胡鞍钢的研究逻辑，那就是：国家能力下
降→汲取能力下降→调控能力下降→经济衰退→社会危机→合
法化能力下降→使用强制力→政府与社会冲突对立→社会解
体、国家分裂。① 该理论以中央预算收入占国家总收入的比重
来代表国家的汲取能力，强调财政税收的重要性，并主张修改
税收制度以改变政府间纵向关系，进而避免国家分裂。维护市
场型联邦制是温加斯特与钱颖一等在分析中国转轨相对成功原
因时提出的一个分析框架，与财政联邦主义一样，都强调地方
分权是联邦制的重要基础。该理论认为制度安排的理想形式应
具备五个条件：第一，存在明确划分权力范围的政府等级制度，
每一级政府在其权力范围内都可以自主；第二，地方政府在其
管辖范围内拥有控制经济的基本权力；第三，中央政府拥有管
理公共市场的权力，以确保货物与原料可以在各级的辖区内流
动；第四，各级政府都面对硬预算的约束；第五，权力与责任
的分配已经制度化，不论是中央或地方都不能单方面加以改变。
根据这一理论的推论，中国改革所伴随的分权形式已经对各级
政府提供了重要的行为范围：第一，限制中央政府对经济的控
制；第二，导致地方政府的竞争；第三，使各级政府致力于地
方经济的繁荣。简言之，从上述条件来透视当代中国的改革与
发展后发现，中国改革措施的变化范围符合维护市场型联邦制
理论的预测。②

① 王绍光、胡鞍钢：《中国国家能力报告》，辽宁人民出版社，1994，第一章。
② Barry R. Weingast, Yingyi Qing, Gabriella Montionola, "Federalism, Chinese Style: The Political Basis for Economic Success in China", *World Politics*, Vol. 48, No. 1. (1995), pp. 50 – 81.

3. 程序视角

程序视角认为政府间纵向关系等于纵向政府间为了能够在某些政策议题上获得共识，所进行的策略互动过程。因此，这一视角关注政府间冲突的起源与解决方式，并以过程的概念来加以分析，认为政府间纵向关系主要取决于沟通、说服、讨价还价、让步的能力。从程序视角出发，通常将政府间纵向关系视为一种博弈关系，其特点是：第一，两者是可重复的多次博弈关系，因而既有竞争又有合作；第二，合作则两利，欺骗则两损；第三，两者非平等关系，而是主从关系；第四，中央可以通过修改游戏规则，诱导地方合作。① 从程序视角来研究政府间纵向关系的理论主要有博弈论、地方执行政策的模式、政治经济学理论、双向负责论和委托代理理论。在博弈论中，最为常见的是非零和博弈的分析框架，其基本逻辑是：第一，纵向政府间彼此都有不能缩减的权力；第二，中央所不能缩减的权力是强制力；第三，地方所不能缩减的权力是其中间角色；第四，相互依赖及不可或缺→长时间的冲突→不存在全赢或全输的情况→妥协的政治及非零和的博弈局面。地方政府的行为并非一意孤行，而是受到地方自主程度与依赖中央程度的交互影响。研究者通过对广东及上海的研究发现，地方政府行为受中央政策的影响极大，而地方政府的行为也影响了中央政府的政策。② 地方政府执行政策的模式不强调博弈关系而专注于地方政府的理性选择。该模式将地方政府执行中央政策的行为区分为三类：第一类是先锋，是指地方政府的政策执行者领先其他地方政府完成中央的政策；第二类是扈从，即谨慎地以不领先也不落后的速度完成中央的政策；第三类是抗拒，即地方政府延缓执行中央既定的政策，或加以更

---

① 胡鞍钢：《中国发展前景》，浙江人民出版社，1999，第 133～134 页。

② Linda Chelan Li，"Centre and Provinces：China 1978–1993"，*Power as Non-Zero-Sum*，New York：Oxford University Press，1998，pp. 34–45.

符合地方利益要求的变更。在实践中，地方政府的行为往往是这三种类型在某种程度上的混合。因此，全国完成政策的进度将依赖于地方政府的选择：先锋的数量、扈从的时间点、抗拒的数目及时间长短。[①] 政治经济学的理论则强调经济改革对政治行为的影响，认为财政资源的重新分配促使地方政府更加自力更生，并使地方官员具有强烈动机保留更多的权力与资源。这一变迁对政府间纵向关系的影响存在两种主张：讨价还价派主张地方在面对中央决策者时已经拥有更大的议价能力，等级制度派则强调中央领导人仍掌握了地方干部的任命权。[②] 双向负责论为纵向政府间的讨价还价关系作出解释。该理论的构成要素包括：第一，领导人提出迎合选举人群喜好的政策；第二，可能的继承者依循前人路线提出政策；第三，当选举人群的成员有变动时，政府政策也会随之变更；第四，因领导人是由精英所构成的选举人群选出而非一般大众，因此其政策利益集中于官员身上；第五，当领导层统一时，中央委员会会照章通过领导人的政策决定，若领导层因继承竞争而分裂，中央委员会便成为讨价还价的场所；第六，竞争领导职位者将会提出增加选举人群团体之权力与资源的政策；第七，赢得权力继承者之政策将基于选择性的分配而非普遍原则，以建立其支持网络。[③] 根据这一理论框架，再对照 1978 年以来地方官员在中央委员会中人数的增加，便可以理解经济改革政策为何会朝着保护地方利益的方向发展。简言之，双向负责就是地方对中央负责，

---

① Jae Ho Chung, *Central Control and Local Discretion in China*, New York: Oxford University Press, 2000, pp. 6 – 8.

② Yi-feng Tao, "The Evolution of Central-Provincial Relations in Post-Mao China, 1978 – 1998: An Event History Analysis of Provincial Leader Turnover", *Issue & Studies*, Vol. 37, No. 4 (2001), p. 97.

③ Susan L. Shirk, *The Political Logic of Economic Reform in China*, Berkeley: University of California Press, 1993, pp. 90 – 91.

而中央也向地方负责。因此，经济改革政策必须经过中央与地方的协商才能付诸实施。至于委托代理理论，主要是用于论证政府间纵向关系属于等级制度关系。该理论将中央视为委托人，而地方则为代理人。中央拥有政治控制权，可对地方官员进行任免赏罚，加上基于国家机关的等级制度，使地方必须服从中央，犹如代理人必须服从委托人在契约中所交付的权利义务。有学者使用委托代理理论来分析中国中央与地方在投资政策上的互动关系，因为该理论有三个特点：第一，可以分析等级制度下两个行为者的互动；第二，可说明自私的行为者如何采取行动；第三，关注行为者之行动的策略内涵。① 在西方经济学的委托代理理论中，由于信息不对称，使得代理人有可能出现道德风险和逆向选择，因而扭曲甚至违反契约之约定，委托人若要解决这一问题便须增加监督成本。② 沈荣华等认为，在当代中国信息不对称博弈中，处于代理人地位的地方政府往往处于信息优势地位，而处于委托人位置的中央政府则存在可能的"理性无知"。地方政府之所以具有信息优势，是因为它更接近于信息源，而中央政府所需信息往往由地方政府及其相关部门提供。实际上，地方政府能够影响向中央政府提供信息的多寡及其真实程度。信息不对称意味着理性的代理人可以利用信息优势谋取自身利益，导致公共决策的逆向选择与道德风险等潜在困境。因此，打破信息不对称，建立透明、竞争和民主的地方政府提供公共物品的体系，成为理顺纵向政府间关系的一个重要目标。③

---

① Yasheng Huang, *Inflation and Investment Controls in China: The Political Economy of Central-Local Relations during the Reform Era*, New York: Cambridge University Press, 1996, p. 180.

② Thrainn Eggertsson, *Economic Behavior and Institutions*, New York: Cambridge University Press, 1990, pp. 40 – 41.

③ 沈荣华：《信息非对称视角下我国地方政府职能转变》，《中国行政管理》2002 年第 6 期。

第二节 政府间纵向关系发展的
历史分析

一 国家结构形式的选择

1949 年，中国共产党取得全国政权，面临着一个巩固政权和治理国家的问题：必须寻求一种适合中国国情的国家结构形式。在此之前，由于自身理论上的不成熟以及受到苏联的影响，中国共产党早期的设想是建立一个联邦制共和国。在 1922 年 7 月中国共产党第二次全国代表大会的宣言中，就提出了"建立中华联邦共和国"的政纲，随后将之载入土地革命时期的《中华苏维埃共和国宪法大纲》。在抗日战争时期，虽然宣传口径有所不同，但正式的文告（如毛泽东的《论联合政府》）中仍加以庄严承诺，直至全国革命行将胜利之时才改弦易辙。1949 年 9 月，中国人民政治协商会议召开，通过了具有临时宪法意义的《共同纲领》。该纲领明确规定：中华人民共和国是全国各族人民共同缔造的统一的多民族国家；中央人民政府对各行政区域单位有直接统辖指挥的权力，是最高行政管理的决定者；地方各级人民政府的行政管理活动，均须依据中央人民政府的政令展开。这些都表明：中国选择了单一制的国家结构形式。

在国家制度层面上，新中国的建立无疑意味着联邦制的终结。但是，在学理层面上，为何先前主张的联邦制被后来的单一制取而代之，或者说基于什么理由判断联邦制不适合中国国家建设的内在要求而必须采取单一制，显然还需要有一个理论上的解释。难道仅仅因为中国是共产党领导的国家或者仅仅以中国共产党历史地位的变化来进行解释吗？正如有学者所分析的那样，这显然是一种误解。其错误在于：第一，许多学者往往从自己的

"习性"出发，夸大了理论对实践的影响力。他们看不出政治家基本上都是实用主义者，其决策当然会受理论的影响，甚至自觉追求理论的指导，但最终追求的从来也不是某种既有理论的自洽，尽管后来者有可能赋予其实践以某种理论的自洽。第二，在纵向分权问题上，许多学者往往忽略了无论是单一制还是联邦制其实都是解决国家治理问题的工具，这两种制度之间并没有天壤之别，其意义在于且仅仅在于能否实现政治家以及其代表的社会群体所追求的目的。① 至于选择的工具能否实现这个目的，则取决于社会各方面的条件。

对于为何选择单一制而放弃联邦制，国内学术界通常的解释是：（1）单一制国家结构形式符合中国的历史传统，因为中国自秦汉以来大部分的历史发展过程中一直实行统一的中央集权制度；（2）单一制国家结构形式符合中国的民族状况，因为尽管中国是一个多民族国家，但中国各民族之间形成了"大杂居、小聚居"的格局；（3）建立单一制有利于社会主义建设和各民族的共同发展，因为各民族之间发展不平衡，所以需要充分发挥各自优势才能共同发展和共同繁荣；（4）建立单一制有利于国家统一。

但是，笔者认为，除了上述原因之外，更应该考虑到另外两个因素的影响。

第一，现实国家治理的需要。虽然近代以前的中国在一定意义上是一个中央集权国家，但由于它没有经历过欧洲15、16世纪那种绝对主义国家的历史，因此中国的中央政权对全国更多的是一种政治文化意义上的统治。"天高皇帝远"是中国近代以前的一个现实，国家权力没有能有效深入到社会之中，当时的中国人对国家主要是一种文化的认同而缺少一种民族的认同。与此同时，近代以来的中国也是一个各地经济文化发展不平衡的国家，它没

---

① 苏力：《当代中国的中央与地方分权》，《中国社会科学》2004年第5期。

有统一的市场，甚至在国家经济中占主导地位的仍然是农业，工商业基本集中在东部沿海地区的一些大中城市。自给自足的农业经济使得广大农村可以相对独立于城市。没有经济联系作为纽带，各地之间的联系相当松散，如果没有高度政治上、文化上的统一，就很容易发生分裂或割据。更为重要的是，近代中国又是一个受到西方列强间接控制的国家，帝国主义国家对中国各地有不同程度的影响。新中国的政治性质使得西方国家不愿意看见一个统一的大国，它们希望在中国制造某种政治上的分裂以及经济上对于列强的依赖。尽管中国共产党正是充分利用了近代以来中国还不是一个统一的现代民族国家这一社会历史条件夺取了全国政权，但是，这种有利的社会条件，在中国共产党获得政权之后，当其使命从夺取政权转向国家建设时，就变成一个明显的不利条件。建立统一的民族国家，是实现现代化的最基本条件。[①] 必须指出，这不仅是中国共产党人的追求，也是中国近代自鸦片战争以来一切爱国的志士仁人的共同追求。如果没有统一的民族国家、统一的政治架构和统一的法律，不打破传统经济的封闭性，就不可能实现现代的经济变革，就无法发展现代的工业和商业，无法建立统一的军队和现代官僚体制乃至现代国家。在这样一个基本问题面前，尽管中国社会的政治文化精英可能在具体操作上有分歧，但建立单一制的中国政制架构几乎是一个理所当然的选择。

　　第二，相关政治制度的影响。从 1949 年中国的国家政权建立来看，尽管在 1949 年中央人民政府成立之前，地方政权在全国许多地方已经建立起来，但也都是在中央的统一领导下建立和发展起来的。尤其是受到军事体制的影响，革命战争年代所形成的各解放区政府，在地方政权建立过程中都力求集中统一，严格

---

① 参见安东尼·吉登斯《民族—国家与暴力》，胡宗泽、赵力涛译，生活·读书·新知三联书店，1998。

实行层级节制、下级对上级政府负责的体制。更为重要的是，在中国革命的长期实践中，造就了中国共产党这一领导核心。在革命战争年代，中国共产党领导全国各族人民通过艰苦卓绝的革命斗争，最终建立了新中国，从而确立了其领导与执政的历史合法性。而在革命战争背景下成长和发展起来的中国共产党，在取得国家政权后必然实行以党治国，即政党国家化和国家政党化。与联邦制相比，强调高度集中统一的单一制，显然更适应这种特定政党政治的要求。对此，陈明明教授通过翔实的文献研究，也深刻指出："共产党这种以集中制建立起来而且在体制外动员过程中形成日益强大的集中结构与性格使它始终是联邦制这种相对松散的体制的敌人，它能容忍一时的多元与分权，不能容忍永久的多元与分权，当它夺取国家政权成为政治过程的支配者和统治者后，党国一体的性质必将与联邦制构成尖锐的冲突。"①

因此，对于 1949 年建立的新中国而言，首先要考虑的问题是如何通过集权实现资源的集中有效使用，而不是分权。在单一制框架下，地方政府的权力来自中央政府的授权，再加上执政党的组织体制，最终使得政治权力不断趋向集中。这种中央集权单一制国家结构形式的选择，无疑为新中国的政府间纵向关系奠定了一个基本的体制基础。

二　国家结构形式的发展

中国人口众多、疆域辽阔，多数省级行政区都相当于一个中等国家的规模。因此，当代中国在纵向政治结构上所需要解决的问题，就自然比任何国家都要多，都要复杂。根据特殊的国情，中国的国家结构形式在经过多年的实践基础上，吸收了一些联邦

---

① 陈明明：《联邦制：马克思列宁政治文献的一个阅读》，载陈明明主编《复旦政治学评论》第四辑《权利、国家与责任》，上海人民出版社，2006，第 346 页。

制的内容，发展出了民族区域自治和特别行政区制度，从而使得当代中国的国家结构形式发生了深刻的变化。

（一）民族区域自治制度

中国是一个多民族国家，汉族占大多数，少数民族与汉族交错在一起，各民族大杂居、小聚居，长期共同生活在一个统一国家里。面对复杂的民族关系，中国遵循了解决民族问题的民族平等和民族团结的原则，但中国"采取的不是民族共和国联邦的制度，而是民族区域自治的制度"①。所谓民族区域自治，是指在国家不可分割的领土之内，在最高国家机关的统一领导下，以少数民族聚居的地区为基础建立民族自治地方，以实行自治的民族成员为主组成自治机关，按照民主集中制原则，充分行使自治权利，遵照国家总方针、政策，自主管理本民族、本地方的事务，并积极参加全国的政治生活。它体现了国家充分尊重和保障各少数民族管理本民族内部事务权利的精神，体现了国家坚持民族平等、团结、互助，实现各民族共同繁荣的基本原则。实行民族区域自治制度是中国共产党解决国内民族问题的基本政策，是马克思主义基本原理与中国国情相结合的产物。

在建党初期，由于受到国际共运史上民族自决理论的影响，中国共产党曾经提出过按"联邦制"的形式建立国家的方案，也提出过各民族自决的口号。在后来的长征途中，随着对少数民族状况有了更进一步的较为深入的认识，中国共产党对解决民族问题的探索和思考不断深化和成熟，提出了不能到处搬用苏联形式组织少数民族政权，基本上抛开了"民族自决"和"联邦制"的思想，并将"建立自己的自治区域"的主张付诸实践。1936年5月成立的陕甘宁豫海县回族自治政府，就是一次较好的少数民族区域自治实践。抗日战争和解放战争时期，中国共产党对民

---

① 《邓小平文选》第3卷，人民出版社，1993，第257页。

族问题进行了更深入的探索和思考。1938 年 10 月，毛泽东代表
中央在党的六届六中全会上所作的《论新阶段》的政治报告中，
较为系统地阐述了民族区域自治的思想。他在指出"各民族与
汉族有平等权利，在共同对日原则之下，有自己管理自己事务之
权，同时与汉族联合建立统一的国家"的同时，强调"各少数
民族与汉族杂居的地方，当地政府须设置由当地少数民族的人员
组成的委员会，作为省县政府的一部分，管理和他们有关的事
务，调节各民族间关系，在各县政府委员中应有他们的位置"。
"尊重各少数民族的文化、宗教、习惯，不但不应强迫他们学汉
文汉语，而且应赞助他们发展用各族自己言语文字的文化教
育。""纠正存在着的大汉族主义，提倡汉人用平等态度和各族
接触，使其日益亲善密切起来，同时禁止任何对他们带侮辱性与
轻视性的言语、文字与行动。上述政策，一方面，各少数民族应
自己团结起来争取实现，一方面应由政府自动实施，才能彻底改
善国内各民族的相互关系，真正达到团结对外之目的……"① 至
此，党关于在统一国家之内实行民族区域自治的政策大体形成。
1946 年 4 月陕甘宁边区第三届参议会第一次大会上通过的《陕
甘宁边区宪法原则》正式规定："边区各少数民族，在居住集中
地区，得划成民族区，组织民族自治政权，在不与省宪相抵触的
原则下，得订立自治法规。"按照上述规定，陕甘宁根据地的边
区政府帮助边区少数民族在一些聚居区建立了自治政权，在海南
等解放区也建立了民族自治政权。特别是 1947 年 5 月 1 日内蒙
古自治区的成立，标志着中国共产党对民族问题道路探索阶段的
结束，为民族区域自治制度的确立和推行提供了宝贵的经验，奠
定了坚实的基础。

　　1949 年 9 月，中国人民政治协商会议通过的《共同纲领》

---

① 《民族问题文献汇编》，中共中央党校出版社，1991，第 597 页。

明确规定："各少数民族聚居的地方实行民族区域自治，按照民族聚居人口多少和区域大小，分别建立各种民族自治机关。"1954年制定的宪法和此后颁布的宪法都对民族区域自治制度作了相应的规定。1984年5月，全国人大还专门制定并颁布了《中华人民共和国民族区域自治法》。这样，民族区域自治制度就成为中国解决民族问题的重要政治制度，并以宪法性文件形式最终加以确立。

按照《中华人民共和国宪法》和《中华人民共和国民族区域自治法》的规定，中国的民族区域自治的内容主要包括以下几个方面。

1. 设立民族自治地方

民族自治地方是指一个或多个少数民族在其聚居的地方依法实行区域自治的行政区域。建立一定行政层次的民族自治地方是实施民族区域自治制度的基本条件，其本身也构成了这一制度的基本内容。中国的民族自治地方包括三种类型：一是以一个少数民族聚居区为基础建立的自治地方（如西藏自治区）；二是以一个人口较多的少数民族聚居区为基础，同时还包括一个或几个人口较少的其他少数民族聚居区建立的自治地方（如新疆维吾尔自治区、内蒙古自治区）；三是由两个或两个以上的少数民族聚居区联合建立的自治地方（如贵州的黔东南苗族自治州）。实行民族区域自治的基本形式是自治区（相当于省级，其自治机关行使省一级地方国家机关的职权，同时行使自治权）、自治州（相当于设区、县的地级市，其自治机关行使设区、县的地级市的地方国家机关的职权，同时行使自治权）、自治县（相当于县级，其自治机关行使县一级地方国家机关的职权，同时行使自治权）。民族乡不是一级自治地方，不享有宪法和有关法律所规定的自治权，但其可根据宪法与有关法律并在上级自治机关或行政机关的指导下，实行符合本乡民族特点的具体措施。

2. 设立民族自治机关

民族自治机关是中国国家机关体系的重要组成部分，是民族自治地方的地方国家机关，是享有和行使自治权的主体。民族自治地方的自治机关是自治区、自治州和自治县的人民代表大会和人民政府。根据相关法律规定，民族自治地方的人民代表大会是民族自治地方的国家权力机关，是民族自治地方各族人民行使自治权的最重要的组织形式。民族自治地方人民代表大会常务委员会是人民代表大会的常设机关，也属于自治机关的范畴，在本级人大闭会期间代行其职权。各民族自治地方的人民政府是本级人大的执行机关，也是各族人民行使自治权的自治机关。民族自治地方的人民法院和人民检察院是民族自治地方的审判机关和检察机关，分别行使审判权和检察权，但不是自治机关，不能行使自治权。依法建立的民族自治地方的自治机关具有双重性质：一是作为人民民主专政国家政权的组成部分，是一级地方国家权力机关和行政机关；二是作为一级民族自治地方的自治机关，享有宪法和法律所赋予的自治权，有权根据当地的实际情况贯彻执行国家的法令，有权在国家的指导下自主安排和发展本地的经济、文化和其他各项事业。

3. 享有民族自治权

根据宪法和相关法律的规定，民族自治机关享有自主管理本地事务的特定的民族权利和国家权力。自治权是中国民族区域自治制度的核心，也是自治地方与非自治地方的主要区别，是自治机关享有管理本地方事务的自主权的主要标志，是自治机关发展民族自治地方的经济、文化事业，实现各民族共同繁荣的重要手段，是衡量民族区域自治程度的标尺。《民族区域自治法》规定的民族区域自治机关的自治权共27条，涉及经济、财政、文化和教育各个方面。具体内容主要表现在：实行民族区域自治的地方，有权制定自治条例和单行条例，可以在不违背宪法和法律的原则下，采取灵活措施和特殊政策以加快地方经济文化事业的发展；上级国家机关的决议、决定、命令和指示，如有不适合民族自治地方实际情况的，自治机关可以经该上级国家机关批准，变通执行或停止执行；在国家计划的指导下，可以自主地安排和管理地方性的经济建设事业；有管理本地方财政、教育、科学、文化和卫生体育事业的自主权；依照国家的军事制度和当地的实际需要，经国务院批准，可以组织本地方维护社会治安的公安部队；在执行职务的时候，使用当地通用的一种或几种语言文字；民族自治地方的人大常委会主任或副主任由实行区域自治的少数民族公民担任，自治区主席、自治州州长、自治县县长由实行区域自治的少数民族公民担任并实行自治区主席、自治州州长、自治县县长负责制，民族自治地方的人民政府的其他组成人员及自治机关所属部门的干部，尽量由实行民族区域自治的少数民族公民担任，等等。此外，中国宪法和相关法律在规定各上级国家机关应充分保障民族自治地方自治机关行使自治权的同时，还明确规定其必须履行的义务。主要内容包括：必须维护国家的统一，保证宪法和法律在本地方得到遵守和执行；把国家的整体利益放在首位，积极完成上级国家机关交给的任务；保障本地方内各民族都享有平等权利；各民族自治地方的人民政府都必须同时服从国务院的领导等。

4. 国家的政策与制度扶持

在保障民族自治机关的自治权利实现的同时，中国还对民族区域自治政策与制度实行了一系列的支持性政策与制度。主要内容包括：对入不敷出的民族自治区域和少数民族聚居区实行财政补贴政策；对少数民族地区实行拨发专用资金和专款补助的制度；实行帮助少数民族地区加快发展经济文化事业政策；实行帮助少数民族自治地方大量培养少数民族干部、各种专业人才和技术工人的政策；充分考虑到少数民族地区的特殊情况，国家的若干基本政策在少数民族地区不要求普遍执行。

民族区域自治制度自 20 世纪 50 年代逐步确立以来，经过不断的改革与发展，为维护祖国统一和民族团结发挥了积极作用。实践证明，这条道路是正确的，是符合中国各民族的共同愿望的。但是，从经济角度讲，民族区域自治制度作为一项政治制度，基本形成于传统体制时期。面对当代中国正在展开的市场化进程，如何进行适应性调整以真正落实自治权，这是一个需要思考的全新课题。而从政治角度来看，中国正在进行的政治体制改革和民主法治建设也必然会对民族区域自治制度产生深刻影响。如何处理好民族自治地方这种特殊的纵向政府间关系，无疑也是一个亟须探讨的重大课题。

（二）特别行政区制度

改革开放以来，为了解决历史遗留问题，早日实现祖国统一大业，中国创造性地提出了"和平统一、一国两制"的构想，并且成功地运用这一构想解决了香港和澳门问题，成为国际社会和平解决国家统一问题的典范。

"一国两制"的伟大构想，最初是为了解决台湾问题。20 世纪 80 年代，随着香港和澳门问题逐渐提上议事日程，"一国两制"构想被进一步发挥，并扩展到解决香港和澳门问题。1982 年 9 月，邓小平在会见英国首相撒切尔夫人时，正式使用了"一国两制"的措辞，以解决香港问题。同年 12 月通过的新宪法第 31 条规定："国家在必要时得设立特别行政区。"随后，中国政府以"一国两制"构想作为解决香港和澳门问题的基本方针，与英国和葡萄牙进行谈判。不久，全国人民代表大会成立专门的基本法起草委员会负责起草基本法，把国家对香港和澳门的基本方针政策法律化，以基本法的形式具体化，并分别于 1990 年 4 月 4 日和 1993 年 3 月 31 日通过了《香港特别行政区基本法》和《澳门特别行政区基本法》。随着香港在 1997 年、澳门在 1999 年回归祖国，"一国两制"由构想变成现实。

　　所谓"一国两制"，是指在统一的中华人民共和国主权范围内，在大陆坚持社会主义制度的前提下，在香港和澳门设立实行资本主义制度的、享有高度自治权的特别行政区。

　　在"一国两制"中，国家和特别行政区之间的关系是单一制下的中央与特别地方的关系，并非联邦制下联邦与其成员单位之间的关系。国家的权力属于全体人民，由最高国家权力机关和地方各级国家权力机关代为行使。特别行政区是依据《宪法》和《基本法》的规定建立起来的，其享有的权力来自于中央政府的授权，并非其自身所固有。特别行政区是中华人民共和国不可分离的组成部分，处于国家的完全主权之下，受中央政府的管辖。中央政府负责管理与特别行政区有关的外交事务、防务，任命行政长官和主要官员，决定特别行政区进入紧急状态，解释以及修改《基本法》等。但是，特别行政区是与省、自治区和直辖市处于同级而又享有高度自治权的一种新型地方行政区域。除了外交、国防以及有关主权事务属于中央政府管理外，特别行政区享有广泛的高度自治权，包括立法、行政、司法权力。关于特别行政区与中央政府所属各部门及内地其他地方的关系问题，《基本法》也作了专门规定。《香港特别行政区基本法》第 22 条规定："中央人民政府所属各部门，各省、自治区、直辖市均不得干预香港特别行政区根据本法自行管理的事务。中央各部门，各省、自治区、直辖市如需在香港特别行政区设立机构，须征得香港特别行政区政府同意并经中央人民政府批准。中央各部门，各省、自治区、直辖市在香港特别行政区设立的一切机构及其人员均须遵守香港特别行政区的法律。中国其他地区的人进入香港特别行政区须办理批准手续，其中进入香港特别行政区定居的人数由中央人民政府主管部门征求香港特别行政区政府的意见后确定。香港特别行政区可在北京设立办事机构。"《澳门特别行政区基本法》第 22 条也作了类似的规定。

依据《基本法》的规定，特别行政区享有的高度自治权包括以下几个方面。

1. 行政管理权

《基本法》规定特别行政区享有行政管理权，依照该法的有关规定自行处理特别行政区的行政事务。

2. 立法权

《基本法》规定特别行政区享有立法权。除属于中央管理的事务及中央与特别行政区的关系的事务，香港、澳门特别行政区不能立法外，其他所有事务香港、澳门特别行政区都能立法。特别行政区享有的立法权是全国人民代表大会通过基本法授予的。特别行政区行使立法权时是否符合《基本法》的规定，是否超越国家授权，应当由中央政府来监督。香港、澳门特别行政区立法机关制定的法律须报全国人大常委会备案，备案不影响该法的生效。香港、澳门特别行政区还分别享有对香港、澳门特别行政区基本法的修改提案权。香港特别行政区行政长官行使签署立法会通过的法案权、公布法律权和决定政府政策、发布行政命令权。澳门特别行政区行政长官行使签署立法会通过的法案权、公布法律权和决定政府政策、发布行政命令权以及制定行政法规并颁布执行权。香港、澳门特别行政区行政长官还可以立法会通过的法律不符合本特别行政区的整体利益为由，将立法会通过的法案发回立法会重议，并可以以法定的理由并根据法定的程序解散立法会。香港特别行政区行政机关拟定并提出法案、议案和附属法规；澳门特别行政区行政机关提出议案、法案，草拟行政法规。

3. 独立的司法权和司法终审权

《基本法》规定特别行政区享有独立的司法权和终审权。独立的司法权即"特别行政区法院独立进行审判，不受任何干涉"。特别行政区享有终审权，即意味着特别行政区的诉讼案件以该特别行政区的终审法院为最高审级，该特别行政区终审法院的判决就是最终判决。

4. 自行处理有关对外事务的权力

香港和澳门都是国际性的城市。授予香港特别行政区和澳门特别行政区在处理与其有关的对外事务方面以一定的自主权，对于保持香港作为国际贸易、金融、航空、航运中心的地位以及澳门的发展，都是必要的。概括而言，这些权力包括：（1）特别行政区有参加外交谈判、国际会议、国际组织的权力；（2）特别行政区有签订国际协议的权力；（3）特别行政区有与外国互设官方、半官方机构的权力；（4）特别行政区有签发特区护照和旅行证件的权力。

5. 其他方面的高度自治权

高度自治除了特别行政区政府的管理权限外，还体现在：（1）特别行政区的行政机关和立法机关由当地永久性居民组成。（2）特别行政区不实行社会主义制度和政策，保持原有的资本主义制度和生活方式50年不变。（3）特别行政区境内的土地和自然资源在所有权属于国家的前提下，由特别行政区负责管理、使用、开发、出租或批给个人、法人团体使用或开发，其收入全归特别行政区政府支配。特别行政区保证财政独立，财政收入不上缴中央人民政府，中央人民政府不在特别行政区征税。（4）特别行政区的货币体系独立，港币和澳门元的发行权属于港澳特别行政区政府。（5）特别行政区使用的语文，除中文外，在香港特别行政区还可以使用英文，在澳门特别行政区还可以使用葡文。英文和葡文分别享有正式语文的地位。除此之外，特别行政区的区旗、区徽也是其高度自治地位的一个体现和标志。特别行政区除悬挂中华人民共和国国旗和国徽外，还可以使用特别行政区区旗和区徽。

特别行政区制度的建立，在很大程度上改变了中国的政府间纵向关系，使得中国单一制的国家结构形式下出现了新型的地方行政区域。与其他地方行政区域与中央政府的关系在不同时期可以存在放权与收权等多种可能性的调整以及条块分割等问题不同，特别行政区与中央政府的关系不存在党政关系且有稳定的法律制度作为基础，不存在集权和分权的问题。而从特别行政区享有的高度自治权来看，已经远远超出了许多联邦制国家地方成员单位所获得的权力，从而使得中国的纵向政府间关系具有了近似联邦制国家的特点。

三　历史演进

新中国成立之后，在国家的建设与发展过程中，政府间纵向关系也在不断进行着调整。大致分为以下几个阶段。

（1）初创时期（1949～1953年）。这一时期，中央人民政府委员会具有最高国家权力机关和行政机关的双重性质，它下辖最高执行机关政务院，政务院统一领导全国各级地方人民政府。地方上设立大区、省、县、乡四级或大区、省、县、区、乡五级。其中，大区是中央人民政府的代表机构。1952年11月，大区政府被取消，省政府成为最高一级的地方政府。这一时期的政府间纵向关系的建制是以中央的集中统一领导为特征的。

（2）规范时期（1954～1955年）。1954年，第一部宪法和地方组织法正式颁布实施，为规范政府间纵向关系奠定了坚实的基础。新宪法颁布后，中央政府改变为一级建制，国务院成为最高国家行政机关，统一领导全国各级地方人民政府的工作。这一时期，地方的建制也有一些调整，撤销了六大区行政委员会，撤销和合并了一些省和大部分直辖市，强化了中央对省的领导。这一时期的中央政府与地方政府之间的关系逐渐趋向于中央集权，中央一些部门的业务管理职能得到扩充，并加强了中央对财权的控制与集中。

（3）放权时期（1956～1958年）。中央的高度集权限制了地方，管死了企业，引起地方的不满。在毛泽东的《论十大关系》指导下，党和国家开始制定、下发一些决议和规定，划分中央与各省级政府的管理权限，划分省级与县级政府、县级政府与乡镇级政府的行政管理权限，并扩大了地方各级人民政府的行政管理权力和财政权力。中央各部门也将部分企业事业单位下放给省市区，这就推动了放权运动。

（4）集权阶段（1959～1961年）。放权过快、过多、过散，导致中央对地方、上级对下级政府的失控。因此，从1959年上半年开始，中央又强调统一领导、集权控制。从1960年开始，中央进行了大收权运动，再次出现了高度集权的政府间纵向关系态势。

（5）党集权时期（1962～1965年）。这一时期的特点是横向上建立政治集权、党政不分的体制。原属国务院、各职能部门以及地方各级人民政府的管理权力被收到党的各级领导机关。党政一体化现象导致中央与地方、地方与地方之间的政府行政关系完全被党内的组织关系所取代，中央集权发展成为党中央集权。

（6）失范时期（1966～1976年）。"文化大革命"使国家的政治体制严重瘫痪，党中央高度集权，地方政府却处于无政府状态，国民经济面临严重危机。这一阶段的政府间纵向关系又进行了一次"下放—回收"的循环，但同样是失败的。

（7）调整时期（1977～1979年）。从1977年开始，中央对政府间纵向关系的权力与财政关系进行了新的调整，加强了铁路、邮电、民航等部门的集权；收回了一批大型骨干企业。在财政税收方面，规定了地方政府财政安排范围，规范了地方财政行为。这次调整的趋势是走向有秩序的集权。

（8）改革时期（1980年至现在）。这一时期，中国在改革高度中央集权体制的过程中，对政府间纵向关系进行了较大调整。具体体现在：第一，1982 年宪法和地方人大与人民政府组织法规定了中央与省级政府之间、地方各级人民政府之间的职权范围；第二，从立法方面扩大了省、自治区、直辖市权力机关的立法权；第三，1980 年和 1985 年分别推出了"划分收支、分级包干"和"划分税种、核定收支、分级包干"的财政管理体制，并从 1984 年起在全国形成了中央、省（自治区、直辖市）、市（县、区）、乡（镇）四级财政体制；第四，扩大城市政府经济管理权限，在大城市，除了少数大型骨干企业外，其他原由中央部属和省属的企业原则上都下放给所在城市管理。

在经济体制上，新中国成立之后直至 1978 年，中国逐渐选择了带有明显命令经济色彩的中央集权型计划体制。计划经济体制的两个基本要素是中央的财政管理体制和经济发展计划体制。1950 年 3 月 3 日，政务院颁布了《关于统一国家财政经济工作的决定》，其中规定：全国所有库存物质由中央财政经济委员会统一调度，合理使用；全国各地所收公粮，除地方附加外，全部归中央财政部统一调度使用；除批准征收的地方税外，所有关税、盐税、货物税、工商税等一切收入，均由中央财政部统一使用；各地国营贸易机关业务范围的规定与物质调动，均由中央贸易部统一指挥；归国家所有的工矿企业分为中央直接管理、暂时委托地方政府或军事机关管理、划归地方政府或军事机关管理三类，一切公营企业，均需将其折旧金和利润的一部分按期解交财政部或地方政府；中央政府必须保证军队与地方政府的开支与恢复经济所必需的投资。这个决定是新中国建立后第一次明确地划分中央与地方经济管理权限的规范性文件。到 1950 年底，财政经济统一工作基本完成，中央财政经济权力高度集中。统一财经后，促进了国民经济的恢复与发展。随着国民经济的恢复与发展，为实行大规模有计划的经济建设作准备，加强中央集中统一领导成为中央政府的重要使命。1952 年 11 月，设立了与政务院平行的国家计划委员会，全面主持经济计划的编制与实施，从组织上保障推动计划经济体制的建立和经济权力的高度集中。这样，高度中央集权的计划经济体制就逐渐形成了。

在中央高度集权体制下，中央对地方实行严格的政治控制和经济管制，政治和经济表现为一体化特征。改革开放之前，在现实政治、经济环境的巨大压力下，高度集权的政府间纵向关系一直处在不断的变革与调整过程中。一方面，由于资源匮乏状况长期困扰着人们，不能满足多种多样的社会需求，中央政府需要集中有限的资源加速国民经济主导产业的建设，以致高度集中的计划管理—资源再分配—利益满足体制不可能有很大变化。另一方面，长期以来，政治体制一直没有将发展经济作为中心任务，主要强调以阶级斗争为纲，频繁地发动政治运动。中央政府在政治运动中不断强化的高度集权和政治动员以及政治民主的匮乏，使地方政府实际感受到的压力主要是来自中央的政治压力，而不是来自本地社会经济发展的压力，以致它们在隶属于中央高度集权的政治领导方式下，不能形成地方政府自主角色的明确意识。地方政府往往忽略了经济机制中产生的许多矛盾和要求，不能将这些矛盾产生的经济压力转化为纵向政府间经济关系变革的动力。因此，政府间纵向关系的变化，首先受政治运动的影响，表现为没有章法，与实际经济运行状况严重脱节；其次，政府间纵向关系的基本模式没有根本性变化，从权力下放的领域来看，一般只涉及经济管理的具体事权，而不涉及经济计划和资源分配，中央财政管理体制虽几经修改，但是中央高度集中的"统收统支"格局未变；最后，政治民主的匮乏，使得中央与地方缺乏必要的互动，表现为中央集权和单向控制，中央的计划管理体制和财政管理体制往往通过中央各部门（条条）对地方相应部门（块块）的控制而实现。具体来说，表现在以下几个方面：

（1）在政府与企业、政府与事业和政府与社会的关系上，企业、事业和社会单位的权力高度集中于党政机关，企业、事业和社会单位成为党政机关的附属物，根本没有自主权。

（2）在党政关系上，政府的权力高度集中于党委，使各级政府失去了应有的管理自主权。

（3）在上下级政府关系中，下级政府的权力往往集中于上级政府，地方政府的权力过分集中于中央政府，使基层和地方政府失去了应有的自主权。这种纵向的高度集权，既包括党的领导机关，也包括政府管理系统。

在传统体制下，纵向政府间关系在实践运行中出现了比较明显的弊端，最终主要体现在两个方面，即纵向政府间关系的扭曲和条块分割：

（1）纵向政府间关系的扭曲。传统体制下的中央集权是一个非合理和非规范性的中央集权，这种集权导致了纵向政府间关系的扭曲。其扭曲表现在：①政企一体化使中央和地方关系变成了生产经营关系，是高度统一的计划经济的必然结果。其直接结果是：各级政府成为经济主体，企业的主体特征完全消失，成为各级政府属下的"生产车间"，在具体的经济活动中，各级政府作为所属企业所有权的垄断者，直接行使其经营权。因此，各级政府的职能是一致的，其纵向政府间关系就在计划经济体系中展开，就像大公司内母公司与子公司的关系，是生产经营关系。②中央与地方各级政府职能的随意执行，使得纵向政府之间的集权与放权变得十分随意。在通常情况下，纵向政府间职能范围应该有明确划分，这样才能使得各级政府不能随意行为。但是，在传统体制下的中国，由于纵向政府间职能同构，中央政府上收权力和下放权力就不是基于纵向政府间职权分工而形成，而是基于履行同一职能、实现同一目标过程中中央分配给地方政府的权力大小而已。这种集中权力和下放权力有两个显著特征：其一，通过企业事业单位和有关的人、财、物管理的行政隶属关系的划分来实现分权与集权，属于行政性分权和集权；其二，只是在管理国民经济的权力大小上作调整，而不是在具体的职权划分上进行变动。因此，这种集权与分权十分随意，中央政府完全可以根据形势需要在一夜之间实现权力集中或分散。

（2）条块分割。在计划经济和中央集权的体制下，部门管理形成的"条条专政"与地方管理形成的"块块分割"之间也有矛盾。①集中与分散的矛盾。在行政管理体系中，部门管理是以权力纵向集中为基础的，而地方管理则是以权力横向分散为基础的。在计划经济体制下，中央集权正是通过加强部门管理来实现的。这就意味着，在计划经济体制下，中央与地方的权力划分并不是整体的职权划分，而是主要通过各个职能部门与地方形成权力分配关系。中央集权，其权能由各个职能部门集中上来；中央分权，其权能也是通过各个职能部门分散到地方。这样的权力变动方式就使得中央集权时，权力就集中到中央有关部门，它所分下去的是本部门内的权力。但是对于地方而言，它从各部门得到的是人、财、物和产、供、销的综合大权。对于这种综合性权力，中央各部门对地方的调控自然就显得十分软弱，基于各个部门而实现的中央集中领导的作用也就被削弱。②条与块的政策矛盾。在以条条管理为主的经济管理体制下，如果主管部门在计划上、政策上与地方政府的政策不相协调，各行其是，地方和企业就无所适从。部门管理与地方管理实际上是相互分割的，中央的职能部门往往会与地方的对口部门联系而期望形成一体化的"条条管理"局面。然而，地方职能部门毕竟是属于地方政府的，也得执行地方政府的政策和指令。在这样的情况下，地方职能部门就可能面临不知是执行主管部门的指令好还是执行地方政府的指令好的两难困境。③"分权"与"分钱"的矛盾。在计划体制下，国家的财政收入主要是税收和企业上缴的利润。这两

项收入各占国民收入的 45% 左右，其中企业上缴利润占总收入
的比例略高一些。这就意味着，当中央向地方下放企业，给地方
放权时，地方的财政收入会相应地增加，但在统一的财政政策和
财政制度下，地方财政收入的增加并不意味着地方支配财政收入
的权力会相应地扩大。从而往往会导致"分权与分钱"的矛盾。
这一矛盾使得纵向政府间分权的效果受到影响，很难真正协调好
纵向政府间的矛盾。

　　鉴于高度中央集权的传统体制愈来愈无法适应经济社会发展
的要求，改革开放以后，中央与地方的关系开始逐渐发生变化。
这一变化大体上可以分为两个阶段。

　　1. 20 世纪 80 年代的放权改革

　　中国的全面改革是从经济体制的改革开始的。推动改革开放
全面展开的十一届三中全会将放权确定为改革的一个基本主题，
其具体内容包括：一是改革权力的配置，给地方政府和生产单位
更多的决策权；二是改革利益的分配，给地方、企业和劳动者个
人以更多的利益。通过这种"简政放权"或"放权让利"的改
革，调动地方政府和生产者的积极性。

　　经济体制改革的突破口是财政管理体制的改革——实行划分
收支、分级包干的财政管理体制。1980 年，在江苏、四川试点
成功的基础上，国务院全面实施财政体制改革。这次改革的特点
是由过去的"一灶吃饭"改为"分灶吃饭"，由"条条"分配
为主改为以"块块"分配为主，由"一年一定"改为"一定五
年不变"，由"总额分成"改为"分类分成"，① 因此，财政体
制改革就是要实现"分灶吃饭"，即按照经济管理体制规定的隶
属关系，明确划分中央和地方财政的收支范围，将收入划分为中

----

① 　参见宋新中《中国财政体制改革研究》，中国财政经济出版社，1992，第
　　48~49 页。

央财政固定收入、地方财政固定收入和中央、地方调剂收入，并根据核定的地方的收支基数，分地区确定地方固定收入上缴比例、调剂收入上缴比例或定额补助数额。[①] "分灶吃饭"使地方可以在限定的比例和数额内拥有财政支配权，这就赋予了地方较大的财政自主权。而且，从"条条"向"块块"的支配权转变，改变了过去下放权力时"条条"为主所导致的财政系统内放权，而地方财政没有实质自主权的现象，地方财力的分配和使用完全与中央各经济主管部门脱钩，不再受到来自中央各经济主管部门的干涉，拥有了真正的财政自主权。由于"分灶吃饭"对地方产生的刺激作用，各地方的财政收入迅速增加，极大地提高了地方政府在经济管理中的影响作用，使得地方政府成为地方经济发展的主宰。

由于财政收入的获得与企业的经营是密切联系在一起的，因此，下放财政权的同时，中央也下放了企业的经济管理权，即下放了与企业有关的人、财、物的支配权。对企业管理权的下放，使得地方政府的经济管理权日益扩大。据统计显示，1983年，中央政府所掌握的工业产值只有30%～35%，省级或省级以下的政府进行直接或间接控制的达65%～70%。[②] 这种控制规模的比较，导致中央相应地扩大地方在财力、物力、人力、外汇、投资等方面的支配权，使得地方政府成为地方利益的代表。由于中央政府对地方政府的财政与经济管理权的下放，并不是以变更旧的管理体制为前提，放权仍是一种行政性放权，并没有脱离以前放权实践的本质，因此，这种放权并不能避免集权、分权的恶性循环。为了回应经济上的变化，必须进行相应的政治体制改革。

---

① 参见田一农等《论中国财政体制改革与宏观调控》，中国财政经济出版社，1988，第91页。
② 参见雷朴实、吴敬琏《论中国经济体制改革的进程》，经济科学出版社，1988，第138页。

政治体制改革的突破口是改变权力结构，即改变权力过分集中的现象，从根本上讲，就是要改变党的一元化领导。改革突破口的选择，决定了中央与地方关系这种纵向关系的调整，在政治方面的切入点却是从横向上入手的。由于中国共产党内的集中制管理原则与特征相当突出，当党的力量从横向上对政府的行政工作进行直接控制时，这种党内的纵向集中会加重政府部门的集权化倾向，从行政的角度来说，地方政府要获得政治权力是相当困难的，只有从横向上对党与政府的关系加以调整，才能为纵向政府间行政权的划分提供保障，因此，横向集权现象的改革就是要实现党政分开。实现了党政分开，各级政府之间的上下级关系就可以由原先党组织的上下级关系转变为行政的上下级关系，这对地方政府是一种权力上的"松绑"。这一"松绑"首先使得行政首长负责制可以顺利推行，直接或间接地加强了政府行政在整个政治体系中的地位和作用；其次，使得地方人大的作用得以发挥，特别值得一提的是，有些地方的人大在政治运行中起到了强大的作用，如广东省人大对政府管理工作的指导与监督作用就在迅速地发展；再次，它还激活了公民社会的力量，继而又直接推动了地方政府的发展。当然，与经济体制的改革相比，政治方面的放权是相当有限的，但是，这种有限的变革却对经济改革的顺利进行提供了必要的政治环境，促进了中国地方经济的迅速发展。

2. 20世纪90年代加强中央权威的改革

20世纪80年代的简政放权，无论在经济上，还是在政治上，都为地方政府的发展创造了有利条件，然而，地方政府的发展与权力的扩大，反过来导致了中央权力的弱化，中央对地方的宏观调控能力减弱。从80年代中期开始，开始出现危及中央权威的倾向。1986年，中央财政赤字突破70亿元；1987年，国有企业承包制使这一态势继续恶化，中央财政进一步滑坡；1988

年，地方财政综合大包干体制的实行，导致中央的宏观调控能力削弱到了最低点。这引起了学术界和理论界的极大关注，维护中央政府权威成为 1988 年的讨论热点。理论界深刻认识到，转型时期必须加强中央政府的权威，只有在强大的中央政府领导下，才能保证改革与转型过程的稳定，"强地方弱中央"只会有害于现代化进程。为此，经济学家还给出了一些有利于强化中央政府权威的政策建议，如实行分税制、强化中央银行的稳定货币职能[①]、建立国有产权组织、加强银行独立化过程等[②]。这些政策建议成为指导中国 90 年代改革深入进行的理论基础。从 1989 年开始，中央以行政强力的方式实施治理整顿，加强了中央政府的宏观调控能力，控制住了过热的经济发展。三年治理整顿之后，建立社会主义市场经济体制，实行整体配套改革成为 90 年代改革的主旋律。1993 年 11 月，中共中央作出了《关于建立社会主义市场经济体制基本问题的决定》，指出要建立现代企业制度，政企彻底分开，培育市场体系，实行分税制。这些措施从物质上与制度上为加强中央权威提供了强大支持。1994 年中国政府间纵向关系的发展进入了一个新的转折点。现代企业制度的建立将政企之间的关系彻底斩断，从而使行政性分权失去了意义，走出了条条或块块的分割模式；市场体系的建立与分税制的实施将更进一步地打破中央与地方关系中的集权—分权循环模式。特别是分税制，它是中央与地方关系的根本性变革，为中央与地方走向一种集分并存、相互依赖的权力关系模式奠定了基础，在从单纯的中央行政性集权的权力关系向在制度和法律保障下的中央集权和地方分权并存的关系的转变过程中，发挥着直接的推动作用。

---

① 参见吴敬琏、周小川等《中国经济改革的整体设计》，中国展望出版社，1988，第 3～24 页。

② 参见刘国光等《80 年代中国经济改革与发展》，经济管理出版社，1991，第 168 页。

第三节　政府间纵向关系的实践分析

一　压力型体制①

由于传统的集权型动员体制弊端明显，1978 年后，随着国家工作中心转移到经济建设上来，传统体制越来越不适应社会发展的需要，新型的政府间纵向关系遂取而代之。

压力型体制以中国目前进行的赶超型现代化及正在完善的市场化为背景，其中既有客观经济原因，也有传统的体制因素。压力型体制指一级政治组织为了实现赶超，完成上级下达的各项指标，采取数量化任务分解的管理方式和物质化的评价体制。之所以将该体制称为压力型，在于该体制的评价体系。由于下级政府的主要目标是为了完成上级布置的任务和各项指标，在此过程中，该级政治组织把这些任务和指标进行层层分解，下派给下级组织和个人，责令其在规定的时间内完成，国家根据完成任务的情况给予政治和经济上的奖惩。评价方式是实行"一票否决"，即一旦某项任务没有达标，就视为全年的工作成绩为零，不得给予各种先进称号和奖励。各级组织是在这种评价体系的压力下运作的。

压力型体制的运行过程可以分为以下几个阶段：

（1）确定指标任务。根据中央政府的宏观计划与上级政府的计划及与自己竞争的地方政府的经济增长与建设情况、本地区的实际情况，制定自己的各项任务和指标。一般而言，各项指标的增长幅度要远远高于全国和上级政府的相应增长率。

---

① 这一概念是中央编译局的荣敬本研究员等在河南新密进行县乡两级政权关系调研后提出的，但笔者认为它可以适用于整个中国的政府间纵向关系分析（参见荣敬本等《从压力型体制到民主合作型体制——县乡两级政治体制改革》，中央编译出版社，1998）。

（2）派发指标和任务。岗位责任制是派发指标和任务的"制度化"方式。上级政府将产值、利润、成本、工资奖金等各项指标体系作为指令性计划下达给下级政府，作为下一级政府必须完成的目标责任。奖励措施包括提级、提资、发奖金等，惩罚措施包括限期调离等。

（3）完成指标任务。完成任务和指标的方法是多样的，主要是依靠争资金、上项目、铺摊子。资金、项目的争取是通过各级政府负责人的各种社会关系和人情资源，如同学、同乡、同事、上级、战友等。资金越多，项目就会立得越多，摊子就会铺得越大，这样一来就会刺激经济扩张，造成到处是一片繁荣的景象。因为最终是以跑项目、上项目的多少作为考核政绩的标准。

（4）评价指标任务的完成情况。评价是通过组织部门对干部的年度考核、干部述职报告以及工作报告双向进行的。评价的标准是资金、项目和各项经济指标的增长幅度。

在压力型体制运行的四个阶段中，我们可以清楚地看到压力是由上至下层层施加的。但是就完整的压力型体制运行来说，还应包括下面两个内容：

（1）压力环境：中国目前正处于赶超现代化和日益完善的市场化进程中。从世界范围看，正面临着剧变着的全球性现代化的压力，如果自身不能实现快速转变，就会在全球性的竞争中落伍，失去巨大的经济利益和政治地位。就中国内部来看，各地区发展的不平衡，以及从体制转轨过程中出现的市场非正规性、不完善性，造成了各地争资源、争资金，在"竞争"中形成地区主义、部门主义日浓的局面。

（2）减压机制：在压力型体制中，"加压驱动"并不总是压力越来越大。在压力型体制运行中存在着减压机制，而运行的四个阶段的每个阶段中都存在着相应的"减压阀"。"减压阀"包括两种：一是关系；二是统计方法和手段。前者是非正式的制度；后者则是制度的非正式化。这两种"减压阀"的作用集中地体现在压力型体制运行的第二阶段指标任务的派发以及第四阶段指标任务完成的评价。在指标任务派发时，下级政府会尽量利用各种关系与上级政府讨价还价，诉说工作难度，以求降低指标任务额度，获得上级更多的报酬承诺。在指标任务完成评价时，一方面通过关系，尽量向上级政府说情，突出成绩，隐藏失误；另一方面可以利用统计工作的漏洞，在统计数字上做文章。当然，"减压阀"的使用只是少数的，但是由于其客观存在，为压力型体制下的组织和个人提供了逃避责任的"合理"途径。

压力型体制产生了一些积极的结果，体现在：（1）动员和发挥了组织和个人的积极性和创造性；（2）促进了各种类型企业家的出现；（3）增强了地方政府的经济实力；（4）城市建设、教育、交通通信等各项事业有了长足的发展，优化了投资条件；（5）有利于农村剩余劳动力的转移、提高农民收入及减轻农民负担，有利于增加农业投入和提高人民的生活水平。

但是，压力型体制也带来了一些问题，突出表现在：

（1）压力型体制导致各级政府都将事权下移。一是各级政府将本该由本级政府承担的职责（事权）交给下级政府，从而将支出责任下压。二是一级政府接到上级下达的指令后，一般都要"打提前量"，将各项计划指标按一定比例放大，然后再分解给所辖各下级政府。下级政府接到指令后，再次放大，然后再分解给更下级的政府。民谚中所谓"一级压一级，层层加码，马到成功"说的就是这个理。从省到市、市到县、县到乡镇层层加码，最后都落到乡镇头上。

（2）压力型体制要求纵向政府间机构"对口设置"的原则导致机构编制膨胀，增加了行政管理费用。为了保证各项指标的完成，上级往往以拨款和拨物质为砝码，要求下级政府设置对应机构，结果乡镇也设置了七站八所，造成机构林立，人员臃肿，少的乡镇 70~80 人，多的乡镇 200 多人。设机构，增人员，就需要相应地增加办公经费和人头费。

（3）压力型体制导致各级政府制度性说谎和短期行为。为完成上级政府与部门下达的各项任务，在采取强制其至暴力手段完成任务的同时，地方政府也常常采取制假和谎报的办法以应付上级的检查。另外，地方政府官员为了政治前途和经济利益，不仅要完成上级的目标，而且要"出奇制胜"，于是各种所谓的"达标升级"活动、"形象工程"、"政绩工程"就成为地方政权实现目标的主要手段。

（4）压力型体制促成了"地方政权"向国家型经纪的蜕变。在压力型体制下，上级政府最关心下级政府任务和指标的完成结果，而对于下级政府采用何种方法、何种途径（合理的或不合理的，合法的或不合法的）来完成这些任务和指标却疏于管理。这就从体制上促成了"地方政权"向国家型经纪的蜕变。这种经纪体制妨碍了地方经济社会的发展，引起了地方民众的反感，也直接损害了国家权威。

总之，在压力型体制下，纵向政府间自上而下的行政压力越来越大，对地方政府的控制力度将越来越强，控制范围越来越广。随着上级政府各种指令性计划和任务不断下压，地方政府的经济和社会事务被不断挤压。最终，处于行政链条最末端的乡镇政府组织在一定限度内将进一步膨胀和扩大，力图与城镇高度精细分工和专业化的官僚机构保持一致，但乡村社会有限的小农剩余，却远远不能满足这种"现代化、专业化"的超越。[①] 结果，行政效率和组织效能进一步降低。同时，随着上级政权对乡村社会资源汲取能力的不断加强和乡镇权力的不断上升，乡级政权可

---

① 谭同学：《乡镇机构生长的逻辑》，载《税费改革背景下的乡镇体制改革研究》，湖北人民出版社，2004。

能在实质上成为县级政权在乡村社会设置的综合性代理机构，从而失去其作为基层政权组织的地位，其在法律上所应具有的权力也将逐步被剥夺和上收①，从而不得不越来越多地寻求体制外的行为，最终势必导致基层社会的矛盾与冲突。因此，压力型体制使得各级政府始终处于自上而下的压力之下，不仅扭曲了公共权力的运行轨迹，而且最终使得国家与社会的矛盾激化。

二　职责同构

在当代中国，每一级政府几乎都管理相同的事情，中央政府和各级地方政府之间事权不明、职责不专。不同层级政府间在职能、职责和机构设置上高度统一与雷同。② 这就是当代中国政府间纵向关系中的"职责同构"问题。这种"职责同构"模式表现在宪法和法律没有对各级政府的职权作明确的规定，没有划清各级政府的职责范围和独有权限。在中央政府和地方政府、上级政府和下级政府之间，职责基本上是对接的、一致的。除了少数如外交、国防等专有事权属于中央政府之外，地方政府所拥有的事权几乎完全是中央政府的"克隆"。而且，宪法和法律对每一级政府职责进行列举时，最后一条都是办理上级政府交办的其他事项。职责上的同构，必然导致在纵向政府间的机构设置上，过分强调政府管理的统一性而忽视了不同层级和不同地域地方政府管理的多样性，往往将政府职能配置与机构设置的上下对口作为一个先决条件。各级政府机构的上下对口，具体表现为：从中央、省、市、县到乡（镇）的机构设置，由部（委）开始，经过厅（局）、处（局）、科（局），最后到以国家公务员个人分

---

① 袁方成：《对农业乡镇体制变迁的一次考察——以豫中 X 乡为例》，载《村民自治进程中的乡村关系》，华中师范大学出版社，2003。

② 张志红：《当代中国政府间纵向关系研究》，天津人民出版社，2005，第 269 页。

工形式出现的各种"员"的设置，上下几乎完全一致。

因此，在纵向政府间"职责同构"模式的影响下，当代中国的各级地方政府形成了完全雷同和高度整齐划一的地方政府机构设置。随着市场经济体制的逐步发育成熟，政府职能将逐渐转变到位；随着行政法治建设的逐步推进以及政府管理编制约束的强化，行政机构的自我扩张冲动将会受到强有力的抑制。但是，如果纵向政府间关系不发生根本性变化，在改革初期基于各种原因而形成的良性改革局面，高度整齐划一的地方政府机构设置将又使其在改革压力趋缓时往往最终恢复原状。而这一原因，正是上述各地方政府改革陷入困境的深层次因素，以致地方政府改革最终呈现出"精简—膨胀—再精简—再膨胀"的循环局面。

造成当代中国纵向政府间"职责同构"和地方政府机构设置雷同的原因是多方面的。首先，这一模式是中国自秦朝以来历代王朝中央集权传统的历史遗传。像中国这样地域广阔的超大社会，在交通不便和信息阻滞的背景下，中央对地方的控制力、中心权力对"天下"的辐射力都会渐次减弱。中央要实现对地方的有效治理，如果不建立坚强有力的中央集权是难以想象的。新中国建立后，这种历史传统不可避免地会对现行制度设计产生潜移默化的影响力。其次，新中国建立后，单一制的国家结构形式强化了这一模式。在传统单一制理论框架下，地方政府权力来自于中央政府的授权，地方政府只是中央政府的下属或代理机构，地方政府的职责权限只是中央政府的缩小或翻版。再次，强调管理的统一性而实行纵向层级政府间机构对口设置是传统体制的产物。在传统体制下，由于中央高度集权，政府管理方式主要采取计划命令手段，为了保证计划和命令的贯彻实施，地方政府在职能配置和机构设置上必然被严格要求与中央政府和上级政府保持一致，上下必须对口。而且，由于集中的中央政府权力无力处理日益复杂的管理事务，为了简化集中统一管理的复杂性程度，形成的必然是同质同构的地方政府机构设置，其基本的政府结构与运行机制都大体上相同。同样是由于上述种种因素，以及对国际形势的判断而作出的"备战"战略设想，在各个地区内部强调大而全、小而全的产业结构布局，强调各个地区自力更生和提高自我生存能力。如在工业地区发展农业，特别是粮食生产；在农业地区发展工业，提倡牧区粮食自足等。这种措施促进了地区间在经济结构上的趋同，为地区间政府机构设置的同构性奠定了坚实的基础。

在体制转轨时期，强调纵向政府间机构对口设置的做法并没有随着体制改革而发生根本性变化。原因在于：一方面，传统体制形成的路径依赖和政府运作的惯性，使得这一传统体制下的制度性安排仍然被保留下来。另一方面，由于纵向层级政府间关系由"动员型体制"转变为"压力型体制"后，为了实现经济赶超和完成上级政府下达的各项指标，各级政府不得不将各种任务和指标层层量化分解，下派给下级政府，并责令其在规定时间内完成，然后根据完成的情况进行政治和经济的奖惩。为确保"压力型体制"最终落实，考虑到纵向政府间信息不对称，在纵向政府间实行层层机构对口设置是必然的基本要求。

但是，在体制转轨时期，这种纵向政府间机构设置同构模式的弊端也逐渐显现出来。首先，随着社会主义市场经济体制的确立，这种格局对发挥地方政府自主性和积极性有非常明显的阻碍作用。由于中国各地区间经济社会发展存在着相当明显的区域性差异，客观上也要求各级地方政府在职能配置和机构设置上应当有一定的自主权和因地制宜的余地。其次，随着中国改革开放的不断深入，传统体制下形成的纵向政府间机构设置整齐划一的基础也发生了根本性变化。在改革开放之前，不同地区间的差异主要是发展程度的差异，在经济和社会结构上基本类似。但在今天，地区间的经济和社会结构的同构性在很大程度上被打破，不同地区间的异质性大为增强。其原因在于，随着权力下放，地方政府制定政策的能力增强；中央政府给予部分地区特殊的政策，不同地区自然条件和发展程度的不同，使得不同地区对市场经济体制的适应能力表现出明显的差异。由于区位条件和历史遗产的差异，目前地区间的异质性突出表现在所有制结构、经济结构、经济运行机制、经济发展程度等方面。其结果是使全国性的单一治理结构失去了基础。最后，当前中国地方政府改革的实践发展更清晰地反映出纵向政府间关系所面临的困境。在理论上，中央政府对各个方面的制度和活动都作出统一规定，并且要求地方政府都无差别地完全按照这些规定办。但是，在实践中，各级地方政府所面对的实际情况往往有很大差异，不可能不对有关规定作出调整。双方在统一性和多样性的相互摩擦中损耗，浪费资源，降低了效率。所谓"上有政策、下有对策"正是这一状况的真实写照。这种状况继续延续下去，国民经济和社会发展都将付出沉重代价。

三　分税制

分税制财政制度创新的基本背景在于 20 世纪 80 年代以来逐步发展出来的财政包干制带来的种种问题。财政包干制充分调动了地方政府汲取资源与政权建设的积极性，但是中央财政危机的问题并没有解决。1980 年，开始改行俗称"分灶吃饭"的财政分权体制，1988 年后又改为递增包干、上解递增包干、定额上解、总额分成、定额补助等多种形式的"大包干"管理制度。财政"分权让利"政策使得中央政府的经济调控和行政管理能力大大降低，从而导致"国家能力"被严重削弱。并且，随着改革的深入，随着市场化在中国的不可逆转，以资源汲取方式的制度化带动国家机构正规化的国家政治发展取向已经非常紧迫。

财政包干制首先导致"两个比重"下降：财政收入在国内

生产总值中的比重下降和中央财政收入在财政总收入中的比重下降。财政包干制的另外一个特点是沿用了 1949 年以来传统的税收划分办法，按照企业的隶属关系划分企业所得税，按照属地征收的原则划分流转税，把工商企业税收与地方政府的财政收入紧紧地结合在一起。这在很大程度上刺激了地方政府发展地方企业尤其是乡镇企业的积极性，同时由于乡镇企业隶属于地方政府管辖，所以乡镇企业的税收不但几乎全部落入地方政府之手，而且乡镇企业更加倾向于将税收"缩水"、向地方政府交纳"企业上缴利润"作为后者可以更加自由支配、不受预算约束的预算外收入。这必然导致税收在 GDP 中的比重下降，而且中央预算收入并不能随着地方政府财政收入的增加而增加，也导致"第二个比重"逐年下降。

1992 年 10 月，中国共产党第十四次全国代表大会决定中国经济体制改革的目标是发展和建立社会主义市场经济体制，这为 1994 年分税制改革提供了制度平台。由此，一场新的财政制度创新诞生了。分税制作为一种财政管理体制，是市场经济国家的一般惯例。市场竞争要求财力相对分散，而宏观调控又要求财力相对集中，这种集中与分散的关系问题，反映到财政管理体制上就是中央政府与地方政府之间的集权与分权的关系问题。从历史上看，每个国家在其市场经济发展的过程中都曾遇到过这个问题，都曾经过了反复的探讨和实践；从现状看，不论采取什么形式的市场经济的国家，一般都是采用分税制的办法来解决中央集权与地方分权问题。

作为新中国成立以来设计最为周密、变革力度最大的一次制度创新举措，1994 年的分税制改革的基本目标在于：（1）解决中央政府的财政危机；（2）通过确立起分税制的基本框架，逐步形成一种有利于逐步提高中央宏观调控能力的财政机制。

为了解决财政包干制带来的种种问题，分税制改革进行了如下的设计。

第一，在划分事权的基础上划分中央与地方的支出范围。按事权划分，中央政府财政承担的支出任务主要是国家安全、外交、中央国家机关和行政部门运转的经费供应，保障调整国民经济结构和协调地区发展，实施其他全国性宏观调控任务，以及中央直接管理的事业发展等所需经费。地方财政主要承担地方各级政权机关和政府部门运转所需经费支出，以及本地区经济、事业发展所需支出。

第二，中央与地方的预算收入采取相对固定的分税种划分收入的办法，避免了无休止的谈判和讨价还价。分税制将税种划分为中央税、地方税和共享税三大类。诸税种中规模最大的一种——企业增值税被划分为共享税，其中中央占75%，地方占25%。另外中央税还包括所有企业的消费税。通过这种划分，中央财政收入在财政总收入中比重迅速提高。

第三，分设中央、地方两套税务机构，实行分别征税。同时，初步开始改变过去按企业隶属关系上缴税收的办法。按分税制的设计，所有企业的主体税种（主要是增值税、消费税和企业所得税）都要纳入分税制的划分办法进行分配。2002年开始的所得税分享改革更是将企业所得税和个人所得税由地方税变为中央—地方共享税种。这些做法极大地影响了地方政府与企业的关系，它不但能够保证中央财政收入随着地方财政收入的增长而增长，而且能够保证"第一个比重"——财政收入在GDP中的比重随着地方经济的发展而不断提高。

第四，实行税收返还和转移支付制度。为了保证税收大省发展企业的积极性和照顾既得利益的分配格局，分税制规定了税收返还办法。税收返还以1993年为基数，将原属地方支柱财源的"两税"（增值税和消费税）按实施分税制后地方净上划中央的数额（即增值税75% + 消费税 – 中央下划收入），全额返还地方，保证地方既得利益，并以此作为税收返还基数。为调动地方协助组织中央收入的积极性，按各地区当年上划中央两税的平均增长率的1∶0.3的系数，给予增量返还。在分税制运行两年后，中央财政又进一步推行"过渡期转移支付办法"，即中央财政从收入增量中拿出部分资金，选取对地方财政收支影响较为直接的客观性与政策性因素，并考虑各地的收入努力程度，确定转移支付补助额，重点用于解决地方财政运行中的主要矛盾与突出问题，并适度向民族地区倾斜。税收返还和转移支付制度旨在调节地区间的财力分配，一方面既要保证发达地区组织税收的积极性，另一方面则要将部分收入转移到不发达地区去，以实现财政制度的地区均等化目标。

那么，实施分税制改革对当代中国政府间纵向关系产生了什么影响呢？

1. 强化了中央政府的宏观调控能力

通过这个改革，中央财政有效提高了"两个比重"，增强了财政调节经济发展和收入分配的能力，规范了中央和地方的关系，走出了中央和地方就财政收入的再分配不断讨价还价的困境。由表2－2可以看到，在中央和地方的关系上，中央财政的实力以及所谓的"国家能力"不断加强。中央财政不但独立于地方财政，而且地方财力的近三分之一需要中央财政拨付转移支付进行补助。通过这种先集中财力再进行补助的方式，中央实际上掌握了对财政收入的再分配权力，加强了中央权威，比较彻底地消除了财政上"诸侯割据"的潜在危险。另一方面，通过设立独立于财政、垂直管理的税收征管系统，在一定程度上解决了改革前"利税"不分、地方政府"藏富于企业"的老问题，能够有效地保证经济增长带来的收益被国家财政分享。与此同时，地方政府尤其是中西部地区的地方政府在财政上对中央的依赖性也大大增强。

表 2 - 2　1993 ~ 2001 年"两个比重"情况

年份	财政收入（亿元）	国内生产总值（亿元）	财政收入占 GDP 比重(%)	中央（亿元）	地方（亿元）	中央所占比重(%)	地方所占比重(%)
1993	4348.95	34634.4	12.6	957.51	3391.44	22.0	78.0
1994	5218.10	46759.4	11.2	2906.5	2311.60	55.7	44.3
1995	6242.20	58478.1	10.7	3256.62	2985.58	52.2	47.8
1996	7407.99	67884.6	10.9	3661.07	3746.92	49.4	50.6
1997	8651.14	74462.6	11.6	4226.92	4424.22	48.9	51.1
1998	9875.95	78345.2	12.6	4892.00	4983.95	49.5	50.5
1999	11444.08	82067.5	13.9	5849.21	5594.87	51.1	48.9
2000	13395.23	89403.6	15.0	6989.17	6406.06	52.2	47.8
2001	16386.04	95933.3	17.1	8582.74	7803.3	52.4	47.6

说明：国家财政收入中不包括国内外债务收入，中央、地方财政收入均为本级收入，中央与地方所占比重是指中央财政收入与地方财政收入分别占国家财政收入的比重。

资料来源：《中国统计年鉴（2002）》，中国统计出版社，2003。

2. 中央和地方在财税方面的博弈并未停止

在中央政府与地方政府的财税博弈中，仍然存在信息不对称问题，地方政府拥有信息优势。地方政府更靠近税源，对地方税源建设的积极性很高，而对中央税源建设则不闻不问；地方政府对设置在地方的地方税务局和国家税务局及其官员有巨大的影响力。地方政府对地方税收的征管工作抓得很紧，想方设法杜绝跑、冒、滴、漏，严格税收征管；而对国家税收的征管工作则漠然置之，对中央税收的流失睁一只眼闭一只眼。这种在税收上缴比例已经确定情况下，地方政府千方百计"藏富于民"的机会主义行为，就是地方政府的道德风险。地方政府在财税博弈中的道德风险使中央政府的财政收入占全国财政收入的比重降低。从国家财政部和统计局公布的数字来看，中央财政收入占全国财政收入的比重由 1984 年的 40.5%，下降到 1993 年的 22.0%，1994 年因为分税制跳跃式提到 55.7%，1995 ~ 1997 年又连续下降，分别降至 52.2%、49.4%、48.9%。

3. 地方政府预算外收入膨胀现象严重

20 世纪 80 年代的放权改革之前，预算外收入在中国财政收入中只占一个较小的比例，远不足以影响国民经济的发展。如 1952 年预算外资金为 13.62 亿元，相当于当年国家预算收入的 7.8%；到 1976 年全国预算外资金达到 275.32 亿元，相当于国家预算收入的 35.5%。[①] 但 20 世纪 80 年代后，地方政府的预算外资金迅速增加。1985 年，全国预算外资金为 1530.03 亿元，相当于国家预算收入的 83.3%；到 1992 年达到 2878.59 亿元，相当于国家预算收入的 97.7%。1994 年的分税制改革并未使预算外资金增长有所缓和，反而使它如脱缰的野马不受控制般向前狂奔（见表 2 – 3）。

表 2 – 3　1994 ~ 2000 年中国预算外收入情况项目

项 目 年份	绝对数（亿元）			比重（%）	
	地方财政收入	地方预算外收入	全国预算外收入	预算外收入地方占全国比重	地方预算外收入占地方财政收入比重
1994	2311.6	1579.21	1862.53	84.8	68.3
1995	2985.58	2088.93	2406.5	86.8	70.0
1996	3746.92	2945.68	3893.34	75.7	78.6
1997	4424.22	2680.92	2826	94.9	60.6
1998	4983.95	2918.14	3082.29	94.7	58.6
1999	5594.87	3154.72	3385.17	93.2	56.4
2000	6406.06	3578.79	3826.43	93.5	55.9

说明：1994 ~ 1995 年和 1996 年的预算外资金收支范围分别有所调整，与以前各年不可比。从 1997 年起，预算外资金收支不包括纳入预算内管理的政府性基金（收费），与前各年也不可比。

资料来源：《中国统计年鉴（2002）》，中国统计出版社，2003。

---

① 余小平等：《预算外资金的历史、现状分析及改革建议》，《财经问题研究》1996 年第 8 期。

　　预算外资金已经成为一种不受正规财政管理约束，却又足以影响国民经济增长及其结构的一个变量。原因何在？首先是分税制的缺陷。[①] 分税制改革的目标就是使中央政府重掌财权，但其最大的缺陷在于只是划分了收入，而没有界定支出。1994 年分税制改革后，地方政府的财政收入占整个财政收入的比重逐年下降，中央政府则逐年上升。原因在于税种划分，收入来源稳定、税源集中、增长潜力较大的税种都列为中央固定收入或中央与地方共享收入，而留给地方的都是收入来源不稳定、税源分散、征管难度大、征收成本高的中小税种。事关中央财政收入的税种改革已经到位，而事关地方财政收入的税种改革则还未落实与完善，这就直接影响了地方税收体系的建立。因此，目前地方政府的财政收入处于不稳定状态。从支出来看，地方政府的财政支出占整个财政支出的比重一直在 70% 左右波动。两者比较就会发现，相当多的地方政府为什么在财政上入不敷出、捉襟见肘了。当下中国的地方政府基本上都管辖着相当的区域，担负着地方社会管理、兴办地方社会事业、保障地方社会福利和经济发展等诸多职能，需要庞大的财政支持。可是，分税制改革后，一方面中央政府将财权高度集中，另一方面却又将更多的事权下放给地方政府，把一些本该由中央政府主要承担的公共物品供给重任转交给地方政府。这样做，虽然有助于强化中央政府的宏观调控，但却有可能加剧地方政府的财政危机。面对这种情况，地方政府只有两个选择：一是寻求中央政府的转移支付；二是向预算外资金发展。中央政府有四种选择：一是鼓励或授权地方政府开征新税或提高税率；二是对地方政府进行财政转移支付；三是鼓励或授权地方政府提高收费标准或增加新的收费项目；四是允许地方政

---

① 马元燕：《分税制改革后省级预算外收入膨胀的原因分析》，《公共管理学报》2005 年第 1 期。

府借债。分税制改革使得第一种选择自然不可行。其次是不完善的转移支付制度。实行分税制，也的确不意味着地方政府拥有足以自我平衡的税收收入，划归地方政府支配的税收仅仅是地方相对稳定的一部分财政收入，其收支差额应通过中央政府的财政补助或转移支付予以弥补。1994 年后，中国财政预算管理体制中主要存在着四种转移支付形式，即税收返还、体制补助、专项补助、转移支付补助，但却存在诸多问题。（1）税收返还一刀切，给税基薄弱地区财力增长带来较大困难。占财政转移支付绝大部分的税收返还建立在基数法的基础上，并且只与增值税与消费税挂钩，没有很好地解决地区间经济发展不平衡问题。（2）专项拨款过多，存在很多不规范之处。一方面导致中央与地方间事权相互交叉，中央专款用于地方事权范围以及地方专款用于中央事权范围和支出的现象都大量存在；另一方面对地方预算造成了严重影响。由于中央专项拨款都有指定用途，而且绝大部分要求地方匹配资金，专款专用，专项越多对地方财政压力越大。（3）原体制补助相当混乱。（4）过渡期转移支付规模太小。（5）中央对地方财政转移支付下达时间晚。这样，中央政府的第二种选择也就随之流产。最后，由于中国的法律限制，地方政府无法公开自主借债，那么综合地方与中央的选择，向预算外发展就似乎成为最终的选择。地方政府何以能肆无忌惮地扩张预算外收入呢？答案就在于中国现在采用的是税收立法权高度集中于中央，而收费审批权由中央与地方共享的模式。另外，在现行财政支出体制下，中央政府对地方政府的不规范预算外收入往往也被迫采取"软约束"。

4. 对地方政府的影响

首先是县乡两级财政空虚。在地方财政收入占全国财政总收入比例不断减少的同时，其财政支出占全国财政总支出的比例却不断加大，到 2004 年，地方财政收入占全国财政总收入的

45.1%，但财政支出却占全国财政总支出的72.3%。中央也不断有具体的规划和指标下达（如教育达标等），到省一级再层层向下分解，而且通常是越向下各级政府掌握的财源越少，负担也就越重，形成各级地方政府间事权层层下放，而财权却层层上收。据国务院发展研究中心调查，在农村的义务教育经费中，中央只负担2%，省地两级负担11%，县级负担9%，78%的经费要由乡镇这一级来负担，最后实际上就是由占人口大多数的农民负担。这就是所谓的"财权上移、事权下移"和"中央'请客'、地方'埋单'"之说。目前流行这样一种说法："中央财政喜气洋洋，省市财政勉勉强强、县级财政拆东墙补西墙、乡镇财政哭爹叫娘"，这在一定程度上可以反映出中央和地方的状况。其背后隐含的意思是，中央"拿走了"本来应该属于地方的财力，而使地方财政尤其是县乡财政陷入窘迫的境地。有些地方政府税源枯竭，致使地方政府尤其最基层的县、乡政府缺乏必要的财力支撑，无法正常履行其职能，无力为民众提供最低水平的公共物品和公共服务，更不要说在全国实现地方政府公共服务能力均等化的目标。因此，从财政包干体制向分税制转变后，地方政府履行基本职能面临巨大的财政压力。

其次是地方政府变成了"掠夺之手"①。伴随着分税制而来的是一系列集权措施。地方政府不再能自由选择对本地企业的税收减免。银行被重组，银行管理机制重新集权。中央也加强了对预算外资金的控制，将大部分项目纳入预算内。同时，预算外收费也受到严格的监控。中央每年设定税收增长目标，如果达不到目标，税务局的领导就可能被撤换。地方政府的服从是由于政治压力和行政命令，而不是激励和预算法。税收目标一般根据前一

① 参见陈抗《财政联邦制与地方政府行为》，公法评论网站，Http://www.gongfa.com。

年的征收水平来制定，因此具有棘轮效应，本年的高征收额就预示着来年更高的征收目标。这使税务官员没有激励去课征超过既定目标的税收。地方政府的对策是通过夸大收入与支出的方法来完成既定税收任务。中央的税收机关也通过各种取巧的办法来完成任务，结果是税收名义上提高了，但中央财政的实际可支配收入并没有增加。中央政府只好从地方财政预算外征收更多的税和费，并且再三地任意利用行政命令重新确定分配规则，把更多的负担推给地方。不确定性和不信任感开始在这套分配体系中蔓延，促使地方政府寻找新方法来规避中央的税收。因为中央政府及其部门也在征收额外的预算外收入，要想阻止地方政府这样做就很困难。结果，大部分政府收入与开支脱离了预算的控制。非预算内收入通过非组织的方式攫取，各个部门和各级地方政府竞相收费，不顾他们这样做所造成的危害，不惜损害整体利益，"掠夺之手"加剧了腐败。

最后，改变了地方政府获得收入的途径。分税制之前，企业按隶属关系上缴税收，使得地方工业化带来的收益大部分保留在地方政府手中，这正是乡镇企业自20世纪80年代到90年代中期在全国兴盛一时的基本背景。众所周知，乡镇企业作为一种集体产权的企业组织，其竞争能力在很大程度上来自于地方政府的大力扶持。分税制改革之后，所有企业的税收都要与中央分享，而且税收系统独立于地方政府，这导致地方政府能够从企业中得到的财政收入大为减少，办集体企业的热情迅速下降，于是90年代中期以后乡镇企业大规模转制。在企业税收收益减少的情况下，地方政府开始寻求新的收入增长方式，造成农民负担增加、扩大基础设施建设的政绩工程的勃兴、土地开发和土地转让高潮的出现。这三种现象带来的收入，包括农村的提留统筹、建筑业过热带来的巨额营业税、土地转让收入，或者属于地方税收，或者属于预算外或非预算收入，中央均不参与分享。于是，在"经营城市"的口号下，地方政府大量征用集体土地和进行旧城改造拆迁，不断扩张城市规模，发展城市建筑业和房地产业，以土地生财。一些地方政府的土地收入占财政收入的70％，由此可见一斑。而周飞舟博士的研究提醒我们，这种行为一方面积累了大量的金融风险，另一方面又因为对农民土地的低价补偿造成了潜在的社会风险。[①]

第四节　理顺政府间纵向关系的思考

一　存在的主要问题

纵向权力结构调整过程中的内在矛盾在推动改革与发展的同时，也为改革与发展的顺利推进造成了障碍。改革后地方分权的发展，充分调动了地方发展经济的积极性，促进了地方经济的繁荣与发展，特别是对沿海地区的改革开放与经济发展，起到了明显的推进作用。同时，改革后地方分权的发展也有明显的消极作用。

1. 中央政府的权威被削弱

改革开放以来，非制度化的放权让利、新旧体制并存、配套改革没有跟上，使得地方政府行为失范难以避免。地方政府为了局部利益，置整体利益、全局利益于不顾，对中央政府欺瞒抗争；不顾中央法令政策，自行其是，你有政策，我有对策，造成了中央权威流失、功能弱化、宏观调控乏力。主要表现在：（1）中央政府财政汲取能力降低，中央财政依旧困难。20世纪80年代以来，国家财政能力迅速下降，已经形成了财政上的

[①] 周飞舟：《生财有道：土地转让中的政府与农民》，《社会学研究》2007年第1期。

"弱中央、强地方"格局。中央财政收入占全部财政收入的比重逐年下降，1981年为57.6%、1990年为45.1%，1992年则下降为38.6%。中央财政收入占GNP的比重由1978年的31.2%下降为1992年的14.7%，[①] 使中央财政占全部财政收入的比重远远低于发达市场经济国家。中央政府收入中有偿性债务收入比例偏高，并逐年增大，已把国家财政特别是中央财政拖入了极端困难的境地，中央支出的资金来源一半以上要依赖于国债。更为严峻的事实还在于，这几年中央财政的债务依存度一直呈上升趋势，1994~1997年依次为52%、53.68%、57%，平均每年上升1.87%。[②] 中央政府投资比例下降，年年"直接融资自主权"严重干扰了中央的货币政策，地方以大大高于银行储蓄利率和国债利率的水平从社会筹措资金，使中央政府汲取财政的能力急剧下降。（2）宏观调控难以落实，中央汲取财政能力是中央宏观调控的基础，前者下降必然导致后者下降。权力下放以后，中央政府与地方政府的功能重新划分，地方政府功能强化。中央的产业政策、金融政策、投资政策、货币政策等在执行中严重失控、失真，地方政府对中央政府的政策法令阳奉阴违，造成经济发展大起大落；中央应有的权力，有的虚化，有的弱化，有的下放到地方，影响了中央政府在国家生活中的主导地位，以及在中央与地方关系中的主导地位。

2. 地方政府角色错位和行为失范

改革开放以来，随着中央向地方的放权让利，地方政府作为地方利益主体的意识逐渐觉醒。中央对地方放权让利，扩大了地方政府的职权，巩固和加强了地方利益，同时也加重了地方政府

---

① 李国强：《体制转轨的宏观调控政策研究》，《经济工作者学习资料》1999年第25期。

② 王绍光、胡鞍钢：《中国国家能力报告》，辽宁人民出版社，1994，第6~7页。

的责任，使地方不得不格外关注本地区经济社会的发展，从而产生了强烈的地方利益扩张意识和行为。加之对地方分权缺乏规范和约束机制，结果导致了地方行为失范和角色错位，加剧了中央与地方关系的矛盾。主要表现在：（1）地方主义泛滥。随着地方权力扩张，地方主义迅速滋长，一度到了难以驾驭的地步。地方主义在经济上表现为"诸侯经济"，对地区资源、产品进行保护、分割、人为设置贸易壁垒和经济屏障，人为分割市场。20世纪90年代以来，地方主义在走私、打假、投资活动中表现依然严重。当前，地区间市场封锁倾向有所抬头，地方政府保护本地企业的行为逐渐演变为旷日持久的市场封锁之争；在政治上则表现为分散主义、本位主义、无政府主义，各地方政府大搞"上有政策、下有对策"，阻碍中央政府宏观政策的执行；在司法上地方保护主义也大行其道，既严重阻碍了司法的统一和公正，也妨碍了市场的统一与发展。（2）地方政府功能膨胀。在中央政府与地方政府权力界限不明、政府与企业职责不清的情况下，地方政府一方面向中央政府要权和越权，另一方面强化了对所属企业的干预，同时还截留了中央政府下放给企业的一部分自主权，通过各种途径加强对企业的控制，"造成政府各部门分兵把守行使企业董事会的职权的情况，其中投资决策权由计划部门掌握、技术改造由经贸委审批、企业领导由政府部门任命、经营业绩由政府部门考核"①。在体制转轨进程中，地方政府是一个准经济主体，是一种行政权力和地方利益融为一体的超经济组合；在现行的"压力型体制和绩效考核体制"下，导致了争相扩大基建规模、抢项目、争投资、重复引进、重复建设，使国家产业结构严重失衡，由此也引发了一次又一次的以信贷扩张、通货膨胀为主的经济过热现象，造成了经济领域的混乱，使得国家

---

① 汪玉凯主编《中国行政体制改革20年》，中州古籍出版社，1998，第123页。

宏观经济调控无法落实。（3）地方与中央博弈。由于地方利益的驱动，在一些关键问题上，地方与中央讨价还价，尤其是省一级政府成为中央政府的主要挑战者。它们通过各种非正式途径游说、劝告以获得优惠政策和特殊权力，甚至采取"寻租"的方式使中央政府作出某些让步。对此，有研究指出："中国的渐进性改革并未将中央对国有经济的控制权和剩余索取权直接分配给企业，而是逐步转化为企业控制，这使地方政府在这一时期不仅获得了区域内国有经济的剩余分享权和控制权，而且区域调控权限和微观管制职能在一定程度上还得到了强化。在转轨时期的中央与地方关系中，地方政府尽管没有合法的市场主体地位，却在相当程度上从传统的行政隶属关系中摆脱出来，成为事实上的经济主体；并且相对于以社会经济福利最大化为己任的中央政府而言，地方政府有其独立的经济私利，符合经济人的行为假设，具备了与中央政府讨价还价的能力，进而成为独立的经济利益博弈主体。"①

3. 影响了国内统一市场的形成

地方政府为了增加地方的收入，采取了各种手段限制外地商品的流入，限制本地资源的流出，保护本地企业和本地市场。地区封锁和地区保护使得市场被行政区划所分割，全国的统一市场难以形成，从而妨碍了资源的合理配置。

二 理顺政府间纵向关系的基本思路

1. 转变观念

在马克思主义经典作家看来，"集权是国家的本质，是国家的生命基础"②。过去很长的一段时间内，我们对这一认识存有

---

① 王国生：《过渡时期地方政府与中央政府的纵向博弈及其经济效应》，《南京大学学报》2001 年第 1 期。

② 《马克思恩格斯全集》第 41 卷，人民出版社，1961，第 396 页。

偏差；再加上苏联长期中央集权的政治实践，把单一制同中央集权等同起来，认为社会主义国家既然实行计划经济，就要加强中央权威，实行中央集权制。因而，一提地方分权与地方自治，就贴上资本主义的标签而加以完全否定，在中国的政治实践中过多地强调了中央集权而忽视了地方分权，从而产生了种种弊端。事实上，马克思主义经典作家不仅从来不否认地方分权与自治，而且还认为地方分权与自治是实行中央集权的一个重要条件，列宁就曾经指出，"民主集中制不仅不排斥地方自治和具有特殊的经济和生活条件、特殊的民族成分等等的区域自治，相反的，它必须既要求地方自治，也要求区域自治"①。因此，在正确处理政府间纵向关系问题上，首先应该转变观念，正确认识地方分权的理论意义和现实意义。

2. 构建政府间纵向关系的激励约束机制

首先，构建对地方政府行为的激励约束机制。为了矫正和克服地方政府的短期行为和地方保护主义，必须在政绩考核时加强对地区经济发展的外部性、制度创新、可持续发展和经济效益的考察，忽视了这些方面工作的政绩必须大打折扣。在考核指标上，要放弃与粗放型增长方式相联系的产值指标，代之以研究开发费用等标志着集约型增长方式的指标。当前政府间纵向关系中出现的种种问题，其根源不仅在于中央和地方关系不顺，而且与政府与企业责权利不清，政府过多地替代了市场，政府职能转换滞后有很大关系。因此，加强政府机构改革和职能转换，推行政企分开，对于构建新型中央和地方关系具有重要意义。此外，今后的发展趋势是该由市场调节的要尽量交给市场，只有这样才能从根本制度上减少和解决中央与地方之间的非合作博弈。应尽快转变政府职能，把政府投资的重点逐步转移到基础性投资和社会

---

① 《列宁全集》第20卷，人民出版社，1957，第29～30页。

公益性投资项目上来，无论是中央政府还是地方政府，都应从竞争性项目中退出。推进政府机构改革，使各个机构职责权统一起来，并具体落实到每个公务人员。决策、执行、监督机构的权力要根据功能进行合理配置，以保证相互之间的互补性、制约性及决策机构的集中性、权威性。实现政府机构运行各构成要素的法定化，使之有充分的法制保障。提倡政府间的适度竞争。市场经济是法治经济，在中国树立法律的权威是当务之急。克服中央政府政策动态不一致性的最有效手段是把中央政府的行为纳入法治的轨道，用法律来保证和加强中央的权威和声誉。因此，要加快行政法制化建设的进程，使中央和地方的关系制度化、法制化。在法律的基础上建立各种权力之间的监督和制衡机制。不仅要形成上下级之间的双向性纵向监督，而且要形成同级权力间的横向监督，以达到权力与权力之间的均衡状态。

　　其次，正确划分中央与地方的事权，进一步完善分税制。权限划分是中央与地方关系的核心和基础，科学划分中央政府与地方政府的职责权限可以为规范中央与地方关系提供依据。从一定意义上说，没有中央必要集权的地方分权，容易造成"诸侯林立"的局面；而没有地方适度分权的中央集权，又往往不利于地方积极性的发挥，制约地方的发展，只有二者的结合，才能理顺中央与地方的关系。所以彭真当年在主持修改宪法工作时指出，"根据发挥中央和地方两个积极性的原则，规定中央与地方适当分权，在中央的统一领导下，加强了地方的职权，肯定了省、自治区、直辖市人大和它的常委会有权制定和颁布地方性法规"①。以往中央政府与地方政府的权力调整与再分配所造成的"收放循环"，其中一个主要原因就是没有明确双方的职责权限，从而在权力的上收与下放过程中失去基本的依据。1994 年的分

---

① 《三中全会以来重要文献汇编》（下），人民出版社，1983，第 1193 页。

税制改革，政府职能并没有重新界定，中央政府与地方政府的事权划分也依旧如故。目前，中国宪法和地方组织法对于中央与地方的职权以事务的性质而不是以职权为标准作了较为原则的规定，都过于抽象，不利于明确中央与地方的权力和责任。从改革方向和规范要求来看，首先要根据公共产品性质和外部性大小来重新配置纵向政府间事权，划清各级政府的支出责任，并以此为基础划分税制；其次，建立规范的纵向政府间财政转移支付制度，一般应该包括一般性补助即税收返还、专项拨款补助、特殊因素补助等；再次，调整税费关系，规范政府收入，同时进一步完善地方税体系。而从长期趋势来看，纵向政府间职权配置有三种思路可供选择：一是近期在事权安排格局基本不变条件下调整财权配置，主要是解决地方政府财力不足的问题；二是中期在财权配置格局基本不变条件下调整事权安排，将目前地方政府的部分基础性公共服务事权适当上收；三是从最终改革目标来看，需要进行整体性改革，使事权安排与财权配置相互进行适应性调整，逐步建立起符合市场经济体制需要的纵向政府间职权配置格局。首先要明确社会主义市场经济条件下政府的事权范围和各级政府间事权范围划分，然后以此为基础在各级政府间进行财权和财力配置，同时修改预算体制使之与分税制协调一致，并进一步改革和规范转移支付制度。[①]

最后，正确处理中央与地方两级调控的关系。实行中央宏观调控和地区性中观调控是中国国民经济管理的一个重要特点。中央和地方在调控目标上存在着天然的不一致性，中央更偏重公平，地方更注重效率。在二者目标发生偏离时要寻找恰当的结合点。在实践中，中央宏观调控的一个突出问题是行政性命令太

---

① 宋立、刘树杰：《各级政府公共服务事权财权配置》，中国计划出版社，2005，第44~48页。

多,"一刀切"、"急刹车"的现象较为普遍,使资源配置的效率降低。改革的目标是,中央的宏观调控应该多用经济的(如财政的、货币的、投资的)手段,减少行政性手段,宏观调控要有一定的弹性,只限定一个大致的范围,由地方政府进行微调。另一个重要问题是,地方政府的逆向调控增强,中央的宏观调控权分散化,这不利于宏观经济的协调发展。建立完善中央和地方两级调控体系,必须科学界定宏观调控和中观调控的职能,并在此基础上划分它们之间的权、责、利,形成合理有序的调控体系。正确处理中央和地方的调控关系要以改革为导向,中央和地方的调控关系应该建立在市场化取向的基础上。在调控方式的运用上,既要有总量调控,也要有结构调控。过去一讲调控就抓总量调控,结果结构性问题没有解决,各地重复建设,结构趋同现象依然如故。实践证明,只有总量调控是达不到目的的;而结构调控不仅能解决结构性矛盾,同时也能真正控制住总量。因此,现在中央和地方在宏观调控中都应该把结构调控放在首位,宏观调控权必须集中在中央。中央和地方的两级调控应更多地建立在规范性的规则和制度的基础之上。

3. 发展民主政治

在传统的中央集权管理体制下,由于地方政府的权力来自于上级政府或中央政府的授权,因此形成了对上负责而对下不负责的政治格局;而且由于信息不对称,上级政府对地方政府的约束成本太高,因此无法完全保障人民的民主权利得到落实。而实行纵向政府间关系民主化,建立中央与地方的适度分权体制,既能够克服传统体制必然带来的各种弊端,又为人民广泛的政治参与提供广阔的舞台与空间,从而赢得民众的支持。确保地方政府在法律范围内,在地方选民的直接监督下,进行地方公共事务的治理,既可以减少监督成本而增强中央政府的合法性和权威,又符合地方选民的利益和愿望而实现真正的民主。从改革与发展的方向来看，在强化纵向政府间自上而下监督的同时，更应该通过完善民主政治以强化来自民众与社会对地方政府自下而上的制约。其基本内容包括：一是建立健全地方利益的表达与平衡机制，实现中央决策民主化与科学化。中央在重大决策或法律出台之前，应主动征求地方政府的意见，邀请地方政府派人员参加，同时地方政府也应积极主动参与，代表地方利益对中央决策施加影响，使中央与地方的关系由过去以行政组织为基础的行政领导与服从关系转变为以相对经济实体为基础的对策博弈与合作关系。二是增强地方公共权力的人民性。只有不断发展和完善民众利益表达和参与决策的机制，才有可能使地方政府主动承担地方公共管理和公共服务的职责，才能驱使有了较大自主权的地方政府始终以地方居民的需求为中心，同时不偏离中央控制的法治轨道。三是政务信息公开化。政府过程是否透明公开，是制约地方民众监督政府的主要因素。有媒体分析指出，政府机构掌握着80%的公共管理信息，政府官员掌握着公共资源的定价权和配置权，透明度低，是造成行政成本居高不下的主要原因。[1] 而从欧美发达国家的成功经验来看，"阳光型"政府运作不仅增强了政府权威基础，而且有利于民众对政府运行的监督。四是培育第三部门对地方政府的监督。在纵向政府间关系中，第三部门的完善，不仅有利于强化地方政府对中央政府的渗透，而且也有利于弥补自上而下监督机制的缺陷。因为第三部门的发展，不仅可为公众的自组织提供空间，而且由于其以公共利益或团体利益为目标，以促进整体利益和社会发展为宗旨，超越了地方政府的自身利益，从而可以避免地方政府权力滥用造成的危害，使地方政府的权力运行更具有公开性和民主性。[2]

---

① 《98.3%的人认为行政成本浪费》，2007年3月26日《羊城晚报》，A8版。
② 张志红：《当代中国纵向政府间关系研究》，天津人民出版社，2006，第351页。

4. 纵向政府间关系法治化

迄今为止，中国的纵向政府间关系调整都是纵向政府间谈判妥协的结果，缺乏稳定性和连续性，在实践中主要是根据中央和地方政府的"决定"、"通知"、"条例"来传达和执行的。[①] 其中，纵向政府间职权配置调整并没有经过全国人大和地方人大，主要是纵向政府间由行政渠道来解决，因此缺乏内在的稳定性和法律保障。事实上，由于上级政府能够比较随心所欲地调整纵向政府间职权配置，从而可以将事权层层下放而将财权层层上收。地方政府面对的是随时会发生变化的职权配置格局，也就不可避免地滋生不负责任的短期行为。而且在实践中，中央与地方政府以一对多的博弈要付出高额成本和巨大代价。中央一旦对某个地方妥协，其他地方势必想方设法提高自己的要价，希望能争取到较理想的政策和资源。向中央要政策、"变通"政策，并不遗余力地加以利用，必然会酿成恶果。比如，各地一旦拥有给予企业税收优惠的权力，就纷纷出台各种优惠措施，造成全国税收优惠政策混乱，名目繁多的减免税优惠与企业摊派并存，中央政府的税收大量流失，而地方政府的预算外收入大幅上升，在一定程度上强化了地方政府对企业的行政干预。因此，应该考虑将纵向政府间职权配置和职权调整的程序以法律形式固定下来，使纵向政府间的领导、指挥、协调、约束和控制关系都有充分的法律保障和约束，而不是建立在人际关系、情面或某种交易上，而各级政府的职权也需要由相应的本级人大授权并接受法律监督，以促使纵向政府间关系走上法治化的发展道路。

总之，没有一个合理的高度民主化、法治化的政治体制，政府职能就无法得到很好的履行，政府行为就会失去有效的约束。

---

① 姚洋、杨雷：《制度供给失衡和中国财政分权的后果》，《战略与管理》2003年第3期。

在这种情况下，无论是集权还是分权都会产生严重的弊端，都会导致腐败和官僚主义，而且也难以避免"一放就乱，一统就死"的恶性循环。因此，无论是中央政府还是地方政府，都要深入进行政治体制改革，包括职能的合理化、权力的合法化、决策的科学化、政治的民主化、政府的廉洁化等。政府间纵向关系的法治化问题，既是市场经济发展的内在需求，又是民主政治的应有之义，政府间纵向关系的法治化进程直接受制于市场经济与民主政治的发展程度，因而这一进程必然是一个动态的发展变化过程，而不可能一劳永逸。考虑到中国的国情十分特殊，从理想出发或者照搬别国模式很难解决中国的问题，只有结合中国的国情不断地探索和渐进改革，才能最终实现中央与地方关系法治化的目标。在这个问题上，还是邓小平说得好："我们的现代化建设，必须从中国的实际出发。无论是革命还是建设，都要注意学习和借鉴外国经验。但是，照抄照搬别国经验、别国模式，从来不能得到成功。"①

---

① 《邓小平文选》第3卷，人民出版社，1993，第2页。

第三章
当代中国地方政府间横向关系

　　改革开放以来，随着市场化进程的推进以及纵向权力结构的调整等，地方政府作为地方利益代表者的自主意识逐渐觉醒，地方政府为追求本辖区利益的最大化，必然会不断加强横向经济联系，从而使得地方政府间横向关系不断得到发展。而在市场经济发展中，地方政府间横向关系的良性发展有利于促进经济社会协调发展和加快体制转轨等，但地方政府间横向关系的恶性发展也产生了诸多危害，因此亟须加以有效治理。本章将在对当代中国地方政府间横向关系进行理论综述的基础上，对当代中国地方政府间横向关系的发展过程进行分析，最后对协调当代中国地方政府间横向关系提出若干对策建议。

第一节　相关理论综述

一　问题的提出

　　从当代中国政府公共管理实践的发展来看，由于市场经济的不断深入发展，为计划经济体制所阻隔的跨越既有行政区划边界的自然经济联系得到了发展,从而推动了行政区划从区域经济发展实际出发,行政区域界限趋向与自然地理界限、民族分布界限、社会文化地域界限,尤其是与经济区划界限相吻合,以有利于区域经济资源转化为区域经济优势。① 同时,适应市场经济发展的要求,中央政府与各级地方政府也积极推动和发展各种形式的横向经济联系,制定和发布推进横向经济联系与发展的法令、组建横向经济合作组织、完善市场制度体系建设等,从而促进了市场经济的蓬勃发展。但是,由于"经济区的内容、范围、层次随着商品经济、经济中心城镇和交通线的发展变动,比较活跃,具有明显的开放性,一般没有法定性,边界不很明确;行政区同行政权力的执行范围结合在一起,有法定性和明确的边界线,比较稳定"②。所以,虽然我们主观上希望经济区与行政区尽可能同幅,但是实际上做不到,两者之间始终有交叉、有分割以致有断层。随着市场化的推进,以计划经济为依托的行政区定势不断被冲刷,以市场经济为动力的经济区动态不断地激荡,由于两者的错位而导致的矛盾也越来越表面化了。于是,区域经济发展中也出现了种种矛盾与冲突,经济学研究者一般将其称之为"诸侯经济、分割市场"等,经济地理学研究者则认为是经济发展与既有行政区划之间的矛盾所致,政治学与公共行政学研究者一般称之为"地方保护主义",其对市场经济的健康发展乃至对整个国民经济的发展都造成了相当大的负面影响。③ 类似的问题

---

① 宋月红:《当代中国行政区域类型及其政治发展动因之分析》,《学习与探索》1998 年第 4 期。

② 陆大道:《中国行政区、经济区发展的回顾与展望》,《中国人民大学学报》1994 年第 6 期。

③ 参见陈甬军《中国地区间市场封锁问题研究》,福建人民出版社,1994;张可云:《区域大战与区域经济关系》,民主与建设出版社,2001,第 18~116页;魏后凯:《从重复建设到有序竞争》,人民出版社,2001;陈东琪、银温泉:《打破地方市场分割》,中国计划出版社,2002,等等。

在发达市场经济国家也不同程度地存在,① 但由于中国还处于市场经济发展的初期阶段,因此其发生频率及其危害程度更甚。具体而言,主要表现在以下几个方面。

1. 地区间利益冲突激烈

随着当代中国由计划经济体制向市场经济体制的转轨,地区发展模式也逐渐发生深刻变化。在计划经济体制下,地区发展主要依赖于中央政府的计划安排,地方利益弱化;而在市场经济条件下,各地区拥有经济发展的投资权和决策权,为了尽快发展地方经济,地区之间展开了激烈的竞争。② 这种地区间围绕地方经济社会发展所展开的激烈竞争,既有可能成为推进改革与发展的动力,又可能造成恶性竞争和冲突。其中,地区间在经济社会发展中所产生的矛盾与冲突,主要是一种利益矛盾,有时候表面上看起来是企业等市场主体之间的利益矛盾,但其背后往往反映的是政府间利益的冲突,是在有限资源约束条件下地方政府追求地方利益最大化所致,其极端状态可能是"囚徒博弈的困境"。除此之外,由于行政区之间边界划分不清而引发的争议乃至冲突不断,不仅使资源遭到严重破坏,而且经常发生械斗,造成人员伤亡和财产损失,严重影响了当地的社会安定和经济建设,成为当代中国行政区划中的一个突出问题。据对全国 52000 多公里省级边界线分析,目前有 9500 公里已经存在争议,占 18%,其余的尽管没有发生边界争议,但绝大多数是习

---

① 如美国东北各州所出现的酸雨被认为是来自中西部的污染物所致;南达科州在五年时间里让 93 个被控入室抢劫、偷盗、伪造等罪名的人选择或受起诉,或者搬到加利福尼亚州,结果这 93 人都搬到了加州,而接受这些人的加州官员当时便称南达科州的做法可恶至极(参见〔美〕尼古拉斯·亨利著《公共行政与公共事务》,华夏出版社,2002,第 358 ~ 359 页)。

② 叶裕民:《中国区际贸易冲突的形成机制与对策思路》,《经济地理》2000年第 6 期。

惯线，约占 77%，法定线占的比重很小，仅占 5%。另据匡算，全国县级行政区边界线约 47 万公里，也不同程度地存在着边界争议。据统计，全国现有省、自治区、直辖市之间的边界争议已突破 1000 起。[①] 而争议的实质是资源争议，每次争议都给资源带来巨大的破坏，给人民生命财产带来严重的破坏。[②] 毋庸置疑，地方政府间横向关系不协调，不仅增加了经济社会发展的交易成本，而且造成了严重的内耗，最终损害了政府公共管理绩效。

2. 跨地区性公共事务治理失灵

在当代中国公共管理实践中，还出现了跨地区性公共物品与公共服务供给的问题。如跨地区的流域治理、打击跨境犯罪、跨地区的基础设施建设、资源开发与环境保护、流行性疾病防治等等，如果缺乏有机的协调，往往容易出现"公用地的灾难"。由于沿河流及重要的交通干线地区一般都要跨越不同的行政区划，在行政区主导区域经济发展方式的影响下，河流的上下游之间、湖泊周边地区之间、铁路的上下线之间和中心城市与所在地行政区之间很难建立起良好的产业分工与合作关系。在相邻行政区交界地区，也经常发生不合理开发利用矿产资源和相互转嫁环境污染的以邻为壑现象，如晋陕蒙接壤地区、太湖流域地区、淮河流域地区等近年来出现的类似现象，使得原本就很难解决的诸如资源浪费和生态环境破坏等问题变得更加严重和复杂化。[③] 而且，从具体情况看，一方面行政区边界地区生产要素的流通渠道不畅，各省区经济的摩擦在边界地区体现得最为明显，由于各省区

---

① 浦善新等：《中国行政区划概论》，知识出版社，1995，第 237～238 页。

② 崔乃夫：《加强对行政区域界限争议的战略研究》，载中国行政区划研究会编《中国行政区划研究》，中国社会出版社，1991。

③ 杜平：《如何处理行政区与经济区的关系》（打印稿），国家计委宏观经济研究院，1999。

之间的冲突使边界地区成为中国行政区经济运行的"重灾区";[①]
另一方面,在行政区边界地区,基础设施建设往往相对落后,以
交通运输为例,边界地区存在着过境交通线路少、质量差、路面
标准低、断头路多的特点。[②] 对此,传统的政府公共管理模式中
缺乏有效的治理之道。如在长江、黄河这样的跨地区性流域治理
中,类似长江水利委员会和黄河水利委员会仅仅负责防洪抗旱等
事务,而沿途各省区则承担着各自的治水任务,造成力量分散、
各自为政,是这些跨地区的流域长期难以得到根本治理的一个重
要原因。[③]

3. 地区间发展差距仍在继续扩大

在当代中国区域发展战略中,按照中国改革开放的总设计师
邓小平的设计,希望通过实行非均衡发展战略,促使一部分有条
件的地区先发展起来,以摆脱"集体贫困的窘境";然后先富起
来的地区帮扶后发展地区,逐渐缩小地区间的发展差距,最终实
现共同富裕。但是,从实践效果来看,这一战略并未完全获得预
期效应,因为区域经济学等相关学科研究发现,20 世纪 90 年代
以来,无论是农村还是城镇经济发展中,中国东、中、西部三大
经济地带的差距都在不断扩大。[④] 对此,一方面中央政府力图通
过特殊政策的扶持、资源倾斜和财政转移支付等加快中西部后
发展地区的发展,另一方面希望通过东部地区与中西部地区的
对口支援与互利合作等来缩小发展差距。而由于改革开放以后

---

① 舒庆、周克瑜:《从封闭走向开放——中国行政区经济透视》,华东师范大
　学出版社,2003,第 30 页。
② 郭荣星:《中国省级边界地区经济发展研究》,海洋出版社,1993,第 10 页。
③ 汤爱民:《大整合:21 世纪中国综合发展战略建言》,中国经济出版社,
　2000,第 93 页。
④ 参见胡鞍钢、邹平《社会与发展——中国社会发展地区差距研究》,浙江人
　民出版社,2000,第 80 ~ 82 页;张敦福、覃成林:《中国区域经济差异与协
　调发展》,中国轻工业出版社,2001,第 3 页等。

中央政府掌握的财力资源的急剧下降等因素的影响，后一种思路的重要性越来越明显。但是，一方面由于计划经济体制下形成的无偿援助和计划调拨等方式在市场化进程中越来越无法适应地方利益发展的要求，另一方面又由于相关制度供给不足而导致地区间的摩擦与冲突日益增加，东部地区与中西部地区的互利合作由于高额交易费用的客观存在，也很难完全实现预期的效应。

4. 统一市场被割裂

在 21 世纪，中国经济发展面临着新的发展改革和对外开放形势，面临着经济增长方式的转变和经济结构优化升级的重任。经过 20 余年的改革与发展，中国的市场化程度已经大大提高，取得了举世瞩目的发展成就，市场化指数达到或超过了相当一部分已经是"世界贸易组织"成员的"市场经济国家"的水平。[①] 但是，与发达市场经济国家相比，还存在明显的差距，其中一个比较突出的问题在于统一的大市场尚未最终建立，地区市场分割趋势非常明显。而从市场经济的发展要求来看，首先必须在国内实现其市场关系的全面渗透，形成统一的市场和发达的市场体系，只有这样才能保证劳动力、商品、技术、资金等生产要素在市场机制作用下自由流动，最终实现资源优化配置和效益最大化。但是，在当代中国，由于地区间利益关系的矛盾障碍，市场经济健康发展所需要的全国统一市场被分割为支离破碎的地区市场，各地区相互封锁和画地为牢。各个地方政府在有限理性经济人的特性、机会主义、信息不对称等因素的作用下，谋求本地区利益最大化而不顾其他地区利益，最终形成了地区间的过度竞争

---

① 参见黄仁伟编译的美国国际经济研究所高级研究员丹尼尔·罗森的报告：《中国与世界贸易组织：一张经济平衡表》（1999 年 6 月），原载上海浦东《美国通讯》2000 年第 2 期。

与地方保护主义，导致个体理性与集体理性的矛盾。地方政府对地方市场进行行政性保护，从而割裂全国统一市场的做法，在某种程度上的确收到了一些实效，包括提高了本地企业的生存能力，增加了地方财政收入，有助于本地社会稳定，从而在一定程度上有助于矫正本地市场中的一些市场失灵现象。但是，"交易行为不规范，不正当竞争、恶性竞争与市场竞争不充分并存，地区封锁严重，大大降低了流通的效率、增加了交易成本，阻碍了商品和要素的自由流动。这些问题大量存在，影响了商品市场的健康发展，破坏了价格传导机制和竞争的公平性"①。而最终，地方政府的这种行政干预可能使整个国民经济运行受到扭曲，无法实现社会资源的优化配置，从而带来全国性的市场失灵。而且，即使对于当地而言，其终极结果也不利于提高本地的资源配置效率，很大程度上是在饮鸩止渴。

5. 无法适应加入 WTO 的基本要求

当前，经济全球化和新一轮科技与产业革命的浪潮汹涌澎湃，中国已加入 WTO，一个新的世界经济格局即将形成。在国际竞争日益激烈、中国越来越直面国际竞争的新形势下，在地方保护和分割市场下成长起来的产业，缺乏市场意识和竞争意识，不仅难以参与国内市场竞争，更遑论参与国际竞争，如 20 世纪 90 年代末韩国在政府信贷支持和市场保护下形成的很多企业就在 1997 年东南亚经济危机的冲击下破产。而且，WTO 的基本原则之一是最惠国待遇原则，要求成员国不得以货物始发国或抵达国为由对其他成员国实行歧视性待遇，如果继续坚持地方保护主义，很有可能与其他 WTO 成员国发生争端而引起国际仲裁的危险。在全球化的背景下，这不仅不利于有效应对更加激烈

---

① 姜蓉：《联手冲击地区封锁七部委与地方政府"掰腕"》，2004 年 6 月 27 日《中国经营报》。

的全球性竞争，而且还可能影响政府合法性，最终危及社会政治稳定。

二　公共管理理论面临着挑战

面对上述种种实践问题，从对其有效治理不足的现实中也可以看到政府公共管理理论存在明显的局限性。

1. 传统公共管理理论存在明显的局限性

在传统公共管理理论中，由于对机械性效率的追求，在具体事务治理中强调公共管理的精细分工和责任明确，在组织结构上强调等级制和中央集权，最终走向"理性官僚制"。在实践中的政府管理低效率暴露而引发种种政府管理危机，以及公共选择理论等从理论上揭示出政府管理的低效率之后，又更多地倾向于引入市场机制，通过民营化、公共事务合同出租等打破政府垄断，试图以此提高公共管理效率。这一理论变迁的逻辑中实际上隐含着从"政府万能"走向"市场万能"的趋势，而经济学的基本理论与社会发展实践早已宣告了现实世界中"政府神话"与"市场神话"的破灭，因此还必须在市场机制与科层制之外寻找"第三种机制"。另外，尽管在传统公共管理理论中，组织间关系协调也是一个重要内容，法国著名管理思想家法约尔第一次将"协调"提升到与计划、组织、指挥、控制并列的管理高度，并将其作为管理的五大要素之一。[①] 后来，美国著名管理学者古利克和英国著名管理学者厄威克所编辑的《管理科学文集》中又再次强调了"协调"在管理中的重要性，将其作为管理的七大要素之一。[②] 从此，"协调"成为管理的基本组成过程和基本要

---

① 〔法〕H. 法约尔：《工业管理与一般管理》，中国社会科学出版社，1984，第 5 页。

② 卢瑟·古利克：《组织理论按语》，载彭和平、竹立家编译《国外公共行政理论精选》，中共中央党校出版社，1997，第 75 页。

素。但是，在传统理论中，更多的是将协调放在科层制的组织视野下来看待的。如古利克认为协调的方式有两种："一是通过组织进行协调，即通过人员的培植使越来越细的工作分工相互联系在一起，这些人被安排在一种权力结构中，通过上级由高到低、层层传遍整个企业的命令对工作进行协调；第二是通过思想的支配进行协调。"① 显然，这种对组织间关系的协调是建立在科层制基础上的，是一种等级制的命令与服从关系。在等级制下，由于遵循等级链及跳板法则，组织的横向协调与沟通比较困难；从运作的实践来看，"不同职能之间缺乏有效的沟通与协调，其呆滞、僵化与刻板几乎吞噬了个体的责任心与创造力，更谈不上知识的更新与发展"。②

2. 当代中国公共管理理论面临实践发展的挑战

随着市场经济的发展，一方面会产生越来越多的诸如跨地区的基础设施建设、社会治安、流域治理、环境保护等由单纯一个地区所无法承担或单一公共管理主体所无力单独承担的公共性事务；另一方面各地区间经济联系的不断增强也将伴随着摩擦与争端的增多，需要对相关政府间横向关系进行有效协调以化解矛盾的事务也将日趋增多。在这种情况下，如何协调地方政府间横向关系问题以提高跨地区性公共事务治理绩效，如何提高政府的合法性，如何走出集体行动的困境等，的确对当代中国的公共管理理论研究提出了许多新的课题。显然，当代中国政府公共管理的理论研究对此还缺乏充分的理论准备。

上述情况表明，一方面，随着中国市场化进程的推进与政府公共管理的发展，出现了一种新型的公共管理问题。这种新问题

---

① 彭和平、竹立家编译《国外公共行政理论精选》，中共中央党校出版社，1997，第 65～66 页。

② Sturt Crainer, *Key Management Ideas*, *A Division of Financial Times Professional Limited*, Great Britan, 1996, p. 44.

既不是纯粹的地方政府管理问题，也不完全属于中央政府管理问题，总之不是单一政府管理范围内的公共事务，因而是一种新型的公共性事务管理。尽管有些问题看起来纯粹属于市场主体之间的利益纠纷，但在当下中国的政府管理体制中往往最终问题的解决还是绕不过相关辖区的政府，其解决之道涉及对两个以上的地方政府间横向关系协调的问题，因此笔者将其概括为"地方政府间横向关系协调"。这一新型的公共管理问题，显然超出了传统政府公共管理的基本视野，因而其治理之道需要理论创新和制度创新。

三 研究模式

概括而言，从相关学科的研究来看，间接地提出了如下治理方案。

1. 市场机制①

从理论研究来看，提出用市场机制来协调地方政府间横向关系的研究大体上可以分为两大类型：其一是以新制度经济学为代表的"政区竞争理论"或曰"辖区政府间竞争理论"①。这一理

---

① 这里使用的市场机制与科层制机制相对应，是交易费用理论分析框架中的一对基本概念。所谓市场体制，是指参与者之间通过相互调整以实现协调。所谓科层制，是指被置于统一所有制下并且易于进行行政控制的交易，是指通过等级制组织自上而下的垂直协调。早在19世纪，托克维尔在考察美国时就提到了"操纵社会机器的那只手是隐而不见的"，即一只看不见的手能够运作于人类事务的治理之中；因此各种公共部门可以通过各种自愿的协会、契约性的理解和各种竞争性的对抗而不是依靠压倒一切的官僚制中的上级的命令来治理相互之间的关系。尽管文森特·奥斯特罗姆反对将其多中心治理理论以及"以脚投票"等简单地类比为市场模式，但他也认为"多中心治理"这种类似市场机制的半市场机制在公共服务经济领域里是可行的，对于公共行政理论意味着新的维度（参见〔美〕迈克尔·麦金尼斯主编《多中心体制与地方公共经济》，上海三联书店，2000，第71页）。

① 参见李军鹏《论新制度经济学的政区竞争理论》，《中国行政管理》2001年第5期。

论渊源于美国著名经济学家蒂伯特的"以脚投票"理论①、公共选择理论的代表人物布坎南的"竞争性联邦主义"理论、美国著名政治学家奥斯特罗姆的"复合共和制"理论。其核心内容在于强调通过在政府之间引入市场竞争机制以提高公共物品的供给质量，面对现实实践中政府间竞争出现的种种问题也提出了规范竞争的相关对策建议。关于地方政府间竞争的主要研究文献有华金辉发表在《编制管理研究》2001 年第 3 期的《谈地方政府竞争》、李军鹏发表在《中国行政管理》2001 年第 5 期的《论新制度经济学的政区竞争理论》、冯兴元的工作论文《中国辖区内政府间竞争理论分析框架》和何孟笔的《政府竞争：大国体制转型理论的分析范式》（刊载在 2001 年第 1 期的《天则内部文稿系列》，介绍了欧美国家政府竞争的基本理论，并尝试着建立一个分析中国政府间竞争的理论框架）、周业安等发表在《管理世界》2002 年第 12 期的《地方政府竞争模式研究》。其二是区域经济学的研究。研究者逐渐注意到区域经济发展中的自然经济联系以及跨区域的经济协作所遇到的种种障碍，而其中"'横向'的技术协作、经济联合与'纵向'的行政管辖之间的矛盾"相当明显，部门与地区分割的体制很难适应技术协作的开展。② 研究者要么将其归咎于市场经济发展

---

① 所谓"以脚投票"，就是人们之所以愿意聚集在某一个地方政府周围，是由于他们想在全国寻找地方政府所提供的服务与所征收的税收之间的一种精确的组合，以便使自己的效用达到极大化，当他们发现组合符合自己的效用极大化目标时，他们便会在这一区域居住下来，从事工作，维护当地方政府的管辖。这个过程，就是所谓的"以脚投票"，它实际上是通过居民的自由迁徙给地方政府施加压力而迫使地方政府提高公共管理质量（参见 C. M. Tiebout, "A Pure Theory of Total Expenditures", *Journal of Political Economy*, October, 1956, pp. 416 - 424）。

② 上海市哲学社会科学联合会编《经济技术协作理论与实践》，上海人民出版社，1983，第 31 页。

的幼稚性，而其治理之道在于市场经济的发展，因为市场的力量迟早会冲破行政区划的边界，从而促进经济的合理分工与协作，促进资源合理配置；要么认为地区间冲突的根本原因在于没有形成合理的市场分工，如果从本地区实际出发，进行区域优势重组并实现区域间优势互补，最终可以实现区域经济协调发展。[①]

2. 科层制机制

这一思路主要体现在经济地理学、政区地理学、政治学与公共行政学的研究之中。20 世纪 90 年代以来，国内经济地理学与政区地理学的研究也不断触及这一问题。在经济地理学的研究中，最有代表性的是华东师范大学的刘君德教授及其学生的研究成果，其代表性的论著有刘君德的《中国行政区划的理论与实践》、周克瑜的《走向市场经济》、林涛的《国民经济区域调控》等。他们的贡献主要在于从理论上提出了当代中国经济发展中经济区与行政区的矛盾，并且将其归结为"行政区经济"现象，"行政区经济"现象的存在是政治统治需要与经济发展需要之间的矛盾使然，等等。政区地理学的研究则从行政区划改革的角度介入了这一研究课题，他们从管理学中管理幅度与管理层次适度的原则出发，对中国现行的行政区划提出了种种改革主张，代表性的研究成果集中在张文范主编的《中国行政区划研究》和浦善新等主编的《中国行政区划概论》中。无论是经济地理学，还是政区地理学的研究，尽管研究者们都意识到经济发展中经济区与行政区的不一致是造成区域经济发展困难的主要原因，但他们都选择了一个简单明了的解决思路——调整行政区划，使行政区划与经济区尽可能一致，即将外部交易内部化以节约

---

① 参见孟庆红《区域优势的经济学分析》，西南财经大学出版社，2000，第 240~246 页。

交易费用，这一点在区域经济学研究中也得到不少学者的认同。例如，在学者中有一种设想认为，"如果整个长江三角洲是一个统一的行政区划，那么，上海便可以选择张家港或太仓港，或者北仑港，但目前上海为了拥有自己的国际深水港，选择了大小洋山港，计划为1300万元标箱，规模超过香港。这样，交通部的长江口拔刺工程意义锐减"①。此外，传统政治学与公共行政学的研究也往往将这一问题的解决冀望于中央政府的干预与调节。

3. 发展企业主导的区域经济合作组织

这一思路由中国人民大学张可云博士在其博士论文中提出。② 这种思路强调了加强区域经济合作的重要性，认为区域经济关系协调是指不断完善区域利益获得机制与规则，并在新的区域制度框架内进行组织创新，借以尽可能克服区域经济冲突和加强区域经济合作，其中区域经济组织创新所推动的区域经济合作至关重要。为了降低区域间交易费用，区域经济合作组织成为市场的替代者，而区域经济合作组织又可以分为以限额的交易为主的政府主导型经济合作组织和以管理为主的交易的企业主导型经济合作组织。区域经济合作组织是在由地方市场向区域市场拓展过程中随着政府推动的制度变迁而诞生与成长的，先有政府主导型区域经济合作组织，后有企业主导型经济合作组织。虽然政府主导型的区域经济合作组织有利于微观利益主体产生较大的跨区域活动的收益预期，促进区域市场主体的发育等。但是政府主导型的区域经济合作组织具有不稳定性特征，其具体表现就是蓬勃的区域经济合作与激烈的区域经济冲突这

---

① 王丰、翟明磊：《"大上海"之路受阻何方？》，2002年12月5日《南方周末》。

② 参见张可云《区域大战与区域经济关系》，民主与建设出版社，2001。

两种矛盾的现象在同一组织与制度框架下共生，区域经济关系难以协调。因此，由政府主导型为主向企业主导型为主演变是区域经济合作组织保持相对稳定的必由之路。而且作者预言：一旦这种区域经济合作格局形成，一个国家便步入了日益兴旺的现代化快车道。

4. 地方政府间合作

正如乔尔·布利克和戴维·厄恩斯特在《协作型竞争》的开篇中写到的："对多数全球性企业来说，完全损人利己的竞争时代已经结束。驱动一公司与同行业其他公司竞争，驱动供应商之间、经销商之间在业务方面不断竞争的传统力量，已不可能再确保赢家在这场达尔文式游戏中拥有最低资本、最佳产品或服务，以及最高利润。很多跨国公司日渐明白，为了竞争必须合作，以此取代损人利己的行为。"[1] 在相关研究中，研究者从不同视角强调了加强地方政府间合作的重要性，如林尚立教授在《国内政府间关系》中介绍了中国的各级地方政府间合作的三种主要形式、[2] 李忠学强调了西部大开发中地方政府的协调与合作的重要性、[3] 李文星等提出战略联盟是地方政府间跨区域合作治理的基本策略、[4] 胡荣涛等以产业政策协调为例提出建立地区之间既竞争又合作的利益分享机制和利益补偿机制、[5] 钟坚以深圳与香港的经济合作关系为例强调了建立政府间合作机制的重要性、[6] 张

[1] 〔美〕乔尔·布利克和戴维·厄恩斯特：《协作型竞争》，第1页。
[2] 参见林尚立《国内政府间关系》，浙江人民出版社，1998，第332~334页。
[3] 李忠学：《西部大开发中地方政府的协调与合作》，《中国行政管理》2000年第8期。
[4] 参见李文星等《地方政府战略管理》，四川人民出版社，2003，第307~317页。
[5] 参见胡荣涛等《产业结构与地区利益分析》，经济管理出版社，2001，第261~282页。
[6] 钟坚：《深圳与香港经济合作关系研究》，人民出版社，2001，第296页。

敦富与覃成林从区域经济协调发展的角度强调了加强地方政府间经济合作的重要性、[①] 卓越等介绍了当代城市发展中的行政联合趋向[②]等。

第二节　地方政府间横向关系发展及其存在的问题

一　体制转轨与地方政府间横向关系的发展

（一）传统体制下地方政府间横向关系的阻隔

新中国成立之后，由于各种原因，在中央与地方的关系上选择了中央高度集权体制，中央对地方实行严格的政治控制和经济管制，政治和经济表现为一体化特征。改革开放之前，在现实政治经济环境的巨大压力下，高度集权的中央与地方关系一直处在不断的变革与调整过程中。一方面，由于资源匮乏状况长期困扰着人们，不能满足多种多样的社会需求，中央政府需要集中有限的资源加速国民经济主导产业的建设，以致高度集中的"计划管理—资源再分配—利益满足"体制不可能有很大变化。另一方面，长期以来，政治体制一直没有将发展经济作为中心任务，主要强调以阶级斗争为纲，频繁地发动政治运动。中央政府在政治运动中不断强化的高度集权和政治动员以及政治民主的匮乏，使地方政府实际感受到的压力主要是来自中央的政治压力，而不是来自本地社会经济发展的压力，以致它们在隶属于中央高度集权的政治领导方式下，不能形成地方政府自主角色的明确意识。

---

① 参见张敦富、覃成林《中国区域经济差异与协调发展》，中国轻工业出版社，2001，第 183～185 页。

② 卓越、邵任薇：《当代城市发展中的行政联合趋向》，《中国行政管理》，2002 年第 7 期。

地方政府往往忽略了经济机制中产生的许多矛盾和要求，不能将这些矛盾产生的经济压力转化为中央与地方经济关系变革的动力。因此，中央与地方关系的变化，首先受政治运动的影响，表现为没有章法，与实际经济运行状况严重脱节；其次，中央与地方关系的基本模式没有根本性变化，从权力下放的领域来看，一般只涉及经济管理的具体事权，而不涉及经济计划和资源分配，中央财政管理体制虽几经修改，但是中央高度集中的"统收统支"格局未变；最后，由于政治民主的匮乏，使得中央与地方缺乏必要的互动，表现为中央集权和单向控制，中央的计划管理体制和财政管理体制往往通过中央各部门（条条）对地方相应部门（块块）的控制而实现。

在这种体制下，产生了如下几种负面效应：（1）地方政府积极性受到抑制。由于中央政府（计委和各部门）直接操纵和控制着经济，地方政府变成了中央政府的附属物。在中央高度集权的经济体制下，地方政府只是行政等级制中的一级组织，既没有独立的经济利益，也没有相应的可供控制的社会经济资源，故而它只能被动地接受和执行中央政府的指令性计划，缺乏自主权和独立性。加上集权政治中"国家利益高于一切"的意识形态作用，使地方缺乏自主意识。这些都极大地压抑和窒息了地方政府的积极性，地方政府只能处于被动地位，消极地等待中央政府的"给予"，而无地方利益的自主精神。地方政府完全服从中央政府的计划安排，地方政府的管理地位萎缩，地方政府的利益表达被压制，这就使得地方政府间发展横向联系的基础薄弱。（2）资源要素无法自由流动。中央主要职能部门为了便于管理，要求各级地方政府层层对口设置机构。地方政府为了便于争项目、争投资、争物质，也愿意设置与中央政府各部门对口的机构，这样地方政府实际上被"条条专政"所肢解，地方政府行为不过是地方政府各部门的行为，地方的整体行为和发展规划无法形成，地方政府间的横向联系也就无从谈起。经济资源由中央"条条"分配，在实行垂直流动的过程中，由于"块块"的分割，使资源垂直分配到各个"块块"以后，就不能横向流动，无法作自由流动，这样地方政府间缺乏联系与合作的物质基础与合作领域。这种垂直的资源配置方式，不仅降低了资源的配置效率，而且为建立国内统一的大市场设置了重重障碍。尽管 20 世纪 50 ~ 60 年代，中央政府曾组织过地区经济协作与对口支援活动，并为此划分了六大经济协作区，但由于集权的计划经济体制根本不可能激发地方政府的积极性以及当时规划不当或不全面，协作活动收效不大，全国性地域分工局面没有形成，协作区名存实亡。（3）地方政府功能萎缩。随着党政一体化的发展，"条条专政"最终都归到了党的一元化领导之下，因为党政机构对口设置，党要过问、干预政府部门的行动。这样，对各级地方政府而言，不仅可以依赖上级政府，而且可以依赖上级或同级党的领导，政府功能不健全或者萎缩，因而不可能主动去发展地方政府间横向关系。（4）传统的"均衡配置、均衡发展"原则要求各地区自成体系、自给自足，各产业部门应有尽有、行行俱全，完全切断了企业、行业、部门间的内在联系，这种反分工与专业化也在很大程度上抑制了地方政府间横向关系的发展。

因此，在传统体制下，尽管各地区之间在资源条件、要素禀赋、经济基础、市场需求结构、区位条件、外部环境等诸方面均存在明显的差异，这在客观上为地区间发展经济联系奠定了基础，但由于传统体制的作用，使得这种横向联系被阻隔。对于各地区之间客观上在这种传统体制下强调行政组织的纵向分工原则而导致横向联系不发达的状况，澳大利亚学者奥德丽·唐尼索恩在 1972 年发表于英国伦敦的《中国学季刊》的一篇文章中，将这种独特的经济现象相当贴切地比喻成"蜂窝状经济"。① 而美国学者托马斯·P.莱昂斯对中国经济分割化趋势从体制的角度进行了剖析,指出中国各地区之间的商品交换、流通和分工合作关系被地区间的分界切断,导致资源利用的低效率以及严重浪费现象,这是中国的计划经济体制造成的。②

概言之,由于一方面缺乏合作的内在动力与需求,另一方面缺乏合作的物质基础,因此在传统的高度中央集权管理体制下,地方政府间横向关系被阻隔不可避免。

(二) 体制改革中地方政府间横向关系的发展

1. 体制改革的推动

计划经济体制不仅对中国的经济发展,而且对整个中国社会的发展都产生了极为深刻的影响。鉴于传统体制的种种弊端,20世纪70年代末,中国开始了具有划时代意义的体制改革。随着这一渐进式改革的逐步深入,从经济到政治乃至整个社会都随之发生了根本性的变化,所以邓小平认为"改革也是一次革命"。从公共管理的角度来看,这一深刻的体制变革的主要内容体现在两个方面。

其一,分权化。所谓分权,包括行政性分权和经济性分权。行政性分权是指不同层级的政府主体之间的权力调整,主要是指事权与财权在上下级政府之间的重新配置;经济性分权是指政府与市场、政府与企业之间的一种权力配置,具体表现为政府与市场配置资源的比重变化,政府与企业在诸多权力方面的重新划分。行政性分权可以为经济性分权创造条件,但行政性分权不一

---

① 〔澳〕奥德丽·唐尼索恩:《中国的蜂窝状经济:文化革命以来的某些经济趋势》,载《走向21世纪:中国经济的现状、问题与前景》,江苏人民出版社,1995。

② Thomas P. Lyous, "Explaining Economic Fragmentation in China: A System Approach", *Journal of Comparative Economics*, 1986 (10), pp. 209 – 236.

定等于经济性分权。由于中国的改革是渐进式改革，向市场经济的过渡不可能一步到位，各种权力由政府向企业的下放必须以地方行政性分权为中介，因此分权是从计划经济走向市场经济的必由之路。从中央与地方的关系来看，1979～1992 年邓小平南方讲话之前的纵向权力调整，在很大程度上延续了地方行政性分权的做法；1992 年之后随着中国发展市场经济目标的逐步确立，政府与企业之间的经济性分权获得推动。① 尽管改革后的权力调整是改革前纵向权力调整的一种延续，体现了改革的渐进性和体制的过渡性，但改革前后的纵向权力调整却有着巨大的差别：（1）改革前的纵向权力调整只涉及中央与地方的权力分割问题，不会改变计划经济的格局，而 1979 年后的地方分权以搞活企业为中心，以政府向企业放权让利为主要内容而展开，行政性分权与经济性分权结合在一起，并具有明显的过渡性。（2）改革前的纵向权力调整以计划经济为基础，集中和分散都是由中央政府为主导，改革后的纵向权力调整虽然没有建立在成熟的市场经济基础之上，但却是建立在商品货币的交换关系基础之上，且中央与地方之间有了一定的契约关系，中央与地方的利益主体地位都有所强化，中央不再像过去那样随意上收或下放财力，特别是不能上收地方的财政收入，地方政府的经济行为也容易与中央政府的宏观调控目标发生偏离。（3）改革前的纵向权力调整主要是中央与地方之间的一种垂直经济关系，很少涉及不同地方政府之间的横向关系，改革后的纵向权力关系往往影响到不同地方政府之间的横向经济关系，因为在政企不分的状况下，企业之间的相互竞争关系往往表现为地方政府之间的竞争关系。从根本上说，这种分权部分地改变了地方政府的地位与利益导向：第一，决策

---

① 关于改革的具体内容，参见汪玉凯《中国行政体制改革 20 年》，中州古籍出版社，1998，第 46～85 页。

分权允许地方政府在中央给定的约束线内发挥自主创造性，进行不同方式的政策试验；第二，财政分级核算、收入分成，在经济上使得地方政府有了追求经济绩效的动力。这两项变化，为地方政府带来了双重身份：一方面它是中央政府在一个地区的"代理人"，它要服从于中央的利益；另一方面，它在一定程度上又是一个地区的"所有者"，通过组织和运用经济资源可以增进自己的利益。① 地方政府自主性的增强，使得地方政府在财政压力和政绩需求的驱动下，发挥出空前的组织和管理地方经济的积极性和主动性：一方面充分利用和挖掘本地区的发展潜力和优势，形成各具特色的发展道路；另一方面，积极向中央争取优惠政策来发展本地经济，甚至创造条件来演绎现有政策。② 这些变化，必然有利于促进地方政府间横向关系的发展。当然，由于这一分权化本身还不完全具备其有效性的基本条件，从而也会带来一系列问题，形成负面效应。

其二，市场化。所谓市场化是指资源配置方式由政府行政分配向市场调节的转化，因此市场化程度的基本含义主要体现在市场配置资源功能在整个社会范围内发挥作用的程度。尽管中国的改革直到1992年才明确地提出"社会主义经济体制改革的目标模式是建立和发展社会主义市场经济"，但实际上自改革伊始就明确了"市场化"的路向。其主要内容可以概括为：（1）资源的配置由主要靠计划转变为基本上靠市场；（2）建立和形成统一、开放、竞争和有序的市场体系；（3）逐渐建立保证市场经济有效运转和市场主体良性行为的调控体系和法律制度；（4）逐步形成产权明晰、自主经营、自负盈亏的市场主体。显然，这一过

① 周伟林：《中国地方政府经济行为分析》，复旦大学出版社，1997，第3~4页。
② 课题组：《地区利益：我国产业结构失调的深层次原因及对策分析》，《新华文摘》2001年第5期。

程到目前为止还远未完结,但与传统体制相比,毕竟已经发生了深刻的变化。首先,价格信号开始发挥市场导向作用,日益成为生产与投资决策的重要依据;其次,市场竞争开始对企业形成强大的压力,促使其按照市场法则行事;再次,越来越多的资源流动进入市场网络,使其利用效率最大化。据报道,到1998年,在工业总产值中,国有经济占四分之一,集体经济、非公有制经济分别占三分之一强;在社会消费品零售总额中,国有经济占两成,集体经济占不到两成,非公有制经济占六成多。国家统计局对1994年开始试点的2473家国有企业的跟踪调查发现,截止到1999年已经按《公司法》改为公司制的有2016家,520家国家重点企业有一半已经改制上市。政府对经济的把握由事无巨细地干预微观经济活动,走向总量调控,市场在资源配置中正成为主角。目前,国家计委(2003年改为国家发展和改革委员会)管理的工业指令性计划已经从1980年的120种减少到目前的12种,按产值计算的指令性计划减少到4%,减少了90%;由国家计委直接分配和平衡的物资由20年前的256种减少到5种。1999年,中国完全取消指令性计划,国家直接安排的投资只有全社会固定资产投资的15%左右,95%以上的消费品价格和90%以上的投资品价格都由市场进行调节。① 而由于中国的市场经济发展刚刚起步,体制转轨还没有完成,因此虽然市场化指数超过了50%,② 但是从实践发展来看,仍然存在相当的差距。如商品价格自由度已经达到相当高的水平,但在要素价格自由度方面仍处于较低水平;从省际贸易关来看,国内市场已有较大的发展,但离全国统一市场的水平尚有差距;从收入弹性来看,目前

---

① 《中华民族新世纪腾飞的基石》,2000年9月20日《人民日报》。

② 何晓星:《破解中国市场经济之谜——社会主义中国走向市场经济的分析新框架》,广东人民出版社,2003,第50~51页。

已基本改变了收入与效益呈反方向变动的格局，但两者变动的偏差还很大；从预算约束度来看，虽然总体上的情况有较大改观，但绝大部分国有企业仍处于软预算约束状态；从要素重组来看，20世纪90年代以来取得了较大的发展，特别是劳动力流动速率进一步加快，但从总体上看，要素重组水平还处于低级阶段；从交易规范来看，总体上还是比较欠缺的；从政府行为适应市场化的程度来看，虽然在不断提高，但与发达市场经济国家相比还有相当的差距。① 尽管如此，市场化的影响仍然是相当明显的。首先，个人、企业和各级地方政府都有了自身明确的追求目标，利益驱动机制开始形成，增强了脱贫致富的动机。其次，在利益驱动机制作用下，各种生产要素打破传统凝固僵化的局面，开始按照收益最大化原则，实行跨部门、跨行业、跨地区的流动与转移，进行重新组合与配置等。最后，大量跨地区性公共事务的出现，要求相关地方政府间进行合作共治。所有这些，无疑为地方政府间关系的发展奠定了坚实的基础。

2. 中央政府的专项政策驱动

在分权化和市场化改革不断促进地方政府间横向关系发展的同时，中央政府也通过各种政策性努力来促进地方政府间横向关系的发展。1980年，国务院发布了《关于推动经济联合的暂行规定》，提出"扬长避短，发挥优势，保护竞争，促进联合"的方针，从此拉开了中国横向经济合作的序幕。1981年，在第五届四次全国人民代表大会上的政府工作报告中，首次提出要"以大城市为依托，形成各类经济中心，组织合理的经济网络"。1984年，《中共中央关于经济体制改革的决定》进一步明确指出，国内各地区之间"要打破封锁，打开门户，按照扬长避短、

---

① 参见周振华《体制改革与经济增长》，上海三联书店，1999，第350～358页。

形式多样、互利互惠、共同发展的原则，大力促进横向经济联合，促进资金、设备、技术和人才的合理交流，发展各种经济技术合作，联合举办各种经济事业，促进经济结构和地区布局的合理化，加速我国现代化建设的进程"。从 1985 年起，中央政府一直倡导成立企业集团，并鼓励企业之间的兼并，从而为横向经济联合提供了新的形式。1986 年，国务院又发布实施了《关于进一步推动横向经济联合若干问题的规定》，该规定比较详细地提出了促进横向经济联合的各项配套措施。1990 年，国务院发出《关于打破地区间市场封锁，进一步搞活商品流通的通知》，要求"各地区、各部门自觉制止和纠正地区间封锁的错误做法"。1991 年制定的《国民经济和社会发展十年规划和第八个五年计划纲要》又提出"继续完善和发展区域合作，以省、区、市为基础，以跨省、区、市的横向经济联合为补充，发展各具特色、分工合理的经济协作区；提倡经济上较发达的沿海省、市与内地较不发达的省、区开展经济联合"。1992 年党的十四大报告中提出"各地区都要从国家整体利益出发，树立全局观念，不应追求自成体系，竭力避免不合理的重复引进，积极促进合理交换和联合协作，形成地区之间互惠互利的经济循环新格局"。1996 年与 2001 年的"九五"和"十五"计划都再次强调了积极推动地区间优势互补、合理交换和经济联合的重要性。2000 年，中央政府在"十五"计划中强调"要进一步开放市场，建立和完善全国统一、公平竞争、规范有序的市场体系。打破部门、行业垄断和地区封锁，进一步放开价格，发挥市场在资源配置和结构调整中的基础性作用"。2001 年 4 月 21 日国务院公布了《国务院关于禁止在市场经济活动中实行地区封锁的规定》，提出"为了建立和完善全国统一、公平竞争、规范有序的市场体系，禁止在市场经济活动中的地区封锁行为，破除地方保护，维护社会主义市场经济秩序"。2003 年 3 月，国务院总理在《政府工作报告》

中强调指出，"要积极推进西部开发，促进地区协调发展，东部地区应采取多种措施加强同中西部地区的经济技术合作"。2003年11月11日至14日召开的中国共产党第十六届中央委员会第三次全体会议强调指出，"完善社会主义市场经济体制的主要任务包括形成有利于促进区域经济协调发展的机制，建设统一开放竞争有序的现代市场体系等"。

另外，中央政府还采取了一些具体措施：（1）提出区域经济合作的指导思想和原则。明确经济技术协作要在政府的指导下，"以市场为导向、以企业为主体、以效益为中心"，逐步推向深入；要求合作各方要根据市场需求，在资源基础上开展联合与协作，做到"优势互补、各展所长、互惠互利、共同发展"。（2）制定和实施专项规划。（3）分配下达行政性对口支援任务。（4）制定优惠政策，重点鼓励东、中、西部三大地区之间开展经济合作。（5）促进区域经济合作组织和网络的建立与发展。（6）提供资金、信息和中介服务。

3. 地方政府的积极响应

由于一方面改革中企业的自主发展必然会冲破行政区划界线而寻求广泛的合作，企业的充分发展对主管的地方政府是十分有利的，地方政府也会努力促进企业的发展；另一方面改革中地方政府的自主权也有所扩大，为推动本地区经济发展，为本地企业发展创造良好的条件，政府也主动提出创办横向经济联合等事宜，也就是通常所说的"政府搭台、企业唱戏"。正是基于这两个方面的原因，地方政府一般都愿意发展跨地区之间的横向经济联系。因此，在中央政府政策的有力推动下，各级地方政府充分利用改革开放后拥有较大自主权的有利条件，广泛开展了多种形式的横向经济联合，通过促进企业之间的专业化协作而推动企业组织的创新，通过打破传统体制下行政区之间的经济分割以加强跨地区间的经济技术协作，进而推动了区域经济合作组织的发展，并取得了积极的效果。① 其实施的具体政策措施主要有：
（1）编制经济合作专项规划；（2）设置专门的经济协作管理机
构；（3）制定优惠政策，以开放市场、招商引资；（4）组织落
实中央下达的对口帮扶和对口支援任务；（5）提供专项资金、信
息和中介服务；（6）致力于整治与改善经济发展环境；（7）建立
区域经济合作组织。②

　　就一般情况而言，各级地方政府对发展地方政府间横向关系
都持非常积极的态度，具体表现在以下几个方面：第一，注意相
互学习与交流。现在在新闻媒体上，人们经常可以看到各个地方
政府组织各种各样的学习团、交流团等，由主要领导带队，到相
关地方政府所辖地区去参观、访问、学习、交流，实质上是寻求
在经济发展方面互利合作的机会，学习相对发达地区在经济和社
会发展方面的经验。如 2002 年 10 月 29 日，深圳市党政领导率
深圳党政代表团抵达江苏昆山市，开始为期两天的参观考察活
动；江苏省委领导会见深圳代表团，双方表示要相互合作，深圳
要学习苏州在招商引资、城市规划、优化投资环境、提高办事效
率、提高服务水平上的成功经验。③ 第二，积极协调在地区间关
系发展中出现的具体问题。比较典型的一个事例是，陕西和宁夏
主要负责人之间通过"两地书"解决一个地方保护主义问题的
个案。2001 年 4 月 3 日，陕西省领导收到宁夏回族自治区领导
的一封信，信中希望陕西省领导协调关于宁夏企业在陕西销售大
米、面粉时遇到的不公正待遇。陕西省领导第二天就作了批示，
责成省工商、粮食部门进行调查和处理，以"确保两省区粮食

---

① 参见周克瑜《走向市场经济——中国行政区与经济区的关系及其整合》，复旦大学出版社，1999，第 95～98 页。
② 参见上海财经大学区域经济研究中心《2003 年中国区域经济发展报告》，上海财经大学出版社，2003，第347～355 页。
③ 2002 年 10 月 30 日《扬子晚报》。

贸易的正常往来"，派专人带着他的亲笔信赴银川说明情况和通报处理结果。随后，两省区的工商管理部门和有关县市的代表在宁夏吴忠市进行了会商，就共同维护正常的粮食流通秩序达成了一致意见。① 第三，对口支援。在中央政府的安排、组织下，东部沿海地区对西部的部分省区实行对口支援制度，包括物质交流、建设项目和干部相互挂职等等。第四，信息交流，如最近广东省与香港特区政府决定建立传染病情况交流与通报机制。第五，开展经济技术合作。比如，在近年来比较引人注目的"西电东送"工程中就牵涉到相关省区政府之间的协调问题。② 而在西部大开发战略实施中，也需要东部发达地区的地方政府与西部不发达地区的地方政府之间在政策取向、资源配置、经济技术交流等领域进行更广泛的协调与合作。③ 据报道，江西省在"十五"计划开局年明显加大对外开放和横向经济联系力度，多层次、全方位开展与兄弟省区市的横向经济技术合作，取得了明显实效，已经连续四年在杭州、上海、温州、泉州兴办了横向经济联合洽谈会，共签约经济协作合同项目1905项，合同引进资金178.86亿元。④ 此外，地方政府间横向关系的发展，也可以从改革开放以来中国省际贸易的不断增长中得到佐证。⑤

　　发展横向经济联合，"促进了资源开发和资金的合理使用，促进了商品流通和社会主义统一市场的形成，促进了技术进步和人才的合理交流，促进了经济结构和地区布局的合理化；是发展

① 《省长两地书联手拆笆篱》，2001年6月25日《中国商报》。
② 冉永平：《西电东送呼唤市场原则》，2001年8月16日《光明日报》。
③ 李忠学：《西部大开发中地方政府的协调与合作》，《中国行政管理》2000年第8期。
④ 余清楚：《发挥比较优势，展开全面合作——江西加强横向经济联系促发展》，2001年8月3日《人民日报》。
⑤ 王梦奎、李善同等：《中国地区社会经济发展不平衡问题研究》，商务印书馆，2000，第179页。

社会主义市场经济的客观要求，是社会化大生产的必然趋势，是对条块分割、地区封锁的有力冲击，对于加快整个经济体制改革和社会主义现代化建设，具有深远的意义"①。以经济协作为基础的地方政府间横向关系的良性发展，不仅有利于本地区经济社会发展，而且也有利于减缓地区间经济发展不平衡，从而推动整个国民经济的发展。但是，由于市场经济的发展还处于初期阶段，中央与地方的关系远未实现法治化，相关制度供给不足，使得地方政府间横向关系发展中也出现了各种问题，对国民经济与社会发展造成了负面影响。因此，总的说来，当代中国地方政府间横向关系的发展状况可以概括为两个方面：第一，地区间互补与协作关系将大大加强，按市场经济原则进行重组而形成的区域经济将逐步发展起来；第二，地区间摩擦仍将存在。

二 地方政府间的利益博弈

（一）地方政府是地区利益的代表者

从逻辑上讲，地区的存在使其具有了对社会政治、经济、文化等发展的需要，这些需要是地方政府所持续关注和努力争取的，即地区利益。从经济社会发展的实践来看，地区利益主要包括两个方面：一是本地区在经济发展方面的需要和满足；二是地方政府追求政绩的需要和满足。尽管各地区在经济发展的资源要素禀赋、资产存量、技术构成、基础设施、市场发育等诸方面差别很大，但无一例外地都把本地区经济总量的高速增长、实现充分就业、提高本地区人民生活水平、建立比较完善的地区产业结构、扩大地区对外开放的程度等作为本地区经济发展的主要目标。与此相关的地方政府，必然在更大程度上表现出对地区财政

---

① 施文正主编《横向经济联合的法律调整》，内蒙古大学出版社，1989，第162～163页。

收入最大化、追求最好政绩的极大热情。对于地方而言，这些经济发展方面的目标，无疑是长远的和带有强烈愿望特点的。所以，地方在发展经济方面的目标构成了地区利益的主要内容。此外，地区利益还表现为地方政府官员对政绩的追求。从公共选择理论的角度来看，即使在非市场决策中，人也是有理性和关心个人利益的，与"经济人"不同的是地方政府官员是在政治市场中活动的"政治人"。但是，地方政府官员的行为与市场中经济人的行为极其相似，他们同样像经济人追求经济利益那样来追求自己的政治利益，政府官员不仅需要关心在自己任期内地区经济利益的实现程度如何，更关心自身的利益能否得到最大化满足，如中央的嘉奖、职务的升迁等。[①] 对于地方政府官员而言，能够带来地区经济发展，提高人民生活水平，受到当地人民的爱戴和享有威望等，是他们政治利益的重要体现；与之相关的就是因此而得到上级的表彰与提拔，从而官员的物质利益也会因此而随之发生变化。而从当代中国的经验观察来看，在现行政治制度下，越来越出现一种倾向，表明地方政府官员的提升与当地经济发展是成正比的：地方经济发展了，地方官员升迁的机会就增大了。因此，在目前的政治和经济体制下，地方政府官员追求政绩的需要和满足更依赖于本地区经济发展状况，实现地区利益是地方政府官员所追求的基本目标。

从地区利益的实际情况来看，一方面，地区利益与全国的整体利益具有统一性。从理论上讲，在中国这样的社会主义国家，共产党领导下的各级政府的根本宗旨都是全心全意为人民服务，因此各级政府的根本利益都是完全一致的。在实践中，表现为国家以各地区经济社会发展的状况为根据，从国民经济和社会总体

---

① 关于经济人假设在政府分析中的应用，参见王振海《政府人行为的经济分析》，《国家行政学院学报》2002 年第 2 期。

发展的战略要求出发，提出一系列政策措施，以保证国家整体利益的实现；而与此同时，地方政府在中央政府的领导下，分解和承接国家的经济发展目标和具体任务，以体现地区利益的需要。但是，另一方面，地区的局部利益与国家的整体利益又存在着矛盾。地方政府往往从眼前利益的实现出发，对中央政府作出的经济决策和调整，只愿意选择那些有利于地方经济发展的方面，如果对地方近期发展没有短期效应，地方政府就不愿意积极参加，甚至阳奉阴违。

因此，地区利益，不论是地区的经济利益，还是地方官员的政治利益，都是客观存在的。但是，要将它表现出来就离不开一个具体的主体，因为利益总是通过具体的主体体现出来的。因为中国社会利益表达的渠道较少，而且没有形成广泛的专业性利益集团，民众只能把自己的利益要求寄托于直接的"父母官"。这样，地方的政权机关和领导人就成为地区公民利益的主体和唯一代表，地区利益只有通过地方政府这个主体才能具体地表现出来。在传统体制下，我们简单地将国家、集体和个人作为社会主义计划经济条件下的基本利益主体，往往在组织、管理经济活动中只是注意到不同所有制关系之间的利益差异，模糊了客观上存在的地区利益以及地区利益对地方政府的重要性。实际上，即使是在地方政府还只是代表国家管理地区经济社会发展的时候，它们实际上也有着追求自身利益的动机，也具有一定的能力，只不过在当时的制度背景下，将这种行为和偏好掩盖在国家利益之中或者以"微调"的形式体现出来。随着市场经济的发展，地方政府已经取得了产权主体和利益主体的地位后，既具有了实现地区利益的愿望，又具备了实现地区利益的能力。因为，一方面，地区经济发展上去了，地方政府的政绩也就上去了；另一方面，地方政府官员要使得自身政绩突出，就必须使出浑身解数，积极发展地区经济。由此，地区利益与地方政府之间开始形成了密不可分的联系。

当然，地方政府能否实现地区利益，关键取决于地方政府干预经济的权限大小、职能定位和作用范围。而在制度变迁过程之中，一方面分权使地方政府开始拥有并关注自己独立的经济利益，这种对地区利益的关注大大提高了本地区经济的增长速度，经济的发展也为地方政府的财政收入最大化提供了保障，为地方政府实现其社会目标如劳动就业、社会福利、改善公共环境等，创造了非常有利的条件；另一方面，中央政府逐步开始下放了许多权力，如计划、财政、投资、金融等等，地方政府的权限得到有效的释放，制度变迁中的地方政府真正得到了谋求地区利益和发展地区经济的权力和能力。因此，在计划经济体制下，地方政府的经济人特性显然受到了极大抑制，其在地方政府的偏好中所占的比重明显不如地方政府的道德人属性。但在体制转轨时期，伴随着社会主义市场经济的发展，地方政府的利益主体意识日渐觉醒，其在追求地区利益最大化的进程中，往往会超越道德人的边界，表现出极为明显的经济人特性。总之，在走向市场经济过程中，地方政府真正成为地区利益的代言人和实现地区利益的主体。

（二）地方政府间博弈的产生

在本项研究中，笔者倾向于将地方政府之间为了实现本辖区利益最大化而与其他地方政府之间发生的相互关系称为"地方政府间博弈"，因为博弈是指"一些个人、队组或其他组织，面对一定的环境条件，在一定的规则下，同时或先后，依次来回多次，从各自允许选择的行为或策略中进行选择并加以实施，并从中各自取得相应结果的过程"。① 按照博弈论的一般原理，完整地描述一个博弈论问题需要以下几个因素：局中人（参加博弈

---

① 谢识予：《经济博弈论》，复旦大学出版社，1997，第3页。

的直接当事人)、行动(局中人在博弈进程中轮到自己选择时所作的某个具体决策)、信息(局中人在博弈中所知道的关于自己以及其他局中人的行动、策略及其支付函数等知识)、策略(局中人在博弈中的所有可能选择行为的集合)、支付函数(局中人采取策略后,他们得到的相应的"收益")、结果(博弈结束后博弈分析者感兴趣的一些要素的集合)、均衡(所有局中人最优策略或行动的组合)等。其中最基本的三个要素是局中人、策略集合和支付函数。

从博弈论的观点来认识在实现地区利益最大化过程中的地方政府间横向关系,实质上就是一种复杂的博弈过程。在计划经济体制下,地区经济是"块块经济"或"条条经济",在中国经济发展的历史上,"块块经济"或"诸侯经济"发挥着难以替代的作用。如"块块"在实现计划经济和自然经济管理体制与管理规则的统一方面,比中央"条条"管理更有效,地方政府可以利用各种经济的或非经济的手段,达到使自然经济服从于计划管理。又如,"块块"积极承担和维持中央把经济发展的战略重点放在重工业和其他战略产业上的平衡职责。再如,"块块"在支持和保证中国工业化发展中所需资金积累和资源保障上,也发挥了极为重要的组织与支持作用。但各个地方政府毕竟是不同地区的利益主体和代表。随着体制转轨,为了追求地区利益最大化,地方政府可以说是"八仙过海,各显神通",从各地区经济社会发展需要出发,地方政府间发生了各种各样的联系,从合作、协作到竞争、封锁,演绎着一幕幕生动曲折的博弈故事。

从前面的分析可以知道,在现代市场经济过程中,任何一个经济主体都不可能将自己封闭起来去发展经济,只要客观存在着自然的、经济的、社会的差别性,尤其是在生产要素和资源配置方式方面的差别,必定会使经济发展呈现出不均衡性。而地区经济发展的非均衡性,使各地方政府在体制转轨中,越来越重视与其他地区经济社会发展的利益关系，于是就产生了地方政府之间在保护市场、争夺资源、改善投资环境、制定政策法规、提高行政效率等多方面的博弈行为。一般来讲，在不存在过多的人为障碍时，只要各地区都能够以自己的比较优势来发展经济，经济发达地区与不发达地区之间就能够形成一定的利益互补性，使各地区之间的经济利益关系能够逐步协调起来，每个地区的经济发展水平就能不断提高。但是，在现实经济生活中，由于生产要素的流动存在着体制、地区差异、政策等障碍因素，各地区的经济发展不平衡情况是主要特征，各个地方政府具有自身独立的利益目标，而且由于统一的大市场尚未最终形成，资本、人力资源、技术等生产要素缺乏正常的流动，因此理论意义上的比较优势无法通过市场机制得到有效发挥，在实践中地区利益往往是通过地方政府间博弈来实现的。而且，越来越多的地方政府领导人认识到，从中央政府那里争取经济发展资源的时代已经一去不复返了，因为就全国而言，中央政府计划控制的资源项目已经减少到不到四种，经济发展的快慢越来越多地取决于对市场运行的把握；对地方政府而言，这就意味着需要具有清醒的头脑、正确的观念、科学的规划和适宜的政策，从而形成有效的政府管理，在本地区形成经济的"资源谷"，吸引人才、资金、产业、技术等向本地区汇聚。这势必进一步加剧地方政府间利益博弈。

关于当代中国地方政府间博弈关系的形成与发展，一些人已经认识到，在中央政府的计划调控色彩比较浓厚的时代，地方政府为了当地的利益会相互之间争夺资源，由于中央政府控制了主要的资源，地方政府之间的竞争就成了"兄弟竞争"。随着改革的深入，市场经济的发展使得地方政府逐渐成为相对独立的经济主体，这时地方政府之间的关系就不再是单纯的兄弟关系，而是两个经济主体之间的关系。而在分权化改革中，由于信息不对称，中央政府对地方政府的考核存在明显的困难。一方面，地方政府的公共管理只能由地方居民感受到，而在当下中国的体制结构下，因为中国所特有的户口制度的限制，一般居民"以脚投票"的成本非常高昂，① 除了极少数高学历者等可以真正"以脚投票"影响地方政府公共物品供给外，一般居民的流动性受到各种严格的限制，因此当地居民的主观感受在很大程度上要通过地方政府向上传递，这就很难杜绝地方政府的隐瞒和信息扭曲行为。另一方面，渐进式改革要求政府逐渐退出微观经济领域，在退出过程中，政府仍然掌握了大量的经济资源，中央政府不可能有足够的能力直接支配这些资源，必须通过地方政府来实施资源配置。在这两种因素的综合作用下，中央政府对地方政府政绩考核的最有效办法就是采用经济指标，通过就业、税收等经济指标来间接传递政治意图。也就是说，中央政府假定地方政府的政治职能实施效果最终会反映到经济发展上来，一个地区的经济增长反映了这个地区的政府公共管理水平。从理论上讲，政治依从一定的经济利益是符合马克思主义的基本逻辑的，但政治上的集权和经济上的分权会带来地方政府间为了政治利益而展开经济资源的争夺，这就导致了地方政府间的竞争与博弈。②

（三）地方政府间博弈的具体形式

在当下的中国，这种地方政府间博弈从具体的表现形式来看，一般可以分为两个层次，即地方政府间间接博弈和地方政府间直接博弈。按照不同的分类标准，博弈的分类非常复杂，但不论是哪种表现形式，从博弈结果的角度都可以简单地将其分为合作性博弈和冲突性博弈两种基本类型。

所谓地方政府间间接博弈是指表面上地方政府并未直接参与

---

① 谢庆奎等：《中国地方政府体制概论》，中国广播电视出版社，1998，第341页。

② 运用政府间竞争来分析转轨经济的基本框架参见何孟笔《政府竞争：大国体制转型理论的分析范式》，《天则内部文稿系列》2001年第1期。

博弈，而是通过参与或干预企业或集团的地区间博弈行为，扩大本辖区企业或集团的市场范围、就业量，从而提高本地区的收入水平。这种博弈发生的前提条件在于：政府与企业之间的基本边界没有完全厘清，政企关系转变不到位。因为从国有企业的改革实践来看，企业实际上的地方所有制使得企业划归地方或由地方新建后，由于按照企业隶属关系征税，地方国有企业就成为地方政府财政的重要财源。地方政府为了维持地区经济的持续发展，保证财政收入的稳定性，在新建大量企业的同时，千方百计地保护本地企业发展。同时，由于国有企业改革进展缓慢，政企没有真正分开，企业没有成为独立经营的市场主体，地方政府对国有企业的直接干预仍然非常普遍。此外，国有企业与政府之间千丝万缕的人事关系格局也使地方国有企业对本地政府有很大的影响力，构成一个实力很强的"压力集团"，在市场竞争激烈的情况下，可以通过找"市长"，主动要求政府采取行动，在与其他竞争对手的博弈中寻求政府的"保护"。而在实践中，地方政府对这种博弈的干预一般集中于两类企业：（1）对地方财政收入、就业量影响大的骨干企业（集团）；（2）地区间竞争激烈的、规模小而从业者众多的，因而其生产与竞争对辖区内人民收入水平与生活水平、财政收入影响较大的企业群体。从政府与市场关系的规范理论出发，由于存在着市场失灵，在缺乏政府的必要干预时，企业间博弈也有可能陷入"囚徒博弈的困境"。出现这种可能时，地方政府负有不可推卸的责任来诱导企业行为，以避免困境的出现。但是，政府干预要真正能够有效弥补市场失灵，必须以一定的前提条件为基础，如地方政府具有完全信息而企业具有不完全信息，从而地方政府能为企业提供有价值的信息服务；地方政府的干预是间接而不是直接的，其行为边界不影响企业的市场关系；地方政府间博弈是非零和合作博弈，即地方政府的干预是为了社会利益最大化；企业产权明晰，等等。只是在现实实践中，这些基本条件往往不可能同时满足，于是就有出现"政府失败"的危险，仍然有可能继续陷入"囚徒博弈的困境"。对于这种地方政府间通过干预企业行为而产生的间接博弈，著名经济学者周振华称之为"地方政府主动充当经济主体"，政府行为企业化，[①] 往往偏离了正常的政府运行轨道。

所谓地方政府间直接博弈是指地方政府之间在公共物品供给方面的博弈。在体制转轨时期，在以经济建设为中心的使命感召下，地方政府习惯于全方位、广深度地以管理者、裁判者和博弈者等多重身份直接介入到经济社会发展过程中去，在一定程度上导致政府行为取代市场行为的现象。一方面，地方政府想方设法调动地区内社会各方面的潜在能量，另一方面则尽可能从地区外部获得有利于本地区发展的利益与权利。这种直接博弈表现在多个方面：（1）发展经济，尤其是发展高新技术产业的博弈。如上海、深圳两市在发展高新技术产业方面都出台了一系列政策，从而在吸引高新技术产业的资金、技术与项目等方面展开了激烈的竞争；（2）在引进人才方面相互竞争，各个地方政府为了吸引优秀人才，竞相出台一系列引进人才的优惠政策，你争我夺，不相伯仲；（3）在改善投资环境方面的博弈，各个地方政府都在城镇规划与建设、城市环境优化方面下工夫，以增大本地区增值的潜力；（4）在行政管理体制改革方面的博弈，由于地方政府竞争力的增强、竞争优势的持续关键在于有效的制度保障，所以各个地方政府竞相在转变政府职能、简化办事程序、加强服务、削减行政审批制度方面进行大刀阔斧的改革；（5）跨地区公共物品供给中的博弈，如跨地区的流域治理、打击跨境犯罪、防治跨地区的流行性疾病等。还有学者将其内容概括为制度竞争、公共物品供给与融资的竞争、公共政策竞争、政府管理竞

---

① 周振华：《体制变革与经济增长》，上海三联书店，1999，第 165～166 页。

争、资本可得性以及地方政府学习过程的竞争等。① 对于这种博弈，有学者在强调其对于促进地区经济发展和政府公共管理绩效提高的同时，也指出其可能会产生诸多负面的影响。②

三 地方政府间横向关系发展中的合作

1. 合作的形成，大致有几种情况

（1）由中央政府策划而形成合作，如东西部地区的对口支援等；（2）地方政府间为处理某一共同问题而形成合作，如香港与广东为抗击 SARS 而进行合作；（3）基于协议而形成合作，如一些省区通过签署省际双边合作协议而建立合作关系；（4）以协会的形式形成合作关系，如结成跨地区的合作组织。

2. 合作的主要内容

（1）组织开展经济技术协作项目；（2）组织企业联合；（3）组织区域合作；（4）组织各种跨地域、跨行业的联合与协作；（5）联合开发和建设个体无法承担的资源与项目；（6）对口支援。

3. 合作的基本组织形式

（1）城市政府联合体。这主要是城市政府之间在经济、行政和文化等方面的合作。以沈阳市为例，1984 年沈阳与丹东、辽阳、本溪、抚顺、铁岭和鞍山共同成立了城市联合体。在这一联合体推动下，到 1988 年这些城市已经在工业、农业、商业、文教、物质等部门中，建立了 25 个行业联合体，签订经济协作项目 616 项。1986 年，由沈阳牵头，又组织东北经济区内的大连、长春、哈尔滨、赤峰四个市和呼伦贝尔、兴安、哲木等三个

---

① "中国地方政府竞争"课题组：《中国地方政府竞争与公共物品融资》，《财贸经济》2002 年第 10 期。

② 华金辉：《谈地方政府竞争》，《编制管理研究》2001 年第 3 期。

盟的市长、盟长联席会议，成立"五市三盟"区域性经济协作组织。到 1988 年，各市、盟之间已经签订经济技术协作项目303 项，相互投资 5576 万元，培训各种人才 2800 人次。①

（2）经济区内各地区政府的联合。每一个经济区都是基于一定经济关系、地理关系和历史文化关系而形成的。经济区的形成，与有关地方政府的合作与推动有关；而经济区形成之后，经济上的密切联系又促进了地方政府间的横向合作。以西南地区经济协调会为例，1984 年成立了由四川、云南、贵州、广西和重庆组成的四省区五方经济协调会，1986 年西藏自治区加入而易名为五省区六方经济协调会，1991 年成都市加入而易名为五省区七方经济协调会；1994 年重庆升格为直辖市而易名为六省区七方经济协调会。西南地区经济协调会是一个跨省区、开放式、松散型经济协调组织，自成立以来该组织在联合开发资源、联合发展交通运输、共同促进重点建设项目的立项和实施、联合发展农牧业、推动企业联合与行业协作、推动科技合作等方面都起到了积极作用。② 与此同时，区域合作的内容也由单纯的物质协调扩展到包括资金、技术、人才、信息、物质、生产专业化协作、规划在内的全面合作，"三通一能"（交通、流通、资金融通和能源建设）和"两开发"（资源开发、统一市场开发）成为区域合作的重点。西南六省区七方经济协调会成功实践的突出特点是政府主导型的推进模式。协调会成立以来，每年度召开的协调会规格层次非常高，都是由省区政府或党委主要负责人牵头组织的代表团与会，会前都经过充分准备，将一年一度的经济合作中存在的问题以及各省区经济发展中项目合作需求汇编成文件，会议

① 国家经济体制改革委员会编《中国经济体制改革十年》，经济科学出版社，1994，第 604 页。
② 参见刘振亚、张振亚主编《中国区域经济研究》，中国经济出版社，1991，第 280～290 页。

期间经过充分协商，达成解决问题或项目合作的共识，形成约束各方经济合作行为的决议。会议期间还举行各种学术讨论会、企业产品展销与合作交流以及文化科技合作等。"利益共沾、风险共担、共同发展"的原则贯彻始终。合作不搞拉郎配，根据市场取向，在互惠互利的基础上达成合作协议。到2002年，六省区七方协调会已经走过18载，据不完全统计，从1984～2002年上半年，广西与西南各省区市共实施合作项目1673项，总投资达77亿多元，引进各方资金53亿多元。各方在联合加快交通通信为重点的基础设施建设，联合构建西南大通道方面取得了较大进展；在通信网络方面、生态建设和环境保护方面、旅游合作方面、共同开发电力资源和"西电东送"方面，均取得了可喜的成绩。①

（3）跨经济区的地方政府合作。如2003年8月8日，广东、福建、江西、广西、海南、湖南、四川、云南、贵州九省区发改委主任联谊会在广州召开，会议达成共识：促进区域内资源的有效利用和合理共享，开拓合作新领域、新途径，营造区域经济发展的"多赢格局"。"九五"以来，广东与八省区之间签订经济技术合同协议金额累计5500多亿元。目前，广东与周边八省区规划和在建的高速公路就有六条，还有一些铁路。②

4. 合作的重要意义

（1）实现了双赢。东部地区对西部地区的对口援助，使西部贫困地区省市经济快速发展，人均国民生产总值和农村居民家庭每人全年纯收入变化很大、发展很快。中西部地区在与东部地区合作过程中，招商引资提速，促进了中西部地区经济和社会的

① 《携手又一年——广西与西南各省区市经济合作回眸》，2002年9月4日《广西日报》。
② 《广东与邻省携手谋多赢》，2003年8月9日《广州日报》。

发展。而在与中西部地区的合作中，东部地区企业在扩大市场容量、提高产品的市场占有率、实现低成本的规模扩张、获得丰厚的回报、开发和利用丰富的自然资源等方面有明显的收获。

（2）解决了诸多跨地区性公共物品的供给难题。如西南经济协作区从 2000 年开始不断加大投资力度，使西南地区的一些跨地区性基础设施建设步伐明显加快；黄河经济协作区积极开展黄河综合治理；长江三角洲经济协作区的一大批基础设施项目如沪杭、沪宁高速公路等也相继完工或开工。

（3）共同培育区域市场体系。如长江三角洲经济协作区内的 15 个城市联手共建长江三角洲大旅游圈，发展区域旅游连锁经营，共同筹办旅游专项活动，编制长江三角洲旅游手册，共同宣传、联手推销、共同发展。

（4）有利于推动制度变迁和提高整体的竞争力。有学者指出，在日趋激烈的地区发展竞争中，作为核心竞争力的地方政府，其公共管理水平很大程度上决定着一个地区的实力与地位的变化，地区发展的合作型博弈必然推动着地方政府公共管理的制度变革，最终提高了整体的政府公共管理水平和整体的竞争力。[①]

下面这个案例就生动地体现了地方政府间在水资源利用中的合作。

案例 1：一次成功的水权交易

2000 年的 11 月 24 日，浙江中部盆地里传来一个令人耳目一新的信息：东阳市和义乌市签订了一个有偿转让水权的协议——即义乌市花 2 亿元向毗邻的东阳市购买了约

---

① 付小随：《地区发展竞争背景下的地方行政管理体制改革》，《管理世界》2003 年第 2 期。

5000 万立方米水资源的永久使用权。这是水利部党组提出"水权与水市场"理论后第一笔成交的水权交易，也是浙江省水权制度改革启动后的一颗闪亮的信号弹。

义乌总面积 1103 平方公里，总人口 66 万，有耕地 2.3 万公顷。虽然人均水资源尚有 1130 立方米，但由于地形、污染等原因，尽管境内小型水库上百座，但总蓄水量仅 1.5 亿立方米，使这个市的发展尤其是近年来由小城市迅猛发展到中等城市，并正朝着大城市发展的过程中，水成了首要的制约因素。虽然前几年用"自行贷款、自行建设、自行收费、自行还贷、自行管理"的政策引入市场机制建设的八都书库自 1997 年以来发挥效益，使现有供水能力达到每天 9 万吨，基本满足了老城区的供水要求，但义乌新城区发展很快，人口和规模已经超过老城区，因此水的问题仍然是制约义乌发展的瓶颈。义乌市委市政府多次召开省市专家论证，他们一致认为，虽然用境内资源解决供水的办法还有不少，但客观条件表明境内已没有很合适的库址，提水灌溉的办法也受到很多客观条件限制；于是，目光便一致转移到"境外取水"，最合适的就要数东阳市了。东阳市是钱塘江重要支流金华江流域内水资源相对丰富的一个县级市，人均水资源 2126 立方米，境内有两座大型水库；不仅水源丰富，而且水质优良；加之两市毗邻，而且市中心相距不过 10 多公里，因此如果能够引进东阳水，那真是一件美事了。

东阳市全市总面积 1739 平方公里，78.6 万人口。境内最大河流——东阳江径流量达 8.74 亿立方米；另外，还有南江及其他丰水溪流，水资源总量 16.08 亿立方米。从目前看，东阳市水资源开发的潜力较大，近年来他们把继续搞好防洪基础设施建设和节水工程措施建设作为水利基础设施建设的重点。东阳市通过 1998 年对境内两个较大灌区横锦水库灌区和魏山灌区的配套建设，节水增效显著：可通过提高正常蓄水位，增加供水能力 2392 万立方米，节约灌溉用水 2981 万立方米。总之，通过项目实施，水库可以新增城镇供水能力 5300 万立方米。精明的东阳人意识到，通过节水灌溉工程得到的多余的水不能让它们白白注入东阳江流走，要设法让它创造效益。目前，横锦水库在满足灌区农业灌溉及城市供水外，还有 1.65 亿立方米水可以利用，如何让丰余的水资源发挥更好的效益呢？东阳人把目光投向了水权交易市场。

2000 年 1 月 24 日，这两个市经过双方水利部门代表的五轮磋商，两市五套班子分别就水利部门达成的一致意向进行投票表决，在双方均获全票通过的前提下在东阳举行了水权转让签字仪式。协议的主要内容为：一是义乌市一次性出资 2 亿元购买东阳市横锦水库每年 4999.9 万立方米水的使用权；二是转让水权后水库原所有权不变，水库运行、工程维护由东阳市负责，义乌市按当年实际供水量每立方米 0.1 元支付综合管理费；三是从横锦水库到义乌引水管道工程由义乌市规划设计和投资建设，其中东阳境内段引水工程的有关政策处理和管道工程施工由东阳市负责，费用由义乌承担。两市领导签署协议后对记者表示：此项交易是"双赢"之举！

浙江省水利厅对此事非常重视，厅长张金如亲自主持调研后认为，这个事件的重要意义至少有四：一是实现"双赢"对两市的经济发展都有利；二是有利于运用市场优化配置水资源；三是为跨流域或跨区调水探索了市场协调机制；四为两地资源共享、基础设施共建和区域合作、共谋发展进行了有益的探索。（资料来源：王磊：《浙江省首笔水权交易成交，东阳把 5000 万方水权卖给义乌》，2001 年 2 月 10 日《中国水利报》）

四 地方政府间横向关系发展中的冲突

（一）冲突的表现

1. 重复建设而导致产业结构趋同

地区间经济矛盾的序曲是重复建设，重复建设包括盲目引进与重复布局，这是中国经济生活中一个长期存在而未能有效解决的难题。改革开放以来，中国先后在改革开放初期的 1980 年、1985～1988 年、1992 年以后发生过三次引人注目的重复建设高峰，而且涉及的范围、产生的消极影响越来越广泛，大有屡禁不止之势，这与地方财政大包干和地方政府盲目投资密切相关。[①]而每次重复建设之后，接踵而来的就是地区间全方位的对峙与较量。所谓重复建设，是指由于生产同类产品的企业数量过多，造成全国总体生产能力出现过大，生产设备出现闲置的现象。当利益获得机制发生变化时，不同类型的区域在同一领域盲目引进，盲目上项目，小规模企业如雨后春笋般出现，致使总供给大大超过总需求，这便是重复建设。尽管一定程度的重复建设有利于市场竞争，有助于企业调整产品结构、降低生产成本、提高产品质量；但重复建设的显著特征往往是企业规模小、产业结构趋同、产业层次不高、产业效益低下，也就是经济学意义上的"规模不经济"，甚至导致企业间的恶性竞争和各种短缺资源的严重浪费。翻开历年的中国统计年鉴，在工业产品生产上，往往看到同一种产品在许多省市都生产。重复建设不仅在工业领域存在，在其他领域也存在。产业结构趋同不仅表现在省与省之间，而且还表现在县与县之间。具体地说，中国的重复建设有几个基本特征：第一是商品的生产能力大大超过市场的需求能力；第二是同一种商品的生产能力在不同地域甚至同一地域内广泛复制；第三

---

① 魏后凯：《从重复建设到有序竞争》，人民出版社，2001，序言，第 2 页。

是大量的企业没有达到应有的生产规模；第四是重复建设不仅在工业领域存在，在其他产业领域也存在。① 据不完全统计，20 世纪 80 年代以来，中国的重复建设所涉及的行业超过 200 个，已经从当初制造业领域向几乎所有部门扩散，不仅存在于基础设施与证券机构，而且存在于汽车、电子、机械、化工与建筑业五大支柱产业，而且医药、钢铁、啤酒、农产品加工以及高新技术产业等也不例外。对于重复建设产生的原因分析，除了一些纯粹的经济因素之外，很大程度上是一种地方政府行为，因为在现行任期责任制的约束下，地方政府的政绩需要通过相关经济指标加以体现，在重复建设成本较低的情况下，地方政府显然更关心"建设"而忽略"重复建设"。中国产业结构趋同的主要原因在于，在中国新旧体制转轨时期，地方政府仍然是投资主体，地方政府对政绩追求的内在冲动和外在刺激就是中国产业结构趋同现象周期性出现的根源。② 所以，有学者在经过深入分析之后，指出影响中国产业结构调整效果的深层次原因是各级政府对地区利益的片面追求。③

2. 地区大战

由于重复建设造成生产能力过剩，要保证各地的加工工业生产能力不闲置，必须具有充足的原材料供应；在原材料供应普遍不足的情况下，生产能力又不能闲置，形成骑虎难下之势，各地区之间便剑拔弩张，地区大战遂一发不可收拾。20 世纪 80 年代中后期，羊毛大战、生猪大战、板栗大战、中药材大战、丝绸大战等一百多种地区大战在中华大地上此起彼伏，演出了令千万人荡气回肠、大喜大悲的闹剧。在 20 世纪 80 年代后期市场紧缩的

① 参见魏后凯《从重复建设到有序竞争》，人民出版社，2001，第 40~42 页。
② 陈建：《博弈论与区域经济》，天地出版社，2000，第 57 页。
③ 胡荣涛等：《产业结构与地区利益分析》，经济管理出版社，2001，第 89 页。

情况下，各种地区大战经过短期的消停之后又于20世纪90年代初期鸣锣上演了，诸如羊绒大战等各类大战不一而足、连绵不绝。改革开放20余年间，地区大战分成三个大的发展阶段。

第一次是地区原料大战（1985～1988年）。第一场真正意义上的"大战"是"羊毛大战"。1982年，中国的羊毛产出达到顶峰，接近2.02亿公斤，之后开始下降，1985年下降到1.78亿公斤左右。而这时各地工业与乡镇企业尤其是需要羊毛的工业企业大量增加，在供求上产生了一个很大的缺口，这导致了国内羊毛价格迅速上扬。恰在此时，中央政府取消了统一的派购体系，原来由中央政府集中控制的市场与价格制度变为由合同和市场来控制，于是羊毛有了一系列价格。当中央政府对市场的集中控制放松之后，地方之间的利益矛盾明显公开化，导致了"羊毛大战"。[①] 1985年前后，全国各地先后取消了生猪统购统销，生猪大战迅速波及全国。[②] 20世纪80年代中后期，在蚕茧主产区不断产生抢购蚕茧风潮，被称为"蚕茧大战"。[③]

第二次是"产品大战"（1988～1992年）。1988年是治理整顿年，各地经济趋于萧条，产品积压、市场疲软，各地纷纷打起"产品大战"，主要是限制商品的自由流通，搞市场分割。

第三次是"政策大战"（1992年之后）。从1992年起，中国的每一个角落都在紧锣密鼓地争夺特区政策、工业区政策、开发区政策、高新技术政策、保税政策、经济技术发展政策；众多省、市、县的"经济大使"穿行于京城和省城之间，活动于学院之内，为本地争取各种优惠政策而不遗余力；各省区市的首脑纷纷涌向北京，举行新闻发布会，向中外记者们宣布本地区改革

① 《羊毛大战的背后》，1986年7月21日《人民日报》。
② 凌志军：《生猪大战及其由来、改革措施》，1988年2月15日《人民日报》。
③ 何加正、魏亚玲：《一场防而未止的大战》，1988年8月27日《人民日报》。

开放的优惠政策和特殊政策，并且相互攀比。

3. 分割市场

地方市场分割主要指一国范围内各地政府为了本地的利益，通过行政管制手段，限制外地资源进入本地市场或限制本地资源流向外地的行为。而在利益的驱动下，很多地方政府登上"市场大战"的前台，或以会议形式、或以行业内部规定、或以文件形式等，指令性或暗示性地要求本地单位和个人买本地货、购地方物。过去中国一些省份的地方保护主要是表现在啤酒等消费品上，保护范围也主要是在县市区域；而如今，一些省份的地方保护已经从消费品领域扩展到几乎所有产品领域，进而蔓延到投资领域，保护范围也从县市一级扩大到地市级甚至省级。如苏北地区埠宁、宿迁等县市在啤酒滞销问题突出后，成立了专门机构"酒类市场管理办公室"，专门设立关卡，采用种种不正当手段阻挠外地啤酒进入本地市场。① 无独有偶，2000 年，黑龙江省龙江县政府以整顿啤酒市场秩序为由，依据齐齐哈尔市人大颁布的《酒类管理条例》以及齐齐哈尔市政府办公室签发的《关于整顿酒类市场的通知》，成立了由酒类专卖局牵头的龙江县啤酒市场稽查队，多次封锁、扣押、没收外地啤酒，给业主和生产厂家造成严重的经济损失。② 此外，像湖南祁东阻截外地化肥事件、吉林四平"吉烟事件"等也都成为热门话题。③ 而按照法国经济学家 Sandra Poncet 的研究，1997 年中国的国内省级间商品贸易平均关税达到 46%，比 10 年前提高了 11%，这一关税水平超过了欧盟各成员国之间的关税水平，和美国与加拿大之间的贸易关税

---

① 成吉昌：《苏北啤酒市场又搞地方保护江苏省技监局发文要求制止》，1999 年 5 月 13 日《市场报》。

② 张惠萍：《一份文件封锁啤酒市场》，2000 年 6 月 13 日《中国工商报》。

③ 王文雁、张林刚：《吉烟现象》，《中央电视台》焦点访谈 1999 年 11 月 10 日；李成刚：《围城大战》，2000 年 12 月 19 日《中国经济时报》。

相当，也就是说，1987 年中国消费者购买各自所属的省份自制产品的数量是其他省产品的 10 倍，而到 1997 年这一比重达到了 21 倍。① 对于这一点，有学者通过详细的实证研究，也发现中国各省区之间经济联系比较弱，各省自成体系，形成经济发展的自我循环，割裂了全国统一市场。② 地方政府在保护与封锁地方市场中，主要采取限制流入的市场封锁和限制流出的市场封锁两种方式，与其他地方政府进行博弈。在限制流入的封锁中，一是采取由地方政府直接出面，擅自设置各种名义的"关卡"，利用行政手段阻止外地商品进入本地市场；二是行使地方政府的经济职能，并随意扩大其权限，利用经济手段，制定优惠或倾斜政策，有时还利用行政力量进行干预，在流通领域内保护本地商品市场；三是运用各种超经济手段，"堵"、"卡"、"打"外地商品的进入。而在限制本地商品流出方面，地方政府利用经济的、法律的和行政的手段进行市场边界的封锁。各地方政府采取设立关卡、限制外地商品进入本地市场和阻止本地商品流出等措施为本地企业提供行政保护，运用经济政策、扩大管理范围、增加审批手续以强令当地企业经营、收购或推销本地商品，运用财政、税收、金融、价格等经济杠杆迫使或诱使当地企业实施封锁市场政策等，③ 从而激化了地区间保护与反保护的矛盾与冲突。这种地区市场分割是从 20 世纪 80 年代初实行"放权让利"向地方政府行政性分权后出现的。其产生的原因，有学者认为主要是行政性分权体制形成、演进的结果，是体制转轨的必然产物，而地方政府作为利益主体、经济主体和管理主体的"三位一体"则是

① 转引自 Bruce Gilley, *Provincial Disintegration: Reaching your market is more than just a matter of distance*, 22/11, 2001, 载于《远东经济评论》。

② 叶裕民:《中国区际贸易冲突的形成机制与对策思路》,《经济地理》2000 年第 6 期。

③ 陈甬军:《社会主义市场通论》, 人民出版社, 1996, 第 308～309 页。

产生地方市场分割的根本原因。①

　　4. 跨地区性公共物品供给不足和公共事务治理失灵

　　由于各个地方政府追求自身利益最大化，进行地区大战与地区封锁，进而损害了地方政府之间应有的合作关系，从而出现"公用地的灾难"，导致一些跨地区性公共物品的供给失灵。作为一种跨地区的公共物品，往往无法回避"搭便车"和外部性原因而产生的供给与维护问题。如1998年特大洪灾暴露出长江上游生态破坏严重、森林过量采伐、水土流失加剧；中下游河道人为设障，泄洪能力减弱；中下游湖泊由于淤塞和围垦，面积大为减少，调蓄洪水能力降低。② 例如处于河流上游的地区发布禁令，不允许当地厂商将未经处理的废水直接向河内排放，并投资购买污水净化设备，以保护河流不受污染；但它无法阻止下游地区成为该项行动的受益者，因而下游地区可以在上游地区以高成本维持河流无污染的情况下无偿享受清洁河流所带来的利益；在此情形下，上游地区对治理河流污染必然不会充分投入；同时，还容易产生地区间的矛盾与冲突。另外，如传染性疾病的控制，如果没有跨地区间协作，势必无法从根本上进行控制。类似这样的事例还有很多。如在湖南省新宁和城步交界的界福山，曾经逃脱第四纪冰川毁灭性打击而顽强生存下来的国宝银杉，进入20世纪80年代以后却惨遭人为破坏，因为这两个县为银杉所在地山林归属发生纠纷，时有争执，曾多次请他们的上级原湖南省邵阳地区行署确定山林权归属，却长期得不到明确解决，两县忙于山林纠纷，使得银杉保护措施废弛。③ 2002年7月初，淮河安徽段蚌埠闸下游江苏境内的洪泽湖泄洪，囤积在安徽、河南境内的

　　① 陈东琪等：《打破地方市场分割》，中国计划出版社，2002，第215页。
　　② 汤爱民：《大整合：21世纪中国综合发展战略建言》，中国经济出版社，2000，第399~400页。
　　③ 1987年10月11日《人民日报》。

大量工业污水也一同被排入淮河，下泄洪泽湖，洪水所过之处，鱼、蟹、虾、河蚌、螺蛳大面积死亡，昔日清澈的湖水变成了黑褐色；不到一个月，洪泽、金湖等地的环湖特种水产养殖专业户直接经济损失就达 1 亿多元，不少养殖户已倾家荡产。① 而 2003 年 SARS 疫情的传播和民众恐慌心理的加剧与中国当时条块分割的管理体制和地方保护主义之间有着密切的关系，是典型的跨地区性公共事务治理失灵的例子。在 2003 年 4 月初北京市的疫情已相当严峻的情况下，卫生部和北京市政府居然不能掌握确切的数据，地方政府、中央政府主管部门、军队所属医院等条块分割、信息封锁、难以协调与统一管理的问题之突出可见一斑。同时，为了保护地方经济利益，许多省市都竭力回避承认当地发生了疫情，直到中央政府强制改正为止。在中央政府的防范与管理措施出台后，许多地方政府的地方保护主义措施几乎达到了无以复加的地步：切断从北京通往某些省市的高速公路；在村村、乡乡、市市之间设置各种有形的和无形的路障，对来往人员进行盘查和隔离；有些经济中心城市的做法与许多农村和老少边穷地区竟毫无二致，不仅实行城区间的隔离制度，甚至还推出了检举外地人的奖励措施。②

（二）地方政府间冲突发生的原因

从逻辑上说，地方政府间横向关系的良性发展最终将实现双赢，因此地方政府之间应该选择合作而放弃对抗。但是，经验事实则说明只有在理想状态下，各地区之间才能顺利展开广泛的交往与协作，最终实现各自的利益最大化。而且，在经济社会发展实践中，行为主体多元化带来的利益取向多元化使得各个利益主

---

① 童大焕：《环境污染与政府间博弈》，2002 年 8 月 8 日《南方周末》。

② 张再生：《从非典疫情的蔓延说中国的公共管理与公共政策建设》，2003 年 6 月 9 日《中国经济时报》。

体之间既存在利益取向的一致性，也存在着利益取向的差异性。在利益主体对于自身利益最大化的关注以及"经济人"的有限理性的影响下，即使存在互利合作而实现各自利益最大化的可能，利益主体之间由于信息不对称等因素的影响，也极有可能出现个体理性与集体理性的矛盾而导致利益主体之间合作的失败。为什么这样说呢？从理论演绎的角度分析，至少有以下几点可以进行解释。

1. 公用地的灾难

1968 年，英国科学家加雷特·哈丁发表了《公用地的悲剧》一文，这篇文章悲观地描述了理性地追求最大化利益的个体行为，是如何导致公共利益受损的恶果。① 在此情形下，一个群体的成员都要利用一项共有资源，若这一资源没有排他性的所有权，各个成员单独行动，就会导致这一资源的过度使用。哈丁的公用地悲剧现象，说明了在追求最大化利益的个体之间，为实现公共利益而采取合作的集体行动是如何困难。

2. 集体行动的逻辑

1965 年，美国著名经济学家曼库尔·奥尔森在《集体行动的逻辑》一书中，开篇即对"集团利益的存在会促使集团成员为了追求共同利益而行动"这一流行观点提出质疑，指出"认为从理性的和寻求自我利益的这一前提可以逻辑地推出集团会从自身利益出发采取行动，这种观念事实上是不正确的"，"实际上，除非一个集团中人数很少，或者除非存在强制或其他特殊手段以使个人按照他们的共同利益行事，有理性的、寻求自我利益的个人不会采取行动以实现他们的共同或集体利益"。② 为什么

---

① Garrett Hardin, *The Tragedy of the Commons*, in Science, Dec., 1968, Vol. 168, pp. 1234 – 1248.

② 〔美〕曼库尔·奥尔森：《集体行动的逻辑》，上海三联书店，1996，第 2 页。

会出现这样的情况呢？奥尔森认为关键在于因为具有公共物品特性的集团利益所引起的个体"搭便车"行为的问题上。一方面，由于公共物品消费的非排他性使得集团成员认为即使不为公共物品的生产和供应承担任何成本也照样可以享用；另一方面，集团成员越多，个体越容易产生"有我没我影响不大"的消极心理，从而对公共物品的生产采取漠不关心的态度。在经济发展中，不同地区之间有时会共享一种或几种资源，如水资源、森林资源、矿产资源、生物资源等，当某一地区对共享资源实施保护时，由于它不能阻止其他地区享受该资源保护带来的效益，因此极易产生"搭便车"问题，从而使集体行动失效。中国民间广为流传的"一个和尚挑水吃，两个和尚抬水吃，三个和尚没水吃"也是这一问题的例证。

3. 囚徒博弈的困境

在有关博弈论的文献中，"囚徒的困境"博弈是一个经典的案例。囚犯的困境出于英国作家 W. 塔克的一篇小说，它所描述的是两个犯罪嫌疑人共同犯罪而被警方拘捕，但是警察却缺乏足够的证据指证他们所犯的罪行，能否对他们进行起诉，取决于他们的招供。所以如果两人都不招供，警方可能就会因为证据不足而不得不释放他们；如果其中一人招供而另一人不招供，招供者将获得从轻处罚而不招供者将从重处罚；如果两人都招供，他们都会受到处罚。警方为了防止两人互相串谋，采取的策略是将他们分别关押，创造了一种相互隔绝的环境，然后对他们分别审讯。结果该博弈的最终结局是博弈双方都选择坦白策略，而这是最差的一种选择。① 这说明当一个社会中每个个体都只是为自身利益打算时，即使大家都遵守社会规则，个体的行为不一定符合集体的或社会的利益，甚至也不一定真能实现个体的最大利益。

---

① 谢识予：《经济博弈论》，复旦大学出版社，1997，第8~9页。

本来区域间合作有利于避免有限资源的浪费和无序的市场竞争，有利于优势互补而实现更高收益，但是各地区的个体理性按市场法则所得到的结果却并不是经济的，有时会发生类似"囚徒困境"的情况。

（三）地方政府间冲突的后果

首先，地区间重复建设造成了严重危害。地区间重复建设而导致产业结构趋同所带来的所谓市场繁荣、高速增长只能是暂时的、虚假的，而留下的危害却是长期的、严重的。（1）使得专业化分工协作水平低下，丧失了地区分工利益，造成全社会整体经济效益下降；（2）重复建设造成资源和生产能力的浪费闲置，据统计20世纪80年代末90年代初，全国重复建设的加工工业行业达38个，出现了棉纺织生产能力放空率为25%、彩电生产能力闲置50%、家用电冰箱生产能力放空率为70%左右、自行车生产能力放空40%；[①]（3）造成地区结构冲突激化，各地区围绕资源与市场的矛盾与冲突日益激化，波及全国的资源大战此起彼伏。

其次，地区大战造成的危害也是相当严重的。（1）在经济政治上，加强了地方政府间相互分离的趋势以及地方政府对中央政府的离心倾向，成为危及整个社会稳定与协调发展的潜在因素；（2）片面追求地方利益，影响了市场在全国资源配置中的基础性作用的发挥，阻碍了全国统一大市场的形成；（3）严重阻碍了国有企业经营机制的转换与地方政府职能的转变；（4）阻碍了地方产业结构转换，影响到当地企业的竞争力，损害了地方的长远利益。[②]

---

① 王冰等：《地区经济结构优化升级的理论渊源与对策取向》，《武汉大学学报》2002年第1期。
② 王枫云：《地方市场封锁中的政府行为分析》，《江汉论坛》2002年第6期。

再次，地区间市场分割造成了严重的危害。地区间市场分割则使得整个国民经济运行被扭曲，无法实现社会资源的优化配置，从而导致全国性的市场失灵。其危害具体表现在：（1）导致经济运行机制扭曲，市场信号失真，干扰宏观经济平衡，社会资源无法实现最优配置；（2）严重妨碍市场体系建设；（3）不适应当前经济全球化和中国对外开放新形势的需要。①

最后，跨地区性公共事务治理失灵也产生了严重的危害。地区间公共物品的供给不足与公共事务的治理失灵，一方面使得一些跨地区的公共资源面临"公用地的灾难"，另一方面削弱了地区间的联系与交往。

总之，地区间冲突，既损害了市场经济健康发展，也危及国家政治稳定与政治整合。

下面两个案例就反映了地方政府之间利益冲突所导致的严重后果。

案例 2：太白山自然保护区惨遭政府"有形之手"蹂躏

在中国的秦岭中段，耸立着海拔 3762.2 米的太白山，它被科学家称为"天然动植物园"、"地质博物馆"。太白山早在 1965 年就被陕西省确定为自然保护区，1986 年 7 月，又被国务院批准建立为国家级自然保护区。太白山有着丰富多样的动植物园，属于典型的山地森林植被垂直带谱，具有完整的森林生态系统和特殊的地理位置。因而，太白山对于探索中国乃至欧亚大陆的气候和动植物活动分布，有着极为重要的意义。令科学家们兴奋的还有，太白山海拔 3400 米以上仍然保存着完整的第四纪（一说为更早的第三纪）冰

---

① 参见陈东琪、银温泉主编《打破地方市场分割》，中国计划出版社，2002，第 10～14 页。

川遗迹。太白山古冰川不仅涉及秦岭山地第四纪的古气候、古生物、古土壤以及古地理问题，而且是连接中国西部现代冰川和东部古冰川之谜的一把钥匙。然而自1990年代以来，太白山正遭受着当地政府"有形之手"踩踏。

1992年7月29日至8月2日，周至县组织了一个由省、市（西安）、县有关部门20余人组成的"考察团"，在没有办理任何批准手续的情况下，擅自闯入保护区，并直达核心地带。该团从保护区边缘的厚畛子出发，经凉水井在保护区核心区的大爷海、跑马梁、钓鱼台沿线，对自然景观、旅游和探险路线及其食宿点进行了大规模综合"考察"。此后不久，周至县政府便把开发太白山旅游当作振兴当地经济重要手段写进了周至的国民经济和社会发展规划中。自1993年起，周至县纪检委首先在太白山上搞起了旅游接待等活动。为方便游客，他们先后在保护区核心区的凉水井、三清池等地肆意砍伐林木数百棵，造房搭篷，其中砍伐的不乏太白红杉、秦岭冷杉等国家级濒危、珍稀树种。在县纪检委的示范作用下，周至县县委办也不甘示弱，将人马拉上山，在老君殿一带搞起了旅游接待。1993年8月，太白县委副书记周峰带领公安、民政、统战、宣传等部门一行15人擅自闯进太白山，在保护区进行调查规划，声称是"为管理和开发太白山保护区旅游资源创造良好的环境"。这伙人没收了保护区管理人员的林区管理证、有关文件及对讲机，并要求保护区工作人员进入太白山须经太白县批准。太白县还单方面地把有争议的区域林权给了吉利沟村，致使该村从1993年起，开始在争议区乱砍滥伐，使该区域的栎类林带中的栓皮栎林带、锐齿栎林亚带林种已经濒临灭绝。太白县能砍，周至县为何不能砍？1995年3月、5月，在周至县有关部门和厚畛子乡政府的支持下，厚畛子村委会主任王德明组织村民在太白山保护区核心区的后沟到南天门一线，开山修路，伐木架桥，砍倒了470多棵树木，破坏植被万余平方米。同年，周至县文物管理所、文化事业管理局和厚畛子乡民政委员会，擅自非法批准王月珍等人在保护区南天门伐木取材，建成庙宇三间，所砍木材均系国家二、三级保护树种。既然有政府撑腰，王月珍等人有恃无恐，第二年又在保护区核心区的玉皇池伐木盖庙，大搞迷信活动。周至县能进入核心区搞迷信活动，以招徕游客，眉县为何不可？1995、1996年，眉县公安局个别人未经任何部门批准，指派无证道人李高明和无证保安人员屈波等人进入核心区大爷海，设点接待游客。眉县本有一块与保护区毗邻的太白国家森林公园，但是，眉县的太白森林公园管理处对此并不满足，而将自然保护区的文公庙、大爷海、拔仙台等保护点强行划入其旅游版图，出售直至拔仙台的"通票"，将大量游客放入这些连科学家考察亦须经国务院林业主管部门批准的保护区核心区。进入核心区的游客不听保护区管理人员的管理，乱扔塑料袋、空饮料瓶、食物、烟头等杂物，对那里的生态环境造成了极大破坏。

有关专家对太白山自然保护区的人为破坏十分担忧，清静了千年万年的神奇冰川湖、陕西环境监测点的参照点——大爷海，由于人的频繁活动，科学价值正在逐年下降；三清池已干涸了，跑马梁是地质脆弱区，人的频繁活动，将使石环等冰川地貌自然不复存在。（资料来源：康永军：《太白山保护区难保自身》，1999年3月28日第1版《中华工商时报》。）

案例3：不适当的水电开发使川西面临生态危机
　　四川西部海拔7556米的贡嘎山是蜀山之王，也是东亚第一高峰。以贡嘎山为中心的大雪山脉以及东横断山区是中国极其重要的生态功能区，也是中国目前最大的国家级自然保护区和国家级风景名胜区，在这一区域内还建立了国际地质公园和国家森林公园。从大渡河谷至贡嘎山主脊不足 30 公里的地段内，地形高差竟有 6500 米以上，是地球上最为崎岖的地区之一。独特的地理特点使贡嘎山保存了极为原始的生态环境系统，发育有十分完整的植物垂直带谱和大面积的原始森林，保存有许多珍稀生物物种，是中国西部重要的植物区系交汇区、濒危动物栖息地和生物基因宝库。贡嘎山海拔超过 6000 米的高峰有 40 多座，是青藏高原东部最大的现代冰川作用中心，现有冰川 74 条，是长江的水源涵养地。这里有世界上罕见的高山地质地貌景观，以神奇壮丽的雪峰、冰川、高山湖泊、温泉群等景观组合为特色，是自然旅游资源汇聚的宝地。这里有位居世界第二，高差达 1080 米的海螺沟冰瀑布；有青藏高原东部海拔最低规模最大的海洋性冰川群，冰川伸入原始针叶林带达 6000 米，形成"绿海冰川"的奇景；这里是地热资源富集区，有数百处天然温泉，温度之高、流量之大、分布之密集堪称一绝；这里有人中海、巴王海等高山湖组成的湖泊群，湖畔森林茂密，草地如茵，景色绮丽。

但是，在西部大开发热潮中，沿途各个地方政府的水电开发竞赛使得贡嘎山自然资源遭受严重破坏，面临毁灭的危险。

贡嘎山南坡环河上的人中海，在国家级风景名胜区和国家级自然保护区的核心区内，是最秀丽的高山湖泊景观区和保存最好的原始林区，是四川红杉、康定木兰等濒危植物的集中分布地，也是牛羚、马鹿等濒危动物的主要栖息地。然而人中海水电站在环境影响评价未获通过的情况下，强行上马，已开始大规模施工。湖畔已建起杂乱不堪的工棚，几个林木葱茏、景色奇特的石岛已被炸掉，挖掘机在进行引水涵洞的作业。人中海大坝建成后，湖泊水位将提高 45 米，届时大面积的原始红杉林将被淹没，而且由于原始环境的破坏，珍稀野生动物的繁衍生息也会受到严重威胁。而将在不远的巴王海修建的拦水坝和隧道，不仅使巴王海的自然景观将遭到破坏，很长的河段也将成为干谷，而且贡嘎山南坡仅存的最迷人的自然景观区和原始生态区也将面临毁灭性的破坏。

跑马圈地般的水电开发竞赛同样威胁到贡嘎山区奔腾不息的大渡河。现在大渡河干流和支流上已建成电站 48 座，还在建设更多大型电站。整个大渡河规划开发 356 座电站，装机容量为 1779 万千瓦，干流为 24 级开发。而大渡河是地震、滑坡、崩塌、泥石流等地质灾害高发区，水土流失严重，大渡河流域的河谷地带又是集中的农耕区。过多过滥的电站建设在带来能源的同时，也在诱发和加剧地质灾害、淹没耕地、造成移民，对自然生态、人文景观、旅游资源带来无法恢复的破坏。（资料来源：范晓：《不适当的水电开发使川西面临生态危机》，2003 年 7 月 9 日《中国青年报》。）

第三节　协调地方政府间横向关系的思考

一　地方政府间横向关系协调的必然性

如前所述，在市场经济发展中，地方政府行为是与地区利益紧密联系在一起的，要想把二者完全分开是不现实的，也是不可能的。因此，在体制转轨过程中，地方政府在区域经济协调发展中的作用仍然不可忽视，必须加以有效利用。在中国目前企业发展水平还比较有限的情况下，地方政府从区域全局利益出发，并结合全国经济整体发展的战略需要，组织区域经济发展的空间还比较大。在中国区域合作初期，政府尤其是中央政府要发挥引导和指导者的作用，积极培育市场机制，为生产要素的跨区域流动制定相关的政策和法规，清除区域之间的各种障碍；地方政府要给企业提供各种合作交流的信息和渠道，参与筹划组建区域性的大市场，促进区域共同市场的发展。而当区域经济合作进入新阶段后，中央政府的作用会逐渐淡出，而地方政府的服务功能会更加突出，它为区域合作发展起着重要的服务、桥梁和指导作用，从这个意义上讲，"地方政府之间的相互关系作用是区域合作的一个重要保证"。① 所以，我们认为，在当下中国这种特殊的地方政府主导型市场经济下，地区间经济社会发展中出现的种种问题，都直接或间接与地方政府间关系协调密切关联，其治理最终无法离开地方政府间关系协调。

1. 减少冲突的需求

每个地区都有各自独立的利益，每个地区内部又要根据自身实践选择不同的发展目标与模式。同时，不同地区又存在着共同占有的资源，为了实现地区目标，对资源的使用方式的不同考虑可能会引发地区利益冲突。为了减少这种无谓的资源损失代价，不同地区政府间会选择协商的形式，实现地区间的合作以减少地区间利益与目标的冲突。因为，不进行合作，冲突得不到有效解决，就会增加地区对资源的保护成本，不仅不能选择最好的时机来开发与综合利用资源，反而会降低资源的开发效率，而且还会因过多的冲突而形成过量的维持成本，甚至造成地区间对立。

---

① 上海财经大学区域经济研究中心：《2003 年中国区域经济发展报告》，上海财经大学出版社，2003，第 310 页。

2. 地区间固有的经济联系和市场经济发展的内在要求

合作可以减少地区间壁垒，为更大范围内的协作创造条件，从而为更大范围的分工创造条件。地区间合作为要素在更大范围内流动创造了条件，减少了要素流动的阻碍，提高了要素的流动速度，进而可以提高要素的配置效率。增加地区间合作可以扩大资源的互补性，提高资源拥有量。由资源互补的不同地区组成的区域经济圈，可以实现这些地区内部的良性循环，充分动员这些地区资源的优势，明确地区经济的定位，最大限度地发挥地区资源效率。在地区间合作中，资源互补经常是地区间合作的基础，合作可以跨越地理的限制，大范围地转移和嫁接资源。尽管这一合作增加了一定的成本，但是却往往得到资源最优利用的结果，可以在更大空间中获得资源的优化配置。

3. 共同管理与综合开发的要求

地理相近的地区因为共同拥有资源而成为合作的对象，需要合作开发资源，共同管理资源。一方面，区域资源将相近地区联系起来，成为资源的直接管理者，然而由于管理者太多，又存在利益上的矛盾，会导致区域资源管理的失效；合作则可以为共同管理资源提供制度条件，减少由于多头管理而造成的管理失效，提高资源的管理有效性。另一方面，资源只有经过开发才能获得收益，分散的管理导致开发的困难，不采取合作以让渡管理权限，就不可能刺激投资者对资源开发的积极性，或者因为区域内地区财力分散而无力投资开发资源，而使发展机会丧失。所以，为了让资源为地区经济发展服务，必须寻求合作，这也是贫困地区走出困境的一个重要思路。

4. 融合政治、经济和文化

合作的结果，可以淡化地区间界线，扩大市场范围，形成以产品、资本、资产相互融合的整体。与此同时，还加强了文化间的相互渗透，即通过劳动力流动、文化商品流动、相互间的文化服务，促进了地区间的文化融合。以此为基础，还会形成政治上的合作，以寻求共同的利益。

5. 共同应对外部挑战的需要

随着中国加入 WTO，我们将面临来自全球更加激烈的竞争，如果因为内耗而损害竞争力，必然会在全球化的残酷竞争中一败涂地，因此这种强大的外部压力也迫使地方政府间选择合作而不是对抗。

总之，随着社会经济发展，经济社会问题呈现出跨地区特征，一个地方政府往往难以单独有效解决，就需要地方政府间的跨地区合作治理。而由于各地区地位与作用不同，难免会出现区际矛盾，必须建立有效的区际利益协调机制。正如企业管理者所言，"真正的企业变革，指的是组织之间应以团结合作、合力创造价值的方法来产生变化，公司发展出新的合作经营方法，协助企业取得前所未有的获利与竞争力"。① 所以，"第二次世界大战后，尤其是自二十世纪六十年代以后，发达国家与发展中国家的国内地方政府都充分认识到，横向的地区经济合作十分有助于本地经济和社会发展。于是，与国际区域经济合作发展相呼应，各国国内的区域经济合作也得到蓬勃发展，这种新的经济生活方式极大地推动了横向政府间的合作。总之，经济关系的发展以及由此带来的各地区间经济的广泛渗透，使得政府间横向合作变得十分密切和牢固"②。

二　协调地方政府间横向关系的可行性

1. 存在着共同利益

在现代市场经济条件下，任何一个地区的经济社会发展都不

---

① 尼尔·瑞克曼：《合作竞争大未来》，经济管理出版社，1998，第 1 页。
② 林尚立：《国内政府间关系》，浙江人民出版社，1998，第 97 页。

可能处于孤立、封闭的状态之下，地区间的经济是相互依存、紧密联系在一起的。虽然地区间存在着具体利益目标的差异，但其根本利益是完全一致的。国内各地区利益的一致性，还表现在它们都接受全国利益标准的协调与裁决，有共同的的协调裁判标准，有共同的协调者和裁判者。

2. 地方政府有积极性

改革中企业的自主发展必然会冲破行政界线而寻求广泛的合作，企业的充分发展对主管的地方政府是十分有利的，地方政府会努力促进企业的发展。改革中城市和地方政府的经济管理权力也有扩大，从中央政府那里获得了更多自主权，在这个前提下，地方政府为推进本地区经济发展，为本地企业发展创造良好的条件，政府也会主动提出创办横向合作等事宜。

3. 合作是最优策略

美国著名公共政策专家艾克斯罗德运用博弈论知识和复杂的计算机模拟，发现两个人在多次博弈过程中，"一报还一报"是最成功也是最有效的策略，证明在适当的条件下，合作确实能够在没有中央集权的自私自利者之间产生。[①] 而且，即使在所谓的"囚徒博弈"中，如果双方能够进行充分的信息沟通，走出困境也是可能的。

4. 区域内不同地区由资源共享决定的地区间的相互依存

区域内不同地区共享同一种或几种资源，构成了地区间的空间联系和相互依存的前提；显然一地区资源的破坏不仅会造成本地区经济环境的恶化，也会造成区域内邻近地区环境的恶化，合作是共同保护资源、保护环境的必由之道。由于环境具有公共性，因此如果对共同资源的破坏可以为自己带来利益，就会助长

---

① 〔美〕罗伯特·艾克斯罗德：《合作的进化》，上海人民出版社，1996，第21页。

不负责任地、掠夺资源的现象发生，出现破坏环境的所谓"公用地灾难"。如果这种公共资源可以人为地分割，其中一个地区就可以对其他地区进行经济封锁，控制其他地区获得资源。这就决定了区域内不同地区对共同资源必须合作保护，防止一地区对资源保护而其他地区"搭便车"，也防止一地区对公共资源的掠夺式开采刺激其他地区也采取掠夺式开采，从而陷入"囚徒博弈的困境"。而通过合作，可以把不同地区的不同优势、财力动员起来进行联合开发，实现资源开发的规模化、连续化、系列化、同步化，减少不同地区公共资源开发的分散、间断现象，提高资源开发的整体效益，增加相关地区的共同利益。

5. 地方政府参与区域经济合作有其利益驱动

地方政府作为区域经济利益的代表，有责任把当地经济发展起来，使经济繁荣，人民生活富裕，这是他们的职责，所谓"为官一任，造福一方"。另外，把地方经济发展起来，地方政府的政绩也就显示出来了，在群众中的威信也就树立起来了。所以只要地区间经济合作对当地经济发展能够起到促进作用，作为经济人的地方政府是愿意积极参与的。

下面的案例就生动地反映了地方政府间开展合作的必然性与可行性。

案例 4：经济一体化与区域政府间合作

1. 突破行政区划，构建成都经济圈

据四川在线报道：首届成都经济圈市（州）长论坛 6 月 27 日在成都开讲。与会者表达了一个共同心声——齐心协力构建成都经济圈，在这个圈里找到自己的定位，形成整体协调、同步发展格局，让整个区域经济快速发展。

——统一规划成都经济圈

要打造经济圈，就要突破原有行政区划的限制。区域内的各城市要有分工和协作，这样才能发挥各自的优势经济圈内的大型基础设施，减少重复建设。另外，还要用市场手段在区域内打破行政壁垒，从而形成一体化的消费品市场、资本市场、技术市场、劳动力市场、产权市场和信息市场。

德阳明确提出吸纳成都经济圈以及国内外的装备制造产业，建设中国重大技术装备制造业基地。眉山表示要大力发展城郊型经济、生态农业和农副产品加工，力争成为成都无公害农产品、绿色食品、有机食品供应基地。雅安则希望在水电、交通、旅游、生态绿色食品等方面与成都经济圈各方加强合作。

——协作建设城际快速通道

城市经济圈的形成，依赖于交通体系的建设。大众交通体系是轨道交通，而不仅仅是高速公路。成都经济圈有条件建设城际快速交通体系。一旦通过技术改造开通快速城际列车，成都至德阳只要15分钟，到绵阳只要40分钟！再以宝成铁路、成绵高速公路、成德铁路为轴线，强化成都、德阳、绵阳的相互影响、相互作用，形成"半小时经济圈"或"一小时经济圈"，从而极大地促进成德绵城市带的形成和发育，成都经济圈就可望跨入全国大都市经济圈的行列。

——政府协作是建圈关键

成都、绵阳、遂宁等地市长明确提出，成都经济圈应成立高层次的政府协调机构，建立各方信息网络平台，履行跨市跨行政区域的经济协调职能。在基础设施建设、要素流动、产业扩散、商品流通等领域进行协调，促进重点区域内的分工合作与共同发展。（资料来源：人民网2003年6月28日）

2. 环渤海经济一体化：七省区市达成区域合作协议

2004 年 6 月 26 日，国家发改委、商务部和京、津、冀、晋、内蒙古、鲁、辽七省区市领导，博鳌亚洲论坛秘书长龙永图齐聚河北廊坊召开会议，达成了《环渤海区域合作框架协议》。

自 2001 年两院院士吴良镛提出环渤海部分地区一体化的设想后，环渤海地区经济一体化逐渐成为该地区政府和社会各界的共识。2004 年 2 月，国家发改委及京、津、冀发改委达成加强经济交流与合作的"廊坊共识"；2004 年 6 月，环渤海湾七省区市政府领导达成"北京共识"：召开五省二市副省级会议，正式建立环渤海合作机制，并将合作机构的日常工作班子设在廊坊。

此次会议商定成立环渤海合作机制的三层组织架构，负责推进合作发展。第一层架构是确立由各省省长、直辖市市长、自治区主席担任环渤海合作机制轮值主席，每年举行一次联席会议的制度，研究决定区域合作重大事宜。第二、第三层架构是建立政府副秘书长协调制度和部门协调制度。

三 地方政府间横向关系协调的基本思路

解决地方政府间问题的基本思路在于在理顺中央与地方关系的基础上，加强对地方政府之间关系的协调，通过合作化解矛盾与冲突，最终实现共同发展。

1. 强化中央政府的协调作用

强调中央政府的协调作用，是因为中央政府可以作为超脱于地方政府间利益争端的公正裁判，从而在地方政府的博弈结构中充当信息沟通与冲突裁判的作用，这就需要不断强化中央政府的宏观调控能力；而要强化中央政府的宏观调控能力，就要加强中央政府的政治权威、提高中央政府的财政能力、加强宏观政策的执行监督、集中管理具有全国性影响的公共事务。① 当然，强化中央政府的宏观调控能力，并非重新回到非制度化的以中央与地方的讨价还价为特征的计划经济体制中，而是从弥补市场失灵的角度，在地方事务公共化的基础上强化中央政府在全局性公共事务方面的制度化权威，改革传统的地方发展绩效评价体系，加强对地方政府的法律约束、风险约束和组织约束，规范地方政府行为，建立一种规范的地方政府间利益关系的"利益分享和利益调节机制"。② 而只有强化了中央政府的宏观调控能力，才能保证中央政府加强对地方政府的监督约束，才能制定科学的区域发展战略和发展规划并有效组织实施，才能有效地利用相关政策杠杆来调控宏观经济健康运行，才能真正弥补"市场失灵"而不是导致"政府失败"。

2. 促进地方政府间合作

新制度经济学认为交易双方如果试图通过第三方的介入来协调彼此间关系，必然会使交易费用增加。而协调地方政府之间的利益关系，单纯寄希望于中央政府的宏观调控，成本太高，也难以达到目标，原因在于：一方面，中央政府鞭长莫及，无法处理全国各个地区多种利益矛盾；另一方面，既然中央政府已经把发展经济的权力下放到地方，加快经济发展就成为各级政府的中心任务，由此决定了地方政府在相当长一段时间内在资源配置中要发挥相当重要的作用。所以美国著名学者埃利诺·奥斯特罗姆说："我不同意如下的看法，即中央政府管理或私人产权是'避免公用地灾难的唯一途径'。"不仅如此，埃利诺·奥斯特罗姆

---

① 谢庆奎等：《中国地方政府体制概论》，中国广播电视出版社，1998，第355~356页。

② 参见胡荣涛等《产业结构与地区利益分析》，经济管理出版社，2001，第261~267页。

通过实证研究，还认为"在一定的自然条件下，面临公用地两难处境的人们，可以确定他们自己的体制安排，来改变他们所处的情况的结构"。① 因此，促进地方政府间合作应该成为协调地方政府间利益矛盾、走出"公用地灾难"和"囚徒博弈困境"的必然选择。而实际上，由于资源禀赋等的差异，各地区之间客观上存在着通过互利合作而实现利益最大化的相互需要，社会劳动地域分工与经济主体追求地区比较利益必然导致区域经济合作；只要能进行良好的信息沟通，建立双边或多边的协商机制，降低交易费用，在一个相对规模较小的组织中，实现集体行动应该是可能的。② 从中国的发展实践来看，地方政府为了协调相互间关系，也倾向于加强横向合作与联系而实现利益最大化，早在20世纪50~60年代中央政府就组织过地区经济协作与对口支援活动，并为此而划分了六大经济协作区。改革开放以来，随着市场化改革的展开，地方政府之间建立的各种区域经济合作组织如雨后春笋般得到迅猛发展。这种以经济协作为基础的地方政府间横向合作，大大降低了区域经济发展的交易成本，消除了一些不利于市场经济发展的障碍，促进了经济要素的自然流动和跨地区的经济技术合作，不仅促进了本地区经济的发展，而且有利于减缓地区经济发展的不平衡。

3. 推进市场经济发展和政府改革

从体制上看，"公用地灾难"和"囚徒困境"形成的根本原因在于政府与市场之间的关系不清，政府的行政干预直接介入了市场主体的经济行为，从而使得市场主体的行为选择非理性化；从中国的发展实践来看，尽管市场化的改革已经取得了突出的进

① 〔美〕V. 奥斯特罗姆等：《制度分析与发展的反思——问题与抉择》，商务印书馆，1996，第89、98~99页。
② 〔美〕曼库尔·奥尔森：《集体行动的逻辑》，上海三联书店，1995，第71页。

展，但是市场的力量仍不够强，不足以完全冲破行政力量对它的限制，经济活动仍在很大程度上以行政区域为单元，各行政区域之间的经济联系仍多少受到当地政府的制约。造成这种现状的原因在于市场经济发展的滞后，加之计划经济体制的遗留问题还远未解决，因此解决问题的根本出路在于理顺政府与市场的关系，推进市场经济的顺利发展。而对于像中国这样的发展中国家以及市场经济发育尚不发达的现实国情，强化政府干预既是发展政府主导型市场经济的需要，也是弥补市场制度供给不足的一种必然选择。但是，经济学理论与社会经济发展实践均无可非议地说明：政府干预也存在着"政府失败"的危险，中国经济发展中的诸如"公用地灾难"、"囚徒困境"等也不同程度地反映出政府干预的失当。因此，既要解决存在的问题而又不陷入新的困境，必然的选择就是加快市场经济发展和深化政府改革，理顺政府与市场的关系，建立政府干预与市场协调之间的平衡关系，而且只有通过发展市场经济才能真正加强中央政府的宏观调控能力，才能促进地方政府之间走向良性合作。

第四章

当代中国行政区划改革中的
政府间关系

　　行政区划即国家各级行政区域的划分。行政区划在国家政治经济活动和人民生活中扮演着十分重要的角色，对国家行政管理、民主政治建设、国防巩固、经济的发展和民族团结，有着广泛而深刻的影响。由于行政区划不仅涉及中央政府与各级地方政府间的纵向关系，也会影响到各个同级地方政府间的水平互动关系。因此，对行政区划进行调整，就必然涉及对一个国家国内政府间关系的调整。本章将在对有关当代中国的行政区域研究进行理论综述的基础上，深入剖析当代中国行政区划改革实践中的基本问题，最后对当代中国的行政区划发展进行思考。

第一节　相关理论综述

一　行政区划的含义

　　在不同学科研究中，对于行政区划的基本界定存在明显差异。从法学的观点来看，《中国大百科全书·法学卷》（中国大百科全书出版社，1984）的表述，行政区划是"国家行政机关实行分级管理的区域划分制度"，即"国家为了实现自己的职能，便于进行管理，在中央的统一领导下，将全国分级划分为若干区域，并相应建立各级行政机关，分层管理的区域结构"。从政治学的角度出发，《政治地理学》（江苏教育出版社，1991）认为，行政区划是国家"对领土进行分级划分而形成的领土结构"，其实质是"国家为了统治、管理居民而划分的区域"。地理学者则认为行政区划是指"在一个国家的领土上，根据行使国家政权和执行国家任务的需要，并考虑地理条件（如山脉、河流等）、传统历史、经济联系和民族分布等状况，实行行政管理区域的划分和调整"（《地理学词典》，上海辞书出版社，1983）。

其实，行政区划是一个综合的概念。从狭义上看，行政区划是指为了实行国家的行政管理与建设，国家对领土进行合理划分而形成的各级行政区域。人们通常讲到省、市、县、乡这类术语或与之有关的一些特定名词时，往往很少进一步去探究一下所讲的究竟是指什么。《宪法》第30条把它们列举称为"行政区域"，民政部主编的《行政区划简册》则称之为"行政单位"，而《城市规划法》第3条和国务院的一些文件又称之为"行政建制"。这说明在实践中，人们往往将"行政区划"与"行政区域"、"政区"、"行政单位"、"行政建制"等名词相互通用，忽视了它们之间可能存在的区别。实际上，"行政区域"、"政区"是静态的概念，二者可以通用，主要是泛指行政区域的范围。从严格的概念上讲，行政区域是国家为推行政务而划分的有确定界限的区域。特定的国家行政机关依法在特定的区域内履行其职责，推行其政务，这一特定的区域就是该行政机关管辖的区域。"行政单位"是一定"行政区域"或"政区"的政府机构，从中央到地方行政单位之间的相互隶属关系构成一个国家的行政层级。地方行政单位是由治理同一地域各地方国家机关组成的整体，即一级地方政权。行政建制是国家设置的组成国家的结构单元，是一种地域性政治实体。"行政建制"是国家的结构单位，国家出于不同的目的和需要，设置了各种不同的地方行政建制。"行政区域"、"行政单位"和"行政建制"三者结合在一起，构成一个国家的结构体系，这才是完整、综合、广义的行政区划概念。①

最后，讨论行政区划的涵义还应该包括对已有行政区域的改革。行政区划变更分为六种：（1）建制变更，包括增设、裁撤、改设，如县改市；（2）行政区域界线变更，即行政区域扩大或缩小；（3）行政机关驻地迁移；（4）隶属关系变更，即 A 行政区由甲管辖改为由乙管辖，这对 A 行政区而言就是隶属关系变更，而对甲乙而言，实际上是行政区域界线变更；（5）行政等级变更，包括升级和降级；（6）更名，即改变行政区专名，如1949 年改北平市为北京市。② 在实践中，一个地方一次行政区划变更，可能只涉及上述六种情况中的一类，也可能涉及几类。例如，1991 年撤销广东省汕头市的揭阳县，设立地级揭阳市、揭东县（驻地不在原揭阳县城，而在曲溪镇）和榕城区，就涉及建制变更、行政区界线驻地迁移、隶属关系变更、行政等级变更、更名六类。

二 当代中国行政区划的基本概况

《中华人民共和国宪法》第 30 条规定："中华人民共和国的行政区域划分如下：（一）全国分为省、自治区、直辖市；（二）省、自治区分为自治州、县、自治县、市；（三）县、自治县分为乡、民族乡、镇。直辖市和较大的市分为区、县。自治州分为县、自治县、市。自治区、自治州、自治县都是民族自治

---

① 田穗生等：《中国行政区划概论》，北京大学出版社，2005，第 8 页。
② 浦善新：《中国行政区划改革研究》，商务印书馆，2006，第 1～2 页。

地方。"

第31条规定:"国家在必要的时候得设立特别行政区,在特别行政区内实行的制度按照具体情况报全国人民代表大会以法律规定。"

第95条规定:"省、直辖市、县、市、市辖区、乡、民族乡、镇设立人民代表大会和人民政府。自治区、自治州、自治县设立自治机关。"

第105条规定:"地方各级人民政府是地方各级权力机关的执行机关,是地方各级行政机关。"

第112条规定:"民族自治地方的自治机关是自治区、自治州、自治县的人民代表大会和人民政府。"

《中华人民共和国地方各级人民代表大会和地方各级人民政府组织法》第68条规定:"省、自治区的人民政府在必要的时候,经国务院批准,可以设立若干派出机关。县、自治县的人民政府在必要的时候,经省、自治区、直辖市的人民政府批准,可以设立若干区公所,作为它的派出机关。市辖区、不设区的市人民政府,经上一级人民政府批准,可以设立若干街道办事处,作为它的派出机关。"

根据上述法律规定,当代中国的行政区划基本上可以划分为省级行政区、地级行政区、县级行政区和乡级行政区。其中地区、盟、街道、县辖区为准行政区。这一行政区划体制由三大系统构成。

1. 地域型行政区划

地域型行政区划由省—行署(地区)—县—乡所构成。以管理农村为重点,是中国传统的行政区划模式。目前,省级行政区有34个(23个省、5个自治区、4个直辖市和2个特别行政区)。行署(地区)是介于省与县之间,代表省、自治区人民政府领导和监督县(市)政府工作的派出机关。1983年实行市管县体制后，地区大大减少。多年来，地区在协助省（区）人民政府领导和监督地方政府工作中发挥了应有的作用，特别是在加强对农村工作的管理方面具有重要意义。县是中国的基本行政单元，历史悠久。新中国成立后的县制调整主要表现在撤县改自治县、撤县改市、调整部分县域范围、更改部分县名等，但总体而言，县制变化较小。乡是中国行政区划中的最基层行政单元。在1958年兴起的政社合一的人民公社化运动中，乡级行政单元由人民公社取而代之。1983年实行政社分开，恢复了乡（镇）的建制。另外，在有些地区，在县与乡之间还设有区公所，作为县的派出机关行使行政职能。

2. 城市型区划

由不同级别的设市地方行政单位（直辖市—地级市—县级市或市辖区—镇或街道）所构成的行政区划系统，它以城市为核心，是改革开放以来重点发展的模式。直辖市是最高行政级别的城市行政区，目前有北京、上海、天津和重庆四个直辖市。地级市是中间层次的城市型行政区，相当于地区级，由省直辖。县级市是基层城市型行政区，相当于县级，也由省直辖。市辖区，是相当于县级（直辖市的区为地级）、由市管辖的城市行政区划实体。作为城市的一部分行使规划、建设与行政管理职能，是城市市区的基层行政区，下辖街道。一般在地级市的市区部分设立区的建制，县级市的市区部分规模较小，一般不设区的建制，而直接设"街道"或镇。在实行市管县体制后，地级市的市辖区与县平级，分别由市直接领导。镇是在县级以下与乡平级的、小城市性质的行政区域单位。

3. 自治型区划

由自治区—自治州—自治县（旗）—民族乡构成，是新中国成立以来发展较快、不断完善、适合于少数民族地区的行政区划模式。自治区为省级民族区域自治单位，自治州是自治区和省与县（自治县、市）之间的地级自治区域实体，自治县是民族区域自治的基层政区，民族乡是县以下的民族区域自治单位。

三 行政区划改革的研究视角

当前，讨论中国行政区划改革问题的研究文献浩如烟海。归纳而言，大致可以分成两种研究视角，即管理学视角与经济地理学视角。[①]

1. 管理学视角：管理层次与管理幅度间关系

在组织理论中，管理幅度与管理层次是影响组织结构的两个决定性因素。管理幅度是指一个部门管理下属单位的个数或一位领导管理下属人员的数量。管理幅度的有限性，催生出组织的管理层次，即组织的等级层次。在其他条件不变的情况下，管理幅度与管理层次成反比例关系。管理幅度小会形成金字塔式组织结构，管理幅度大则形成扁平式组织结构。金字塔式和扁平式组织结构的功能特点不同：前者权力集中、控制有力，便于政令统一，但层次多，不利于信息沟通和充分发挥下级部门或人员的主动性和创造性；后者虽有利于信息沟通和充分发挥下级部门或人员的主动性和创造性，但增大了组织松散度和上级权威被削弱的可能性。一个组织究竟选择金字塔式还是扁平式结构，取决于组织的属性及其与环境的适应性。

行政区划的管理层次，是指行政区划纵向结构的等级层次；行政区划的管理幅度，是指一个行政区直接统辖的下一级行政区的数量。[②] 在一定的疆域范围内，某一级行政区幅员越大，该级行政区的数量越少，上级行政区对此级行政区的管理幅度也越

---

① 刘小康：《行政区划改革：视角路径及评价》，《北京行政学院学报》2007年第5期。

② 勒尔刚、张文范：《行政区划与地名管理》，中国社会出版社，1996，第18页。

小。当行政区幅员不变，亦即行政区数量不变的情况下，管理层级多，每级的管理幅度就小；管理层级少，管理幅度就大。决定行政区划中上级政府管理下级政府管理幅度的因素主要有三个：（1）空间范围。政府所管辖的空间不是一个抽象的地理空间，而是由人口、经济、自然等多要素组成的一个有质量的空间。人口规模的大小、经济发展水平高低、自然条件的优劣，都在一定程度上影响着上级政府的工作量大小。一般而言，政府管辖的空间范围越大，政府工作量越大，它所能管辖的下级政府越少，即管理幅度越小。（2）事务范围。政府所管辖的事务范围大小是由政府职能决定的。在自然经济条件下，政府职能主要限于政治统治，政府所管辖的事务范围相对较小，因而有可能管理幅度较大。而在计划经济体制下，由于政府与市场、政府与社会、政府与企业之间的关系不明晰，政府过多地承担了诸多社会经济管理职能，因此事务范围几乎没有边界，由此必然导致其管理幅度较小。在市场经济条件下，政府主要承担宏观调控和公共服务，大量的社会经济管理事务由非政府组织承担，因此政府的事务管理范围逐步缩小，这样就有可能扩大其管理幅度。（3）本级政府的组织规模及其管理手段。在工作量、工作人员素质等不变的前提下，政府内设机构、组织结构、管理手段也是影响政府管理幅度的重要因素。

从管理学视角出发，一般认为中国行政区划的一个突出问题是层级太多，而造成这一问题的主要原因在于市管县体制。

《宪法》规定，中国行政区划层次主要为省、自治区—县、自治县、县级市—乡、民族乡、镇三级制。1982年，为了打破城乡壁垒，推动城乡经济发展，中共中央发出51号文件，提出改革地区体制，试行市管县体制，即以中心地级市对其周围县实施领导的体制。1983年2月15日，中共中央、国务院发出《关于地市州党政机关机构改革若干问题的通知》，决定推广市管县体制。到 1985 年，全国多数地区实行了市管县体制。市管县体制的推行，改变了地区行政公署作为省政府派出机关的设置，形成了中国行政区划层次事实上的省、自治区—地级市—县、自治县、县级市、市辖区—乡、民族乡、镇四级制。

为什么市管县体制会成为行政区划改革的对象呢？从比较的角度而言，这一改革增加了管理层次，导致中国行政管理层次太多。一是纵向的历史比较。从秦至民国末 2100 多年中，中国行政区划层次 290 年为二级制，占 13.6%；610 年为虚三级制，占 28.7%；600 年为实三级制，占 28.2%；276 年为三、四级并存制，占 13.0%；350 年为多级制（超过三级以上），占 16.5%。实行市管县体制后，行政区划层次变为四级制，这在中国历史上是不多见的。[①] 二是横向的国别比较。根据目前世界上 191 个国家和地区的初步统计，行政区划层次多为二、三级，约占 67%，超过三级的只有 21 个国家，占 11%。[②] 少层级、宽幅度是世界上大多数国家行政区划结构的一个明显特征。不仅如此，市领导县体制的做法明显违背宪法的相关规定，缺乏合法性。

除此之外，其合理性也存在问题。一是市管县体制不仅总体上没有实现其当初制度设计的初始目标——城乡一体化，反而因市对县的权力、财政等资源的截留，加剧了城乡二元化，并逐渐暴露了效率低下的弊端，突出表现在地级管理层由虚变实后，凡是县级政府及其职能部门需向省请示解决的问题，本可直接沟通的，现要通过地级市这一中间层次，影响了行政效率，并最终影响了县域经济发展；二是扁平化是行政改革的趋势，减少行政区划层次，增加行政区划幅度，已成为各国的一个潮流，而随着中

---

① 浦善新：《中国历代行政区划研究》，载中国行政区划研究会编《中国行政区划研究》，中国社会出版社，1991，第 226 页。

② 孙学玉、伍开昌：《当代中国行政结构扁平化的战略构想——以市管县体制为例》，《中国行政管理》2004 年第 3 期。

国市场经济的发展、政府管理方式的转变、电子政务的推广、交通运输条件的极大改善，中国已具备这样的条件。①

　　总之，从管理学视角探讨行政区划，更多的是关注层级之变，即政府组织内部的结构。其实质是纵向政府之间权力关系的调整，追求集权与分权的均衡，焦点是组织效率。其基本逻辑是：在组织条件不变的情况下，管理层次与管理幅度成反比例关系，而组织结构的扁平化是提高组织效率的有效途径。因此，减少管理层次，扩大管理幅度就成为行政区划改革方向，而市管县体制既不符合宪法，又增加管理层次，自然就成为首当其冲的改革对象，并被认为是中国行政区划改革的突破口。

　　2. 经济地理学的视角：行政区经济

　　所谓行政区经济，是指由于行政区划对区域经济的刚性约束而产生的一种特殊区域经济现象，是中国在从计划经济体制向市场经济体制转轨过程中，区域经济由纵向运行系统向横向运行系统转变时期出现的具有过渡性质的一种区域经济类型。② 行政区经济是与区域经济一体化相对应的一个概念。从理论上分析，在一国之内不同行政区域之间不应该存在着关税壁垒。也就是说，如果一国内部没有政治上的分封割据，在统一大市场的作用下，区域经济一体化应该是一个自然的演进过程。但是，从当前中国的发展实践来看，由于特定的历史与体制背景，行政区的经济功能非常突出。在市场化进程中，作为有限理性经济人的地方政府在强烈的追求自身利益和辖区利益最大化动机驱使下，往往会选择动用行政手段干预地方经济发展。在这种情况下，作为地方政府行政管辖范围的行政区划界限，也就如同一堵"看不见的

---

① 刘君德等：《中外行政区划比较研究》，华东师范大学出版社，2002，第350～352页。

② 刘君德主编《中国行政区划的理论与实践》，华东师范大学出版社，1996，第93页。

墙"，使区域经济一体化所需要的资源要素按照市场法则进行跨区域的自由流动被行政性力量所阻隔，从而出现一种与区域经济一体化进程完全相悖的运行态势，即所谓"行政区经济"。

行政区经济强调的是行政区与经济区的矛盾与冲突。研究者认为，行政区与经济区是两种不同的区域类型。（1）行政区是与一定等级政府相对应的政治、经济、文化综合体；而经济区则是与一定等级的经济中心（中心城市）相对应的自然、地理和经济综合体。（2）行政区具有完整而发达的自上而下的纵向行政系统；而经济区凭借的是横向的经济网络系统。（3）行政区的运行主体是各级地方政府，具有全区性的决策权、调控权和自己的利益追求；而经济区的运行主体是具有独立法人地位的企业。（4）行政区具有明确和相对稳定的区域界定，并有法律效应；而经济区的界限具有示意性（模糊性）和动态性的特点，没有法律效应，相邻的经济区边界不一定泾渭分明，往往形成一个过渡带。（5）行政区的创置和变更以政治因素为主，行政区的大小和层次的多少主要取决于行使职权的需要，是一种有意识的国家行为；经济区的划分主要着眼于经济，其大小规模主要取决于中心城市的经济实力、区域经济联系、交通条件等，经济区的形成不是人为的，是一种不以人们的意志为转移的客观存在。①

在一个国家政治经济领域，行政区的功能首先体现在政治功能方面，而经济区的功能则最主要表现在经济功能方面。但改革开放以来，形成了基于行政区的经济区——"行政—经济区"。它是以行政区域单元组织经济活动，自成体系、相对独立，具有综合特点的经济区。② 国家通过各级行政区域政府积极推动各自

---

① 周克瑜：《走向市场——中国行政区与经济区的关系及其整合》，复旦大学出版社，1999，第44~46页。

② 刘君德、舒庆：《中国区域经济的新视角》，《改革与战略》1996年第5期。

行政区域经济的发展，在各行政区域经济发展的基础上，自下而上地形成国家经济的全面发展，但随着市场经济的深入发展和成功入世，中国经济日益融入经济全球化进程中，在长三角、珠三角等地出现的区域经济一体化态势，却遭遇到行政区划的障碍，表现为"行政区经济"，即由于行政区划形成的行政壁垒对区域经济的刚性约束而产生的一种与区域经济一体化相悖的经济现象，并引发了一系列问题：（1）地方政府企业化；（2）企业竞争寻租化；（3）要素市场分割化；（4）经济形态同构化；（5）资源配置等级化；（6）邻域效应内部化。①

行政区划从其设立的初始意义上讲，是出于划分地方管辖事权领域、政府间利益分配需要而形成的政治、经济地理边界。由于地方利益的切实存在，"行政区经济"也就必然存在。政府直接介入经济运作职能的多寡，也就决定了"行政区经济"的显性或隐性程度以及行政区壁垒的强弱。随着市场化程度的加深和政府职能的转变，行政区划的壁垒作用必将趋于减弱，但并不意味着行政区划将最终消失。由于"经济区的内容、范围、层次随着商品经济、经济中心城镇和交通线的发展变动，比较活跃，具有明显的开放性，一般没有法定性，边界不很明确；行政区同行政权力的执行范围结合在一起，有法定性和明确的边界线，比较稳定"②。何况，经济区以经济为主要标准甚至是至上标准，行政区则不能以经济为限，还有其他因素，带有综合性，行政区与经济区不可能完全一致。所以，虽然我们主观上希望经济区与行政区尽可能同幅，但是做不到，两者之间始终有交叉、有分割以致有断层。由于区域经济一体化与行政区划的冲突在表面上表

① 王健等：《"复合行政"——解决当代中国区域经济一体化与行政区划冲突的新思路》，《中国行政管理》2004 年第 4 期。
② 陆大道：《中国行政、经济区发展的回顾与展望》，《中国人民大学学报》1994 年第 6 期。

现为行政区与经济区的不一致，因此，从经济地理学视角出发，考虑到中国经济发展的特点，主张通过行政区划的调整，使行政区与经济区相一致。①

总之，从经济地理学的视角探讨行政区划改革，把行政区划改革置于中国独特的经济发展模式宏观背景下，突出了中国行政区划改革的经济属性，引发了如何看待中国行政区经济功能的讨论。其实，行政区与经济区的关系实质是政府与市场的关系，从经济地理学视角探讨行政区划改革，目标是通过行政区划改革，实现政府与市场的均衡，焦点在区域的资源配置效率。其基本逻辑是：中国经济发展的一个基本特征是经济区与行政区相一致，当经济区突破行政区界限时，根据经济基础与上层建筑的关系，应调整行政区划，使行政区与经济区相一致，从而推动经济发展。

第二节　当代中国行政区划存在的主要问题

一　省制的缺陷

1. 省级行政区界犬牙交错

首先，它破坏了经济区域的完整性。省制从一开始就是以分割经济区域为代价的。从历史沿革来看，现行省制受到元朝的影响较大。元朝统治者汲取汉唐以来地方割据势力凭借自然天险对抗中央王朝的教训，改"山川形变"为"犬牙相入"，使相邻政

---

① 参见刘君德、周克瑜等《中国行政区划的理论与实践》，华东师范大学出版社，1996；周克瑜：《走向市场——中国行政区与经济区的关系及其整合》，复旦大学出版社，1999；刘君德、汪宇明：《制度与创新——中国城市制度的发展与改革新论》，东南大学出版社，2000；朱舜：《行政区域经济结构与增长》，经济科学出版社，2002 等。

区彼此交错，从而相互牵制，避免出现"形胜之区、四塞之国"。正如魏源在《圣武记》中所言，元代省域"合河南河北为一，黄河之险失；合江南江北为一，长江之险失；合湖南湖北为一，洞庭之险失；合浙东浙西为一，钱塘之险失"。简言之，元朝统治者设立行中书省的目的在于"镇抚"而非"牧民"。[①]

不仅如此，犬牙交错的划分方法还破坏了中国行政区划的自然地理界线。如"秦岭—淮河"一线是中国自然地理中温带与亚热带的重要分界线，该线南北的人文、自然地理条件等都有很大差异。宋代以前，秦岭南北和淮河南北地区基本上不划属于同一政区之中。但是，从元代开始，为了达到军事上以北制南的目的，行省的划分开始不尊重自然地理分界线。其中，陕西行省就把秦岭以南的汉中盆地包括进去；而汉中是通往巴蜀的咽喉，历史上与关中只有栈道相连，在人文景观和风俗习惯诸多方面与四川和湖北较近，汉剧比秦腔在汉中要拥有更多的观众。明朝朱元璋建都金陵后，建立了包括淮北、淮南和江南三部分在内的一级政区南京（相当于省）。南京到了清朝被改为江南省，后又分成江苏和安徽两省。时至今日，苏皖两省仍然很不合理地横跨着淮北至江南地区，省内地理景观和人文因素都有较大差异，不利于统一协调发展。在这里，最为人诟病的是太湖流域由于分属于江苏、浙江和上海两省一市，因此对于其有效治理产生了相当明显的负面影响。

中国现有34个省、自治区、直辖市、特别行政区，省界与自然地理区域界线一致的只有河北与山西以太行山为界、江西与福建以武夷山为界、陕西与山西以黄河为界、四川与西藏以金沙江为界、甘肃与青海以祁连山为界等，[②] 绝大多数的省界都不完

---

① 马述林：《论省级行政区划改革》，《战略与管理》1996年第5期。
② 齐义虎：《对中国行政区划改革的思考》，《中国方域》2003年第5期。

全符合自然地理区划。

省界之间的犬牙交错，在军事落后的年代，在一定程度上有效地防止了地方军事割据，有利于国家的政治统治。同时，在自然经济条件下，市场及生产规模较小，地域分工协作不多，地域内部自给自足，对外闭关自守，因此省界的犬牙交错对经济发展影响不大。但是，进入现代社会以后，社会化大生产和市场经济日益发展，地域生产专业化与分工协作不断加强，商品流通日趋频繁，使得这种"犬牙交错"的省级边界对经济发展的负面影响日趋明显。

新中国成立后，按行政条块组织经济的经济管理体制，与沿袭下来的分割经济区域的行政区划体制相结合，加上各省都要建成独立自主的国民经济体系的做法，使得中国本来有限的资源宏观配置效益大大降低。改革开放以来，计划经济体制受到了强烈的冲击，但是一些改革措施沿袭了按行政系统组织经济的做法，以省的自求平衡为基础，中央进行总额切块管理。这套办法在调动省级政府积极性的同时，也导致了分割市场的种种无序行为的大量出现。省制分割经济区域的固有缺陷，在发展市场经济、培育统一国内市场的进程中，更加暴露无遗。

2. 现行的省数量偏少，幅员过大，规模悬殊

中国是世界第一人口大国，国土面积居世界第三位，但中国的一级政区却只有 34 个，在全球 49 个人口超过 3000 万或面积超过 100 万平方公里的大国中占第 12 位。与发达国家一级行政区划的设置情况相比，中国的省级行政区划设置太少。如美国设 50 个州、1 个特区，法国有 96 个省，日本有 47 个一级行政区，德国有 16 个州；而中国一个中等省份的面积就相当于法国与德国等的面积，一个省的总人口往往也比一个中等国家还要多。

与省区数量偏少相对应，省区幅员过大。现有 31 个省、自治区、直辖市（不包括港澳台）平均人口为 4190 万人口，面积

为 31 万平方公里，分别是 48 个大国一级政区平均规模的 15.4
倍和 4.1 倍，相当于一个中等国家的规模。省的管理幅度过大，
不利于上情下达和下情上达，不利于建设一个灵活高效的行政体
系，容易助长官僚主义，并在客观上增加了行政管理层次，助长
了自成体系的"诸侯经济"的滋生与蔓延。

省区数量少、规模大是导致行政管理层次繁多的重要原因之
一，不仅加剧了行政机构的膨胀，使行政管理体制呈尖型结构，
在客观上造成了权力的过分集中，而且省区规模过大不利于国家
的长治久安，不利于中央政府的宏观调控和集中领导。

由于人口密度不均，自然条件迥异，以及民族分布、历史传
统等原因，中国省级政区之间规模差异也很大。东南部省区面积
小、人口密度大、经济实力强，但西北边疆省区面积大、人口密
度小、经济实力弱。如新疆维吾尔自治区的面积多达 160 万平方
公里，而上海市仅 6340 平方公里，相差 251 倍。河南省人口近
1 亿，而西藏自治区仅 230 余万人，相差 40 多倍。由于一级政
区面积大、人口多、管理幅度大，其管理层次自然会多；反之，
则行政管理层次应该较少。省级政区规模过于悬殊，容易导致行
政管理层次的混乱。混乱的行政管理层次不仅给国家统一的行政
管理带来很多困难和不便，而且不利于各省区之间的平等竞争和
相互协作。

3. 直辖市数量偏少，且分布不均匀

省和直辖市虽然都是直属中央政府的一级行政区域，但二者
的性质不同。省是国家出于地域辽阔的原因而设置的行政区域，
内含农村和城市，而以农村为主；直辖市是国家设立于大城市地
区的地方行政单位，其行政区域以城市为主，包括部分农村地区
为其郊区。特大城市是一国或一地区经济社会文化发展的中心地
带，中央对其进行直辖是完全必要的。世界各国发展的经验都证
明了这一点。中国的直辖市迄今为止仅有四个，而且除了重庆外

都分布在东部沿海地带，地域分布极不均匀，这对中国现代化事业的发展不利。

二　市管县体制的论争

所谓市管县体制，是指以中心地级市对其周围县（区）实施领导的体制。"它以经济发达的城市为核心，依据行政权力关系，带动周围农村地区共同发展，形成城乡一体的区域整体。"①

新中国成立后，中国政府体制基本框架是三级制，县政府是基层政府，省政府是中央与县政府之间的中介政府。在这一体制下，省政府管辖的县数量众多，造成行政监督的困难，于是不得不在省与县之间设置省政府的派出机构，即地区行政公署。地区行署虽是省政府与县政府之间受省政府所托监督县政府的派出机构，但是在条块体制的双向要求之下，也不得不依据对口管理的原则，根据实设政府那样设置种种专业行政管理机构，并履行相应的管理职能。于是，地区行政公署就变成了实际上的一级政府。

早在 20 世纪 50 年代，中国的大、中城市就开始管辖附近的县，不过直到 80 年代之前，市管县的现象一直较零星。截至1958 年底，全国有 28 个市领导 118 个县。1958 年，为进一步发挥中心城市在经济建设中的聚合效应，同时也为了解决城市蔬菜供应的问题，河北省撤销天津地区，将其所辖之县划归天津市管辖，开创了市管县体制的先例。此后中国又将建材、能源等基地县并入市管理。1959 年 9 月，全国人大常委会通过的《关于直辖市和较大的市可以领导县、自治县的决定》，首次在法律上有限制地确认了市管县体制。至 1960 年，全国这种"市领导县"

---

① 孙学玉、伍开昌：《当代中国行政结构扁平化的战略构想——以市管县体制为例》，《中国行政管理》2004 年第 3 期。

的模式范围扩大，据统计共有 52 个市领导 243 个县，约占当时全国县建制总数的 1/8。"但这次市管县的扩大是由大跃进和人民公社化运动导致的，存在着种种弊端。"① 三年困难时期，市领导县的范围有所缩小，到 1965 年只有 24 个市领导 78 个县。十年动乱时期，工农业生产急剧下降，城市副食品粮油供应紧张，为了解决城市农副产品供应问题，又有一些县重新划归市领导。1976 年以前，全国 2136 个县中，有 116 个县归 39 个市领导，市领导的县数约占全国的 5.4%，基本恢复到 1958 年的水平。

1978 年改革开放以后，随着经济体制改革的深入，为了促进城乡一体化发展，解决诸多城市政府与地区行署之间的矛盾纠葛，国家决定进行机构调整。1982 年，中共中央在《关于省、市、自治区党政机关机构改革的若干问题的通知》中指出："在经济发达地区将省辖中等城市周围的地区行署与市委、市政府合并，由市管县。"1983 年 2 月，中共中央、国务院在充分肯定辽宁省在部分经济发达地区实行市管县体制的经验基础上，发出了《关于地市州党政机关机构改革的若干问题的通知》，指出："以经济发达的城市为中心，以广大农村为基础逐步实行市领导县体制，使城市和农村紧密结合……是我们改革的基本目的和要求。"同年 3 月，中共中央在《关于地市州机构改革中应注意的几个问题的通知》中指出："实行地市合并、由市领导县体制，目前在全国范围内仍处于试点阶段。除了条件确已具备，合并后有把握促进城乡密切结合、经济文化事业发展的地方可以实行外，不宜多搞，更不可单纯从安排干部出发，在条件不具备的地方匆忙推行地市合并。在现有的地辖市中，有的经济上和其他方面都已有相当的规模（如工业产值在 4 亿元左右，非农业人口在 15 万左右），并且很有发展前途。为了更好地发挥这些城市

---

① 黄仁宗：《对市管县体制的新思考》，《决策咨询》2001 年第 8 期。

的作用，可以将它升格为省、自治区辖市，并把周围的一个或两三个县划归市领导，以促进城乡经济文化事业的发展。"1986年，《国务院批转民政部关于调整设市标准和市领导县条件报告的通知》中进一步明确了市领导县的条件，同时还要求各地要认真总结市领导县工作的经验，搞好规划，合理布局，严格按条件办理。截至1988年底，全国有165个市领导647个县，辽宁、江苏、广东三省全面实行市领导县体制。此后，为了控制机构和编制的增加以及行政经费开支的膨胀，认真总结地改市中存在的问题，对实行市领导县体制的地区数量又进行了控制。为严格设立地级市的标准，1993年国务院又发出了《国务院批转民政部关于调整设市标准报告的通知》，明确规定设立地级市的标准为：市区从事非农产业的人口25万人以上，其中市政府驻地具有非农业户口的从事非农产业的人口20万人以上，工农业总产值在30亿元以上，其中工业产值占80%以上；国内生产总值在25亿元以上；第三产业发达，产值超过第一产业，在国内生产总值中的比例达到35%以上；地方本级预算内财政收入2亿元以上，已成为若干市领导县范围内中心城市的县级市，方可升格为地级市。1988年以来，全国对11个共驻一地的地区和地级市进行了合并，地改市17个。到1995年底，在全国210个地级市中，有198个地级市领导1052个县市，所领导的县市数量占全国的49%。

1999年，中央关于地方机构改革的中发（1999）2号文件进一步明确"市管县（市）"体制改革并要求加大改革力度。随着中央2号文件的贯彻执行，在地方政府机构改革中，地区行政建制已被撤销，市管县的行政体制全面确立。到2004年底，除海南省外的中国大陆30个省、自治区、直辖市都实行了市管县体制。由此可见，市领导县体制已经成为市地管理层中占主体地位的体制，是覆盖面广、影响重大的地方行政体制，对经济发展、社会稳定具有重大的影响。

　　各地实行的市领导县体制，大体上有七种形式：（1）以原来的地级市为基础，划入几个县，如长沙、太原等；（2）地市合并，如湖南的岳阳市与岳阳地区合并，浙江的温州地区与温州市合并，福建的泉州市与晋江地区合并，等等；（3）地改市，如江苏盐城、扬州、山东烟台、德州等；（4）原来不领导县的市，划入几个县，如常州、无锡等；（5）把原来的县属镇升格为省辖市，再划入几个县归它领导，如原为珠海县城镇的珠海升格为省辖市后，斗门县被划归其管辖；（6）县级市升格为地级市，划几个县归其管辖，如浙江的湖州、绍兴、金华，辽宁的铁岭等；（7）将县直接升格为地级市，实行市管县体制。1988 年广东省撤销清远、河源、阳江三县，设立了清远、河源和阳江三个地级市，直接实行市管县体制。①

　　市管县体制是中国经济起飞带来的城市化运动对行政建制模式的选择。更确切地说，是城市化发展和行政经济体制冲突的产物。正是由于行政区经济的权力格局，地级市和所在地区由不同行政机构管辖造成经济摩擦严重，地市之间、市县之间经济利益冲突愈演愈烈，地方割据、行政性壁垒使区际资源流动严重受阻，而这一切问题产生的根源在于中国是按照行政辖区来管理经济，一个城市的经济活动限制在行政辖区范围以内。生产资料依靠物质部门调拨，消费资料依靠按行政区划建立的百货批发站购销，新工业项目上马、新产品开发、新技术引进或推广都依靠行政部门安排，各企业协作、联合都通过行政组织。总而言之，离开行政组织，就寸步难行。但是，城市经济、现代工商业天然要求发展跨区域的横向联系。可见，行政区经济与城市化的社会生产力发展要求是冲突的。如何解决这一矛盾？妥协的办法就是扩

---

　　① 黄仁宗：《对市管县体制的新思考》，《决策咨询》2001 年第 8 期。

大城市和行政区边界，把原来城市和周围县之间跨区域的横向联系转化为同一行政区系列中的科层制关系。这样就在一定程度理顺了城市化发展中要求扩大城市的辐射范围，清除了横在市县之间的行政壁垒。因此，这一体制在其设立之初整合了当时中国行政区和经济区之间存在的矛盾，扩大了经济区范围，解决了社会转型初期行政区和经济区的磨合问题，为经济和社会发展起到了一定的促进作用。

但同时，"市领导县体制"也产生了诸多消极的影响。

（一）"市管县"体制的功能和作用

1. 促进分割的城乡经济区域趋于统一

"市管县"在一定程度上解决了城乡分割的局面，促进分割的区域经济趋于统一。在计划经济体制下，中国的物资流动和资源配置采用计划调配方式，行政区间的联系，更多的发生在上下级政府之间，城市与其周边的地区被分割，各自独立发展。这种"市县分治"下经济发展过程中的条块分割和城乡分割制约了城市化的发展进程。"市管县体制为城市带动农村经济发展创造了有利的条件。市管县体制的实施，发挥了城市和农村各自的优势，促进了城乡生产要素的合理配置，改变了以往不合理的城乡经济格局，使城乡经济综合协调发展，逐渐形成了相互依托的区域型经济。"①

市管县体制为城市提供了较大的发展腹地，城乡之间的协作让城乡摆脱了地方保护主义的束缚，城乡互补让彼此的优势得到有效发挥，人流、物流和信息流得到了自由合理流动。一方面，城市在自身发展的同时，可以凭借其资金支持、信息服务、技术指导等方面的雄厚实力加强对农村、农业、农民的支援；而另一

---

① 王金炳：《对市管县体制的再思考》，《中国农业银行武汉培训学院学报》2007年第5期。

方面，农村可以通过转移其剩余劳动力，让农民进城务工，为城市经济发展提供了必要的劳动力资源，实现了市场经济下资源优化的配置。这种"市管县"的体制，让分割的城乡区域经济联系日趋紧密，促进了区域市场的统一，也促使城乡区域发展成为一个有机的统一整体。

2. 规模经济得以壮大

市县分治的一个集中表现是行政关系的隔离以及城乡发展过程中的经济壁垒与地方保护主义，这种分治最终阻碍了中国城乡之间的经济来往以及资源的优化配置。

市管县体制下，能有效避免市县分治导致的城乡重复建设、盲目建设等浪费资金、资源的问题，让城乡、市县的经济发展能在一个较大的框架内进行统一协调安排，避免了区域经济恶性竞争带来的内耗，形成规模经济效益。此外，正确规划好市管县体制的规模经济，还能兼顾区域内部不同地方发展的特殊性，因地制宜，实现趋于内部经济个性与特性的协调统一，提高城乡经济在外部市场环境中的竞争力。

3. 改变了"地区行署"长期虚实不定和缺乏法律主体地位的尴尬局面

新中国成立后，省政府管辖的县数量众多，造成行政监督的困难，于是不得不在省与县之间设置省政府的派出机构，即地区行政公署。地区行政公署在地方实际行政运作中充当着一级政府的作用，但是 1982 年宪法并没有明确地方行政公署的地位，造成了地区行署缺少宪法确认，缺乏法律地位。"它没有地方权力机关，地区的国民经济、社会发展计划、财政预算以及行署官员的任免无法法定化、程序化，政府工作也缺乏相应的有效监督。"①

---

① 孙学玉、伍开昌：《当代中国行政结构扁平化的战略构想——以市管县体制为例》，《中国行政管理》2004 年第 3 期。

　　实行"市管县"体制后，省县之间"地区行署"层级长期虚实不定和缺乏法律主体地位的尴尬局面得以改变。由于增加了"市"这一行政层级，省县之间层次由虚变实，市的重大决策、人事安排等都有人大的批准和监督；同时，其税收、财政也在一定的制度规定下实现了与省、中央的合理分割，形成了一定意义上的地方财政。

4. 推动了城市化进程，中心城市发展迅速

　　市县分治模式下，市县区域内的人口、资金、技术等要素的集聚和扩散，在中国市场经济制度尚不完善的背景下，导致了区域资源分配缺乏协调，容易造成区域内重复建设与盲目建设，这严重影响了中国工业化与城市化的发展进程。1978 年底，全国城市化水平为 17.9%，与新中国成立初期相比仅提高了 7.3 个百分点。

　　而"市管县"体制打破了城乡根深蒂固的分界。促进农村富余劳动力向城市转移，为城市提供了大量的劳动力资源，有效地支援城市的工业建设。此外，农村与城市加强文化往来，农村地区的教育、卫生等环境得到较大的改善，也在一定程度上促进了农村人口向城市人口的转变，推动了中国城市现代化进程。1983 年实行市管县体制后，国务院和民政部提出了内部掌握执行的设市标准和市领导县条件，大大加快了中国城市化的发展速度。到 2008 年，城市化水平达到 44.9%。[①]

　　这样，"市管县"体制就在来自经济环境的推动力和来自政治体制环境的束缚力的双重作用下兴起，正像周振鹤教授说的，1983 年改革的思路是改变"行政区"来与"经济区"相适应，而影响决策者思考的正是"计划经济体制"和"政企关系"这两个最重要的环境因素。[②] 在一定的历史时期内，市管县体制的

---

① 来源：中国新闻网，2008 年 3 月 31 日。
② 周振鹤：《市管县和县改市应该慎行》，《探索与争鸣》1996 年第 2 期。

实施适应了中国实际发展的需要，在推动城市和农村的经济社会发展中发挥了很大的作用。

（二）"市管县"体制的弊端

1. 市县之间经济利益出现矛盾，"小马拉不动大车"

推行"市管县"体制的其中一个初衷就是利用中心城市的优势地位拉动其辖区内县域经济的发展，从而兼顾城乡发展，缩小城乡差距。然而，在实际运行中，"许多市视县为附属行政单位，要求县的经济发展从属于市区经济发展的需要，存在着侵占县及农村地区利益的趋向"①。有些城市政府只注重城市建设，把辖区内绝大部分的资金、人员和精力投入到城市发展上，与此同时却忽略农村发展。有些城市在追求经济高增长、高效率的过程中，甚至把用于农村发展的资金挪用到城市建设中，严重制约了农村经济的发展，造成了日益扩大的城乡差距。

产生这个矛盾的主要根源是市的经济实力不够雄厚，市这只"小马"拉不动县这辆"大车"。"在地市合并和划县入市模式中，除省会城市和一些中等发达城市带动力量较强外，一些工业基础薄弱和城市化水平不高的地级市在带动县经济中也表现出困难。"② 由于城市的财政由市统揽，市领导直接对城市居民负责，必须优先解决好城市迫切需要解决的问题，加上有些市管辖县的数量多、人口多、面积大，因而市对县的经济社会发展难以有大的倾斜、扶持和援助，相反甚至要依靠县的"贡献"来用来市区建设。因而，在财税分成、基建投资、开辟新的生产项目等方面，市里常常优先考虑市区。正是在这种情况下就出现了"市吃县"、"市刮县"、"市挤县"，市不仅带动不了县的发展，而且

---

① 庞明礼：《"省管县"：我国地方行政体制改革的趋势?》，《中国行政管理》2007 年第 6 期。

② 王金炳：《对市管县体制的再思考》，《中国农业银行武汉培训学院学报》2007 年第 5 期。

揩县的"油"来肥市。一些市依靠行政权力，侵占县及农村地区的利益，地级市成了抽水机，削弱了县域经济发展的能力。[1]因此，县市之间在发展过程中出现了经济矛盾，"'市管县'本意是缩小城乡差距，反而导致城乡差距的进一步拉大，形成了所谓的'城乡悖论'"[2]。

2. 管理层次过多，行政管理成本高

实施市管县的其中一个初衷就是为了解决条块分割和城乡分割的问题。但是实际上，这种市管县体制的设计，制造出一个中间层级，省县之间权力被层层截留，信息沟通受到阻滞，在信息网络高度发达和交通十分便利的今天不合时宜。此外，在市领导县体制下，市对县的领导是全方位的具体的领导，县的自主权比"地区行署"体制时期不是扩大而是缩小了。

"大量的理论研究成果表明，行政组织每多出一个层次，信息的失真率就会成倍增加。从科学管理角度而言，信息传递的中间环节要尽可能减少，以缩短决策层和实施层的行政距离，便于上下沟通，提高工作效率。"[3] 在政府的实际运行中，凡是县与省之间需要上情下达或下情上达的问题，无论是政策性还是业务性的，都必须经由市这一层级，这种在信息传递过程中增加一环的做法，明显影响了信息的传递速度，降低了政府部门的行政效率。此外，管理层次的增加，必然要求增加机构、编制，这加大了政府的管理成本；过多管理层级的节制，也会影响人员的积极性和创造性的发挥，容易造成人浮于事的情况，也在主观上降低

---

① 邹树彬：《行政区划改革：焦点、态势及走向》，《社会科学研究》2007年第4期。
② 庞明礼：《"省管县"：我国地方行政体制改革的趋势?》，《中国行政管理》2007年第6期。
③ 孙学玉、伍开昌：《当代中国行政结构扁平化的战略构想——以市管县体制为例》，《中国行政管理》2004年第3期。

了行政效率。因此，"'市管县'本意是提高各级政府的行政效率，反而导致行政效率的进一步下降，形成了所谓的'效率悖论'"①。

3. 城市虚化现象

"市管县"体制推动了城市化进程，但也造成了另一个后果，那就是广域型城市的大量出现。县乡农民摇身变成了"市民"，城市的农业人口依旧占绝对比例，二、三产业的比重也低于农业。以重庆为例，重庆市在升格为直辖市后，划入万县、涪陵两个地级市和黔江地区，面积扩大到 8.2 万平方公里，总人口3002 万人，但城市化水平不及 20%，为典型的广域型城市。有人曾用"重庆是世界上最大的城市"来讽刺这种怪诞的城市化现象。据 2006 年底第六次人口普查资料显示，中国城市化水平（市镇人口占总人口的比重）达 44.9%。② 但数字统计中包含着大量的市管县以及其他广域型城市的"市民"，所以中国的城市化水平可能存在明显的虚化成分。

这种城市虚化现象表现为中国许多城市不是一个城市型行政区，而是一个以广大农村为主体的行政区。这些城市仍是以农业为主导，大量所谓的"市民"仍在从事着农业等相关行业，第二、第三产业从业人员的比率偏低。可以说，中国的许多市不是城镇型行政区而是以县乡为主体的行政区，这种城市跟国际的城市标准还有一定的差距。这种城市虚化现象既不利于城乡经济的发展，也不利于城市化水平的提高。

4. 县级在财税分割上始终处于劣势地位，形成"饥饿财政"

"市管县"体制本意是想利用城市的财力优势，以借款、补

---

① 庞明礼：《"省管县"：我国地方行政体制改革的趋势？》，《中国行政管理》2007 年第 6 期。
② 中国新闻网，2008 年 3 月 31 日。

助、财政转移等方式，帮助县乡发展。然而，分税制对中央和省之间的财力分割作出了规定，却在省、市、县之间如何分割的问题上没有明确规定，财政上仍带有旧体制痕迹。实际运行情况也违背了"市管县"的初衷，"在'市管县'体制下，县级在财税分割上始终处于劣势地位，财权事权不统一，财源匮乏，形成'饥饿财政'，有的甚至难以为继"①。这种"饥饿财政"主要表现在以下几个方面：（1）由于层级多，地方政府间的责任和权限也难以明晰化，如消防和预备役的费用支出。（2）中央政府资金返还不能到位。根据分税制改革方案，中央对地方要以1993 年为基数进行返还，地方上也要逐级向下进行返还。但实际上有相当一部分市级政府不按规定确定预留比例，压低资金比例，使县级财政有口难言。（3）一些地级市利用其行政优势或借开发区之名，随意改变企业隶属关系，扩大城市税源，县级财政直接受损。（4）对县一级的转移支付受到市级的截留。

总之，"市管县"体制使得资金难以及时落实到位，进一步加剧了县级政府的财政困难，因此，"市管县本意是缓解县的财政困难，反而导致县财政的愈加困难，形成了所谓的'财政悖论'"②。

三　市辖区问题

中国的直辖市、副省级市、地级市一般都辖有一个到十几个不等的行政区，这些行政区被简称为市辖区。市辖区按地理位置又分为城区、近郊区、远郊区等几种类型。所谓市辖区，是指由市管辖的一级行政区域单位，其行政地位一般相当于县，直辖市的市辖区相当于自治州，或者介于县和自治州之间。

---

① 孙学玉、伍开昌：《当代中国行政结构扁平化的战略构想——以市管县体制为例》，《中国行政管理》2004 年第 3 期。
② 庞明礼：《"省管县"：我国地方行政体制改革的趋势?》，《中国行政管理》2007 年第 6 期。

城市分设若干市辖区进行分区域、分层级管理，是城市发展到一定阶段的必然产物。但是，市区是人口集中、工商业发达、非农业人口集中居住的区域，是周围地区的政治、经济和文化中心，居民生活高度社会化，市政府不仅要为居民提供许多乡村地区所没有的社会服务，承担各种城市社会管理职责，而且这些服务和管理（如城市公用事业、城市规划、城市社会治安等）大都需要把城市作为一个整体来统筹安排。正是由于城市公共管理的整体性特点决定了市辖区不同于其他政区，它不可能完全承担县级行政单位的各种管理职权，市和市辖区的关系也不同于省和县（市）或县与乡的关系，后者完全是一种纵向政府间关系。由于市辖区是出于为城市分担公共管理和公共服务的需要而设置的，因此它实际上具有市的行政性分治区的地位，是市的一种内部结构。市辖区在行使其职权上，不具有一般地方行政单位相应的相对独立性。①

由于中国城市辖区数量大，所辖的地域又都是人口和经济高度密集的地区，在中国行政区划体制中占有很重要的地位。由于城市型地区的特殊性以及市、区两级政府之间权力过渡的空间较小，所以市辖区的地位不如同级的其他政区那样容易被认识和理解。长期以来，中国的城市辖区制度存在着诸多问题：（1）有关市辖区的设置、调整等工作非常随意，缺乏相应的标准和规范；（2）在市辖区规模分布不均衡；（3）市与区之间在利益关系上矛盾重重；（4）在市辖区的管理上，存在着飞地管理和人户分离带来的异地管理和管理空白。总之，市辖区的现行状况已经不能适应城市经济社会发展的需要。②

---

①　刘君德、汪宇明：《制度与创新——中国城市制度的发展与改革新论》，东南大学出版社，2000，第124页。
②　张知常：《市辖区：亟待规范和调整》，《苏州大学学报》1999年第2期。

　　近年来，一些东中部省份的大中城市对市辖区进行了调整，调整的形式和内容概括起来主要有三种类型①：（1）打破郊区包围城区格局的调整。在传统体制下，为保证大中城市的农副产品供给，许多大中城市都设有郊区，郊区的地域范围一般是在城区四周。但经过长期的发展，城区人口增加多了，城区建设规模扩大了，城市发展的地域空间被郊区以封闭型或半封闭型的形式包围着，中心城区的进一步发展受到束缚，因而不得不撤销郊区，把郊区的地域相对均匀地划分给各个城区。如内蒙古呼和浩特市郊区的调整、河南洛阳市郊区的调整、安徽合肥市郊区的调整、广西南宁市郊区和柳州市郊区的调整等。（2）解决城区布局划分不合理问题的调整。由于历史原因有些城市市辖区的划分不很合理，有的区面积过大，有的区面积过小，而且布局犬牙交错，不利于城市建设的统一规划和城市管理，随着经济的进一步发展和经济社会事务管理任务的进一步加重，矛盾和问题越来越突出，不得不对原有行政区划进行必要的调整，或撤并规模过小的市辖区，或重新合理划分各市辖区地域面积。如上海市黄浦区与南市区的合并、浙江温州市区的调整、辽宁阜新市区的调整以及厦门市市区的调整等。（3）撤县（市）并区的调整。随着经济的发展和市区人口的日益增多，有些大中城市的城区发展空间明显不足，进一步发展时受制于周边的县（市），或者与周边的县（市）在经济布局和市政建设上出现产业雷同、重复建设、浪费资源的问题，市县矛盾或大市与小市矛盾日益加剧。在市县同城的地方，市县矛盾更为突出，因而不得不撤县（市）设立市辖区。如广东省撤番禺市和花都市设广州市番禺区和花都区，撤南海市和顺德市设佛山市南海区和顺德区；浙江省撤萧山市和余杭

---

① 戴均良：《关于近年来大中城市市区行政区划调整变更的研究》，《行政区划与地名》2003 年第 2 期。

市设杭州市萧山区和余杭区，撤鄞县设宁波市鄞州区，撤金华县
设金华市金东区；江苏省撤江宁县设南京市江宁区、撤南京市浦
口区和江浦县设新的南京市浦口区、撤南京市大厂区和六合县设
新的南京市六合区、撤锡山市设无锡市锡山区、撤丹徒县设镇江
市丹徒区。

　　从近几年大中城市市区行政区划调整的动因、调整的方案及
调整后的效果看，总体上看调整是必要的，绝大多数调整方案是
好的，调整后的效果也是明显的，从行政区划上解决了束缚生产
力发展的体制问题，促进了地区经济的发展，特别是极大地促进
了中心城市的发展。据有关资料显示，广州、南京、苏州、无
锡、杭州、宁波、温州等城市区划调整后，减少了内耗，整合了
资源，强化了合力，无论是经济发展还是市政建设都呈现出良好
的势头，当地普遍反映行政区划调整效果很好。但从近几年大中
城市市区行政区划调整的实践来看，也存在一些问题。①

　　（1）如何对待撤县（县级市）并区的问题。撤县（市）并
区是近几年行政区划调整变更的一个热点问题，总体上看改区后
的效果是好的，但也存在一些问题，突出表现在两个方面：一是
大面积农区戴上了市区的帽子，在一定程度上存在城市虚化问
题；二是由于部分县改区后机构升格和干部升职，在一定程度上
增加了财政负担。从一些要求县改区的地方实际情况看，有的大
中城市市区面积确实过小，特别是市县同城的地方，城区没有进
一步发展的空间，中心城市的经济社会发展受到了严重的束缚。
如果将市区周边县（县级市）的地域划一部分给市区，市区面
积自然就扩大了，但同时会带来两个问题：其一，某个县临近市
区的地方一般都是"肥肉"，常常是全县经济发展水平最好的地

---

① 戴均良：《关于近年来大中城市市区行政区划调整变更的研究》，《行政区划
　与地名》2003 年第 2 期。

方，一旦划给市区，县域经济将大大削弱，县的发展将会很困难；如果是市县同城，还有个县城搬迁问题，还得增加一笔财政开支；其二，从县里划出部分地域给市区后，市区的地域和人口都增加了，常常不得不要求增设新的市辖区，从而就会整建制地增加机构编制。所以在大中城市的市区行政区划调整模式中，与部分分割县的地域形式相比，整县改区还更有利一点。特别是地级市的县改区，县或县级市改区后既没有机构升格的问题，也没有干部升职的问题，改区前后都是县处级，而且一般而言，县的自主权比市辖区还要大，之所以要县改区，完全是为了中心城市发展的需要。

（2）如何对待一市一区的问题。目前中国共有地级城市260个（不含副省级城市），其中95个城市只设一个市辖区。这种一市一区的模式一般是源于地改市。在地改市时为了不增加县级建制，同时也为了减少撤地设市工作的难度，就将原地区所在地的县级市（县）整建制地改为一个市辖区。而这些县级市或县作为该地区的经济、行政中心，一般都规模较大，人口较多，特别是地改市后中心市区的人口增长加快，一个县级建制的市辖区管辖的人口上百万，面积上千平方公里，加上市辖区体制的局限性，管理起来确实难度很大。有关地方政府多次强烈要求将这些规模过大的市辖区一分为二，或分为两个市辖区，或分为一区一县。由于增加机构，这类行政区划调整必然要从严控制。长期下去对当地经济发展肯定有不利影响。但如果所有一市一区都一分为二，全国就要增加95个市辖区，这显然不符合精简机构的精神。

（3）开发区改成市辖区的问题。20世纪80年代初期国家就开始设立各种各样的开发区、保税区、科技园区，其中国家级的就有150多个。这些机构本来只有经济职能，只管经济事务，但随着发展也有不少开发区管理机构逐步管了很多社会事务，省市政府逐步赋予其管理一定地域和人口的行政职能，开发区变成了准行政区，有的规模还相当大，不断要求改为行政区。

（4）市辖区调整中增加建制的问题。无论什么形式的城市行政区划调整都有可能出现增设建制的要求，因为城市人口增多了，规模扩大了，管理的任务自然就加重了，自然就要有相应的管理建制。每增设一个行政区划建制就要增加一套机构，增加行政管理成本。但是，是不是每一项行政区划调整都不能增加建制则值得研究。

第三节　当代中国行政区划改革的实践

一　省管县趋向的改革

针对现行行政区划体制的主要问题尤其是"市管县"体制的弊端，扩权强县，取消"市管县"实行"省管县"已成为许多学者倡导的首要观点。实行省管县就是依据城市型和广域型行政建制的不同性质和特点实行"市县分治"，"市"只管理城市自身一块，县改由省直接管理，逐步取消城乡合治，转为城乡分治。张春根的主张基本代表了当前行政区划理论探讨的主要观点[①]：减少行政层次，撤销地级市和地区行署，取消"市管县"体制，形成省—县—乡三级体系；将中国大陆现有 31 个省、市、自治区调整为 50 ~ 60 个省，每个省辖 40 ~ 45 个县；改变县级政府"责任重大，权限不够"的状况，进一步放权强县，健全县级政府职能。蔡玉峰认为，中国的县制历史悠久，始于秦汉历经数千年沿用至今，缩省强县的主张在学界传统深厚，如果减少行政层次实行地方政府三级制，理应保留成熟和相对稳定的县制，

---

① 张春根：《县域论》，中国文联出版社，1999。

撤销变更频繁的地级建制。而且省—县—乡三级制法律基础坚实，地级行政建制（地区、地级市）以及"市管县"体制虽然已经实行多年，但迄今并不具有宪法和法律地位，是一种临时性的行政举措。① 关于实行省直管县改革的步骤，基本形成如下共识：第一步就是"强县"，即赋予县相当于地级市的经济和社会管理审批权限，做强县域经济；第二步"撤地"，即在条件成熟的地方由省直管县，实现县市和所在地级市脱钩，地级市的行政级别可继续保留不变，其主要职能将集中用于所在中心城市的建设上；第三步"分省"，即划小省的管辖范围，增设省或直辖市。② 2005 年 6 月，国务院总理温家宝在农村税费改革工作会议上明确提出："具备条件的地方，可以推进'省直管县'试点。"《中共中央关于制定国民经济和社会发展第十一个五年规划的建议》中也明确提出"减少行政层级"，"理顺省级以下财政管理体制，有条件的地方可实行省级直接对县的管理体制"。由此可见，实行省直管县，是今后中国行政体制改革的一项十分重要的内容。

从 2002 年起，浙江、湖北、河南、广东、江西、河北、辽宁等省先后开始了"强县扩权"的改革，把地级市的经济管理权限直接下放到一些重点县，在经济管理方面形成了近似于"省管县"的格局。③ 截至目前，全国实行财政"省管县"的有河北、山西、海南、辽宁、吉林、黑龙江、江苏、浙江、安徽、福建、江西、山东、河南等 18 个省份，加上北京、上海、天津、

---

① 蔡玉峰：《调整县乡行政区划促进行政机关改革》，《管理世界》1999 年第 4 期。

② 戴均良：《省直接领导县：地方行政体制的重大改革创新——关于逐步撤销市领导县体制的思考》，http：//www.xzqh.org（中国行政区划网），2004。

③ 张占斌：《强县扩权与省直管县：解析中国政府层级改革的两种思路》，2005 年 8 月 4 日《学习时报》。

重庆四个直辖市，共有 22 个地区实行了"省管县"。[①]

强县扩权的具体方案各省基本差别不大，类似浙江、福建的做法，只是扩权县的数量由各省根据经济发展实力划定，多少不一。其中河南省的扩权方案与其他省份稍有差别，其将扩权县进一步划分为两个层次，实行梯度扩权。2004 年河南省出台的《关于发展壮大县域经济的若干意见》赋予巩义、永城、项城、固始、邓州五县（市）省辖市的经济管理权限和部分社会管理权限；赋予 2003 年的经济发展前 20 名的县（市）为扩权县，享有省辖市经济管理权限。巩义等五县（市）享有的扩大权限为计划直接上报、财政直接结算、项目直接受理、土地直接审批、证照直接发放、统计直接报送、政策直接享有和信息直接获得。其他 20 个扩权县，省政府赋予其省辖市的部分重要经济管理权限，即在建设项目管理、土地审批、证照发放方面享有与前五个县（市）相同的经济管理权限。

综观各地的试点情况，大致呈现如下特点：第一，赋予县级政府更大的自主权，把一些原本属于地市级政府的行政审批权力直接下放到县。第二，在财政体制上相应增加县级财政的分享比例，增加县级政府收入。第三，选择扩权试点县时，优先考虑综合实力较强的县，兼顾部分中等和贫困县。[②]

以"扩权强县"为突出特征的"省管县"改革仍然只是在试点阶段，其积极作用尚未充分体现，但从目前的情况至少可以窥见其具有一定的优越性：第一，它在一定程度上使得县的发展环境得到了优化，使之拥有更大的自主权，形成一批经济活力强、发展速度快、综合素质高、带动作用大的县，从而有利于城

---

① 人民网：《"省管县"改革：地方权力在分配》，2007 年 6 月 11 日《中国经济周刊》，http://politics.people.com.cn/GB/30178/5845418.html.

② 庞明礼：《"省管县"：我国地方行政体制改革的趋势?》，《中国行政管理》2007 年第 6 期。

乡经济和区域经济协调发展；第二，实行"县财省管"体制可以绕过市这一级的周转和盘剥，提高了财政资金运转效率，一定程度上缓解了县的财政困难，强化了县主观上的努力程度，调动了县发展的积极性；第三，促进了市级政府工作职能由领导型向自我发展型的转变，实现了工作重心的转移，同时，为下一步行政体制改革打下了良好基础。"强县扩权"有效地推动了县域经济的发展。2005 年 9 月底，全国百强县再次出炉，浙江继 2004 年后，继续以 30 个县（市、区）上榜，将江苏（18 个）和广东（10 个）远远地抛在身后，这是浙江第五次在全国百强县榜上独占鳌头。这背后最直接的推手就是浙江在全国率先实行的省管县体制和实践。

对于这一改革实践，不仅有上述实践合理性，而且也不乏其理论合理性与必要性。首先，省直管县体制减少了行政层级，克服了管理层级过多引起的诸多弊端。比如上情难以及时准确地下达，下情也难以及时准确地上传；中间环节截留中央下放的权力，使地方特别是基层的自主权难以得到落实。省直管县符合当今世界组织结构扁平化的趋势，有利于调动市县和基层政府的主动性、积极性和创造性，有利于提高政府管理效能。其次，实行省直管县体制，能解决地市分割的弊端。县财政绕开市一级的财政截留，在一定程度上缓解了县的财政难题，提高了县财政资金的运行效率。"省管县体制后防止一些中心城市随意向外扩大行政'地盘'，侵占农民土地，减少土地资源浪费。"① 最后，实行省直管县体制，能扩大县的自主权，推动县域经济发展，进而实现城乡协调发展。

但是，"省管县"的改革也面临诸多挑战。我们在看到"扩

---

① 雷丹、李欧亚：《"省管县"体制对升级政府管理的挑战》，《时代经贸》2007 年第 10 期。

权强县"改革光明前途的同时，也要清新地认识到其道路的曲折性。第一，"省管县"的改革是对旧体制下利益格局的重新调整，尤其涉及众多官员的切身利益，阻力之大不难想象，其间的困难也应该充分估计。第二，省直部门在扩权政策中定位模糊，事权、财权难以界定，在没有中央统一规范的政策下，新的摩擦和矛盾势必造成新的内耗。第三，中国区域差别大，发展很不平衡，不少省级区划里县级单位有八九十个甚至一百多个，而省级直管县有效管理大体应在 40～50 个左右，太多了根本管不过来，会有不少问题。这就要求同时要把缩省、缩乡的改革积极推进，而这更是一场系统的改革工程。第四，"扩权强县"改革后，扩权试点县拥有了大量经济社会管理权限，如何有效监督约束县级政府行为，防止出现投资冲动和重复建设，是关系到"扩权强县"改革和未来"省管县"体制成败的关键问题。

　　除此之外，改革过程出现的问题也暴露了"省管县"体制的其他弊端。① 其一，扩权试点县的选择上侧重于较发达县。在很多省份的"扩权强县"改革中对试点县的选择大多是依据当地经济发展水平，从高到低按照顺序排列选取，如浙江 1992 年对 13 个强县的放权，1997 年对萧山、余杭赋予部分地级市的经济管理权限；河北在 2005 年选择 22 个试点县（市、区）所把握的四个标准是：县（市）综合经济实力，城市合理布局，发展潜力，城区统筹兼顾，在 22 个试点县中有 16 个县（市）经济发展水平比较高，只有 6 个县（市）经济基础相对薄弱，其中国家级贫困县只有 3 个。较多选择经济强县作为扩权的试点，有其合理性，可以促进经济基础好的县（市）在发展中率先登上一个更高的台阶，但是不利于探索相对落后地区县域经济的模式创新，而在全面建设小康社会的新阶段，欠发达县域发展更需

---

① 贾康等：《对扩权强县改革的分析》，《人民论坛》2005 年第 9 期。

成为重点。其二，扩权县与上级（地级）市的关系仍需进一步协调。扩权县与上级（地级）市的权力重构面临三个方面的矛盾：第一，由于下放的权力大多来源于省辖的地级市，许多地方必然出现既得利益的抵触。一些地级市为了保留部门利益，不愿放弃权力，在养路费、车辆附加、交通规费等的征收中，一些地方出现市与扩权县争收的现象。第二，一些地方在地级市权力下放后，义务也通通甩出，如县级申报的许多项目的筹资需要在中央财政投入的基础上由省和地级市配套资金，而在扩权改革后一些地级市不愿意再承担配套责任。第三，一些垂直管理部门扩权前是"一个婆家"，扩权后变成"两个婆家"，工作程序重叠，难度加大。其三，缺乏有效的约束机制，存在"由放而乱"的可能性。"扩权强县"虽然解决了激励机制问题，却在一些地方没有对约束问题给予足够的重视，地方政府的行为容易短期化和发生扭曲。在这种情况下进行公共行政层面上的权力再分配，有可能出现"一放就乱"、"前放后收"的振荡。

二　撤县（市）并区的改革

所谓撤县（市）并区，就是将大城市行政区周边的县（市）改为区，纳入到大城市行政区范围之内，为解决市管县体制的诸多矛盾以及为大城市与周边地区的统一规划和协调发展创造条件。

撤县（市）并区需要一系列软硬性指标。目前，撤县（市）并区主要是依据国务院批转民政部 1993 年《关于调整设市标准的报告》。近十多年来，中国各地经济发展速度很快，各地撤县（市）并区的申请越来越多。为了适应形势发展需要，民政部在 2003 年出台了《市辖区设置标准》，允许直辖市和地级市设立市辖区，具体标准为：市区总人口在 300 万人以上的城市，平均每 60 万人可设立 1 个市辖区；最小的市辖区人口不得少于 25 万人，其中非农业人口不得少于 10 万人；中心城市郊县（县级市）改设市辖区，该县（市）就业人口中从事非农业人口的比例不得低于 70%，第二、第三产业产值在国内生产总值中的比重达到 75% 以上；改设市辖区的县（市），全县（市）国内生产总值、财政收入不得低于上一年度本市市辖区对应指标的平均水平。由于上述条件限制，这种行政区划的调整大多发生在东南沿海发达地区，少数发生在内地经济较发达的特大城市周围。受相关财政制度影响，一些地级（或以上）市在与其所辖经济强县（市）的利益博弈过程中，采取撤县（市）并区的做法，通过扩并周边经济强县（市），以增强自身经济实力和扩大城市发展空间。

撤县（市）并区首先带来的是行政区域名称的变更。如1991 年湖北省黄冈县被分割为黄州区和团风县两个县级行政区并隶属于黄冈市，2002 年 12 月撤销原佛山辖区的城区、石湾区以及县级南海市、顺德市、三水市和高明市后设立了佛山市禅城区、南海区、顺德区、三水区和高明区。其次，是有关机构会发生变更。机构名称的变化是把县（市）委变成区委，相应的人大、政协、人民政府、法院、检察院等都会发生变化。机构级别、干部的级别待遇也会发生变化：有的县（市）隶属于副省级市或者直辖市，设区后行政级别就会由县级升格为副厅级、厅级，而干部的职务与待遇自然是水涨船高。再次是管理权限的变化。在原来的市管县体制下，县（市）政府在财权与事权上具有相对的独立性，特别是县级市拥有更加独立的财权与事权。撤县（市）并区后，事权与财权都会上收。县（市）成为市辖区，被纳入城市建设总体规划。虽然县（市）并区后仍然拥有一级财政权，但有人将改革前后的对比比喻为"以前市县的财政关系是兄弟般关系，而现在是父子关系"。当然在不同的地区，具体情况有一定差异，这取决于实际的利益博弈。如广东省佛山市

在撤市并区的过程中，采取了"人不动、财不动"的原则，区
划调整后，许多权力不仅不向上收，反而向下放权。而浙江省台
州市和黄岩区双方就事权与财权的分配博弈了八年之久，最近黄
岩区又从台州市要回了部分上移的财权和事权。①

撤县（市）并区作为中国大城市适应城市化发展趋势，将
广域型行政建制转变为城市型行政建制的手段在 2000 年之前就
已有出现，如上海撤销上海县、宝山县等，但规模、数量都较
少。将撤县（市）并区作为协调区域发展、壮大中心城市实力
的手段并广泛应用却是 2000 年以后的事。自广州开始，南京、
杭州等大中城市纷纷展开。据统计，2000 年 1 月至 2004 年 8 月，
中国共有 32 个城市进行了 34 次行政区划合并，共撤县（市）
43 个，其主要特点为以下两方面：（1）撤县（市）并区城市绝
大多数集中于东部沿海省份，共 24 个城市 25 次撤并县（市）
34 个，分别约占总数 75%、73.5%、79.1%。在东部地区被撤
并的 34 个县（市）中，长江三角洲地区占 11 个，珠江三角洲
地区有 9 个，合计约占总数的 58.8%。（2）撤县（市）并区城
市多以非农人口大于 50 万人的大城市为主。在所有撤县（市）
并区城市中，撤并前中心城市非农人口超过 50 万人的有 21 个左
右，约占总数的 65.6%，省会城市有 8 个，占总数 25%。②

对于当前撤县（市）并区的依据或动因已有学者研究③，主
要有以下三点：（1）扩大中心城市的发展空间，使城市产业布
局与发展模式更趋合理有序。这一点几乎是所有撤县（市）设

① 朱雨晨、郑焰：《浙江黄岩撤市设区之争：一个地方人大的十年之痒》，《瞭望东方周刊》2004 年第 15 期。
② 罗震东：《中国当前的行政区划改革及其机制》，《规划研究》2005 年第 8 期。
③ 谢涤湘、文吉、魏清泉：《"撤县（市）设区"行政区划调整与城市发展》，《城市规划汇刊》2004 年第 4 期。

区调整的首要依据。（2）整合县级单位的经济发展力量，扩大中心城市规模，增强中心城市整体经济实力。解决市管县体制中的市县矛盾往往成为撤县（市）设区的主要动因。（3）协调中心城市与周边县（市）的公共基础设施规划和建设，减少不同行政单元间的摩擦，特别是重复建设和环境污染。尤其是市县同城地区。

以城市（经济）利益最大化为目标的市政府看到的是市管县体制中县相对独立的地位对其发展空间的限制，以及围绕中心城市利益而进行的市县之间协调的困难。因此为了保证 20 世纪80 年代以来分权化改革所带来的广泛权力，市必须通过集权的手段消除市县之间的管理体制障碍，撤县（市）并区也就成为市政府破解市管县体制弊端的必然选择。经济发展速度越快，市县矛盾越是突出的地区，往往成为撤县（市）并区的多发地区，如当前经济与城市发展速度最快的长江三角洲和珠江三角洲，撤县（市）设区最为活跃、密集。

三　比较与讨论

主流的观点认为，随着政府管理体制改革的推进，"市管县"体制日益暴露出其制度性缺陷和问题。在实践过程中，诱发了诸如法律规范、经济利益、行政管理和城乡关系等方面的新矛盾。一是市领导县体制在法律依据上的缺陷。二是"市管县"体制组织形式的缺陷。在以行政性分权为主、政府职能转换不到位的体制背景下，不可避免地产生城乡管理、财政税收、社会就业、社会治安、公共服务、"三农"问题、土地交易、环境保护等诸多方面的问题和矛盾。[①] 正是由于"市管县"体制存在着各

---

① 汪宇明：《中国省直管县市与地方行政区划层级体制的改革研究》，《人文地理》2004 年第 6 期。

种弊端，才引发了实践中两种不同的行政区划改革趋向。

在浙江等县域经济比较发达的省份，改革选择的是以"强县扩权"为主要内容的省管县改革。从浙江的改革来看，尽管还存在诸多争议，但其所取得的成效也是公认的。[①]对县级政府而言，改革使中心城市与县（市）处于平等竞争地位，能够最大限度地激发县域经济的发展活力。省管县改革对于县域经济发展的促进作用主要体现在四个方面：首先，市场经济体制下的区域经济发展，客观上要求多主体参与竞争。在省管县体制下，县作为独立的主体参与竞争，能发挥最大的积极性和主动性。其次，省管县体制减少了层级，有利于提高行政效率，降低行政成本，增强省级的调控能力。再次，省管县后，县级财政留成比例增加，可以使县级集中更多的财力来发展县域经济。最后，实行省管县，省县互动，有利于领导干部、各类人才在县域之间的合理流动。对于地市级政府而言，实行省管县改革对其发展也未尝不是件好事。在省管县体制下，市失去领导县、调动县域资源的优势后，必将激发起培育优势产业、创造竞争优势以求发展的积极性，有利于市级经济在竞争中不断壮大。省管县后，中心城市可以集中人力、财力、物力做强、做大、做优、做美城市。[②]因此，这一改革很快扩展到全国 20 余省份。

在苏南与珠江三角洲等城市化水平飞速发展的地区，改革主要选择了撤县（市）并区。从 2003 年 12 月广东省组建"大佛山"、将原来佛山市代管的县级市顺德、南海、高明和三水撤市并区的实践来看，有利于更好地发挥中心城市在区域经济发展中的凝聚能力，促进城市和区域经济一体化，加速城市化进程；更

---

① 傅白水：《强县扩权的浙江经验》，《南风窗》，2005 年 3 月 12 日。

② 徐元明等：《省直管县体制改革相关问题研究——以江苏省为例》，《江海学刊》2008 年第 1 期。

有效地利用地区资源，促进产业协作，合理布局生产力，增强区域的整体竞争力；更有成效地对地域上紧密相连的城镇实行统一规划、统一建设和统一管理，减少各种冲突和矛盾，建设节约型社会，方便市民，减轻民众负担；提升区域整体竞争力等。① 因此，"撤县（市）并区"被赋予了"扩展大城市发展空间和打破行政区经济障碍的重要手段"的功能。

但是这两种行政区划改革措施仍然存在着诸多值得讨论的问题。以浙江为代表的省管县趋向改革之所以能够顺利推进，与浙江省域面积不大（实行省直管县并未增加省的调控难度）、县域经济普遍比较发达（能将下放的权力使用到位）、中心城市也相对比较发达（在改革中阻力相对较小）等有直接的关联。在其他并不具备类似条件的省份，这一改革是否行得通还存在着诸多未知数。而且，即使是浙江的改革实践也面临着协调地级市与县级政府关系以及如何约束因"扩权"而获得激励的那些强县等难题。② 而"撤县（市）并区"的改革，往往更多考虑的是中心城市自身发展的需要以及改革对中心城市的积极意义。但这种改革对被撤并的县（市）乃至地方民众而言，往往可能出现的是很多消极的"信号"。③ 撤县（市）并区虽然为城市政府解决了发展空间问题，并能够通过行政性手段进行区域发展协调，但管辖区域的急速扩张将导致政府回应性降低，可能会降低地方公共服务水平，抑制经济社会发展。而且，撤县（市）并区仅仅是将市县之间矛盾转化为"内部矛盾"，体制内生的问题并未根

① 周霞：《行政区划调整与规划管理体制完善——以佛山市为例》，《规划师》2005 年第 7 期。

② 中国社科院课题组：《强县扩权改革的情况综述及简要评价》，《光明日报》2006 年 4 月 21 日。

③ 李开宇等：《从区的视角对"撤市设区"的绩效研究——以广州市番禺区为例》，《人文地理》2007 年第 2 期。

本解决，而这种方式对于平级城市之间的矛盾则显得苍白无力，协调依旧困难重重。

　　总之，省管县与撤县（市）并区作为中国当前行政区划的两个主要实践方向，虽然实践所表现出的差异很大，但其背后所反映的机制与问题却是相同的，而且其成功实施必须具备相应的前提条件，不应该也不可能简单地"一刀切"。不过，比较而言，省管县趋向的改革意味着继续了自上而下放权改革的逻辑，而撤县（市）并区改革意味着重回自下而上收权改革的逻辑。从公共物品的属性来看，最贴近公众需求的公共决策是最有绩效的决策，因此放权必然优先于收权。从中国区域经济的发展现状分析，地方尤其是县域整体经济发展比较落后，需要给予微观发展主体进一步的政策激励，同时中国相对集权的政治体制仍有较大的政策空间来进一步实施放权改革。从这一点来看，省管县将有可能成为更广泛、甚至全国性的发展政策，而撤县（市）并区将逐渐变得更为谨慎和有限。但是，从以往的经验教训来看，如何走出"一放就乱、一收就死"的恶性循环困境，仍然是一个值得重新思考的根本性问题。

第四节　对行政区划改革的反思：
以珠江三角洲地区为例

　　随着珠江三角洲①区域经济的发展，某种类似于国外的城市群已经形成或正在生成。但是，由于区内行政区划层次较多、分割繁细，一个城市群分属不同的行政区，在发展目标、产业结

---

　　① 　1994 年 10 月，广东省政府提出了"珠三角经济区"的概念，包括广州市、深圳市、珠海市、东莞市、中山市、佛山市、江门市、惠州市区以及惠阳、惠东、博罗、肇庆市的端州区、鼎湖区、四会和高要。

构、产业布局、环境保护等方面，城市群区域与各行政区之间、城市群内部各城市之间都存在明显的利益冲突。这种典型的"行政区经济运行模式"[1] 导致在珠三角经济区生态格局里出现了争资源、争项目、争中心的现象，使得区域内竞争大于协作，不仅没有形成整体优势参与国内外竞争，而且导致低水平重复建设、恶性竞争及资源、人力、财力的严重浪费，并进一步加剧资源和环境的压力。在这种背景下，20 世纪 90 年代以来，以撤县（市）并区和撤并乡镇为主要内容的大规模行政区划改革在珠江三角洲展开。毋庸置疑，这一改革在相当程度上缓解了珠江三角洲行政区划与区域经济发展之间的矛盾，有利于促进区域一体化进程。但是，激烈变动的行政区划也给区域经济发展带来了一些负面影响，而且在撤并乡镇和撤县（市）为区后，仍然存在着行政区经济运行模式。从区域经济发展的基本要求来看，关键在于通过建立健全区域内政府间关系的协调机制以实现有效的区域公共管理。[2] 而区域公共管理的要求以及欧美发达国家城市群治理表明，必须实现治理机制多元化。因此，从区域公共管理的视野来看，行政区划改革只是其多元化治理机制的一种，不可能解决所有问题。要实现珠三角的成功整合，应尽快实现区域公共管理治理机制多元化。

一　行政区划改革的背景

珠江三角洲经济区面积 4.17 万平方公里，20 世纪 80 年代以来，在改革开放的背景下，珠三角地区实现了国内生产总值的跳跃式发展，并逐渐形成了先行一步的发展优势，基本上具备了

---

① 刘君德、周克瑜等：《中国行政区划的理论与实践》，华东师范大学出版社，1996，第 93~99 页。

② 有关区域公共管理的研究，请参见陈瑞莲《区域公共管理的理论与实践》，中国社会科学出版社，2007。

实现现代化的条件。2004 年地区生产总值 13572 亿元，比上年增长 19.0%，高出全省 4.7 个百分点。人均地区生产总值 5206 美元，是全省的 2.2 倍。全社会固定资产投资和社会消费零售总额分别为 4486.9 亿元和 4598.7 亿元，占全省的 75.0% 和 72.2%，分别增长 21.0% 和 15.6%。① 珠江三角洲不仅是中国在经济全球化进程中率先融入世界经济的重要区域，而且也是中国对外开放的窗口和诸多政策创新的试验田，在全国经济发展格局中具有相当重要的地位。经过 20 多年的发展，畅通便捷的信息、交通、科技、物质、人才网络将珠三角融为一体，城市发展正向法国学者戈特曼所提出的"城市带"的城市化高级形态发展。② 21 世纪初，随着中国经济逐步跨入高加工化阶段，珠江三角洲作为中国制造业基地的重要地位将更加凸显。区域经济一体化发展要求基础设施建设在空间上具有连续性、产业具有互补性、资源利用和环境保护具有协调性。珠江三角洲作为一个多层次的复合经济区域，其产业结构调整、环境污染治理以及港口、机场、道路等基础设施建设均需要从全局角度进行统筹规划和协调运作。然而由于长期的计划经济体制和行政区划的限制，目前珠江三角洲的发展还存在诸多不协调之处。在珠三角地区各地方政府实际权限分散化程度比较高的背景下，各个地方自主发展，形成了整个珠三角群体化竞争性发展格局，拉动了广东经济的迅速繁荣。这种城市间的相互竞争，使各城市努力将传统的计划审批制对企业的发展制约降低到最低点。但是，另一方面，又出现了地方政府间的恶性竞争，特别是在基础设施重复建设方面造成严重的浪费现象。从 20 世纪 90 年代各地竞相建设高档次机场，到如

---

① 上述数字来自广东省人民政府门户网站：珠三角经济区，www.GD.gov.cn，2006 年 6 月 11 日。

② 魏达志、邓雪丽、曾祥炎、陆麒麟：《城市群与城市国际化》，海天出版社，2006，第 182 页。

今各城市都在建设集装箱深水港，无不反映出各地利益之间相互矛盾的一面。另外，在现行地方政府政绩考核体制的压力下，珠三角的各个地方政府在争夺外资、城市发展定位以及产业结构等方面都存在相当明显的恶性竞争。

1. 基础设施的重复建设

基础设施的重复建设集中在一些利润潜力较大的产业领域，以及像港口、机场这样的基础设施领域。不仅表现为数量多，而且表现为对这些资源的利用效率不高，在利用的方法上还缺少协调。机场方面，在珠三角方圆200多公里的面积内，共有五个机场，香港、广州、深圳、澳门及珠海，合称"A5"。港口方面，深圳港已对香港港口形成了巨大冲击，而广州在此之后仍启动其"南沙大港"计划，东莞也不甘示弱要斥巨资建设虎门港，在其两侧的珠海港和惠州港从来就不相信自己不能成为华南大港。会展场馆方面，珠三角一些市镇近年来由于缺少规模和布局，互相攀比、抢建滥建会展场馆，有的市有三四个大型会展场馆，造成资源浪费和会展业的过度竞争。据有关调查，目前全省较具规模的会展场馆有200多个，而利用率却只有40%左右。

2. 产业结构的高度雷同

有数据显示，珠三角九城市间非农业结构的相似系数为0.9963，产业结构高度雷同。[①] 珠三角各城市从20世纪80年代开始均实行"赶超战略"、"逆向开发战略"，即市场需要什么就生产什么，导致经济区各地把投资的重点集中在投资少、见效快的少数几个行业上，致使区内产业结构雷同，减弱了经济区内分工和规模的双重效益，并引发区内竞争的白热化。80年代中期的彩电大战、冰箱大战就是因为各地产业结构严重呈趋同态势而

---

① 罗必良：《城市化：珠三角面临的问题与道路选择》，《珠江经济》1996年第3期。

引起。到了"八五"时期，各地投资热点又惊人相似：广东沿海等地受香港产业转移以及珠江三角洲出口导向战略等因素影响，加之利益驱动与信贷、财务等约束机制不完善，珠江三角洲内产业结构严重趋同。目前珠三角的工业结构大部分集中在纺织、成衣、食品加工、塑胶、家电等部门。[①]

3. 招商引资上的恶性竞争

珠江三角洲地区经济崛起的过程中，外资拉动发挥了至关重要的作用。面对日益加剧的招商引资竞赛，不少地方在开放引资上竞相出台优惠政策，在外贸出口上竞相压价，导致过度或恶性竞争。本应是成本导向下的企业投资经营行为与追求地方利益的政府行为合在了一起，使得同类产品及上下游生产能力难以相对集中，产业链的分工协作关系出现断裂或不经济地扩大了空间距离。在这种背景下，外商投资企业不论其产业属性和专业特长，一概成为各城市政府部门的争夺对象。

因此，珠三角区域经济发展呈现出明显的"行政区经济"特征，这种"板块经济"模式使得珠三角城市群的发展备受现行行政管理体制的制约和束缚。行政区划是一个国家内部行政区域的划分，它担负着两大基本的功能，即行政管理功能和经济管理功能。从当前中国国情来看，虽然行政区经济有其存在的合理性，对经济发展也有着不可缺少的功用，[②] 但是，改革开放20多年来，随着中国社会主义市场经济体制的初步建立和进一步完善，建立在市场经济运行法则基础之上的区域经济与过去计划经济体制下形成的以行政区为单元的行政区经济之间的矛盾日渐凸显。为了追求地方政府自身经济利益的最大化，地方政府经常对

---

① 魏达志、邓雪丽、曾祥炎、陆麒麟：《城市群与城市国际化》，海天出版社，2006，第187页。
② 陈敏、阎小培：《1990年代以来中国行政区经济研究的进展》，《学术研究》2005年第6期。

经济进行不合理的干预，行政区成为阻隔经济一体化进程的一堵"看不见的墙"，行政边界构成了阻碍区域经济一体化的壁垒，也成为阻碍城市经济圈形成与快速发展的巨大障碍。由此，很容易引发不同行政区经济上的重复建设、产业结构趋同、分割统一市场，经济资源配置效率低，浪费十分严重。因此，一个行政区的"经济"，往往以一个区域的"不经济"为代价。由于珠三角行政区划层次较多、分割繁细，行政体制分割，各自为政，行政性的区际关系削弱了甚至是替代了市场性的区际关系，以致经济圈内因地方行政主体利益导向，而难以做到资源的优化配置及经济融合。因此，从珠江三角洲的发展实践来看，行政区经济已成为区域经济一体化的梗阻。

二　行政区划改革的效果与问题

在 WTO 和 CEPA 的背景下，进一步加快珠江三角洲区域经济一体化进程，不仅对珠三角经济发展具有重要意义，而且对提升整个中国的国家竞争力也十分重要。但是，目前珠江三角洲经济还是行政区经济，行政区划与区域经济发展之间的种种矛盾，使区域内统一的共同市场难以形成，最终严重阻碍了珠三角的进一步发展。因此，必须打破行政区经济，才能整合珠三角各种资源，从而提升整个区域的竞争力。既然许多矛盾都是由"行政区经济"导致，那么一个现实而有效的途径就是进行行政区划改革，打破各城市间的行政区划限制，加速区域内城市间的分工与合作，推动区域城市群的形成，实现从行政区经济向经济区经济的重大转变。

在这一思路引导下，20 世纪 90 年代以来，珠江三角洲的行政区划发生了急剧的变化。2000 年，原广州市代管的县级市番禺和花都撤市改区，大广州将版图一下子扩张到了珠江口，从而摇身变为沿海城市。2003 年 2 月，国务院批复同意撤销原佛山辖区的城区、石湾区以及县级南海市、顺德市、三水市和高明市，同意设立佛山市禅城区、南海区、顺德区、三水区和高明区五个区。大佛山把顺德市、南海市、三水市、高明市尽入"囊中"，雄心勃勃地欲打造广东第三大城市。几乎与此同时，大惠州"合并"了惠阳市，"圈住"了大亚湾，城市空间一下子扩大了五倍。江门市"合并"了新会市，珠海市"合并"了斗门县……最近，东莞新一轮的行政区划调整也正在酝酿之中。

这一波接着一波的城市"合并"浪潮，成功地突破了珠三角改革开放以来长期存在的"诸侯割据"，以及由此导致的资源浪费、效率低下等一系列城市发展的瓶颈，增强了城市综合实力以及扩展了城市发展空间，大大强化了中心城市和区域性中心城市的辐射功能。同时，有利于城市的整体规划，可以优化资源配置，城市管理可以综合治理。"过去一个小小的佛山，从顺德'打的'进不了南海地界，从南海打电话给顺德要拨长途。现在行政区划统一了，原来26个收费站也砍剩6个，干什么事都方便了"，佛山的老百姓如是说。"过去一个佛山市存在着四级政府，谁也不服谁管，规划建设各搞一套。如今大佛山一成立，就用'四纵九横两环'的交通网，构筑出气势恢弘的大佛山蓝图，统一进行基础设施、文化设施的配套、分工，资源整合立见功效"，佛山官员如是说。①

大佛山带来的变化，是珠江三角洲行政区划改革带来变化的一个缩影。大广州的构建，不仅缓解了中心城区发展空间不足的压力、带动了周边城区发展，而且随着广州的加速发展，进一步奠定了其作为带动珠三角区域发展的区域中心城市和辐射东南亚的国际化大都市的地位。尽管大幅度调整牵扯到各方利益，遇到重重阻力，但广东省委、省政府以"破釜沉舟"的决心与魄力完

---

① 杜星等：《城市化，广东发力大提速》，2003年10月19日《羊城晚报》。

成了这个"大手术"。在此基础上,广东省的区域协调发展战略也在强力推进:构建具有对华南地区强大辐射力的由大广州、大佛山组成的广佛城市群;构建以外向型经济和高新技术产业为主导的由深圳、东莞、惠州组成的珠江口东岸都市区;构建内外经济各占一半,以生态环境取胜的由珠海、中山、江门部分地区组成的珠江口西岸都市区。① 珠江三角洲城市群的竞争力由此增强。②

在撤县(市)并区的同时,撤乡并镇的改革也在如火如荼地展开。2001~2005年,广东省的乡镇从1588个减少到1156个,撤并432个,撤并率达到27%;乡镇行政机关综合性办公室减少4153个,精简80%;精简乡镇人员近万人,行政支出减少了3亿多元人民币。③ 此外,撤并乡镇,降低了行政管理成本,减轻了农民负担,减少了基础设施重复建设,增强了中心镇和重点镇的集聚辐射功能,促进了资源科学配置。扩大区域中心镇规模,也有利于城市发展规划与合理布局,促进经济社会协调发展。

不过,必须意识到行政区划改革的局限性。通过调整行政区划,虽然可以将外部交易费用内部化而节约交易成本,但内部组织成本等的增加也可能导致科层制困境。而且因为"重新调整行政区划是一项复杂工程,涉及政治、经济、文化等各个方面,

---

① 2005年1月20日,广东省人大常委会第16次会议听取并审议了广东省人民政府《关于提请审议〈珠江三角洲城镇群协调发展规划〉(2004~2020年)(草案)》的议案,决定通过并予以实施。《珠江三角洲城镇群协调发展规划(2004~2020年)》中详细规划了未来珠三角城市群的发展。

② 以佛山为例,行政区划改革产生了立竿见影的效果。倪鹏飞等人的研究表明,在中国200个城市综合竞争力排名中,佛山市由2002年的第24位跃升为2003年的第15位(参见倪鹏飞《2003年城市竞争力蓝皮书:中国城市竞争力报告NO.1》,社会科学文献出版社,2004,第1~2页;《2004年城市竞争力蓝皮书:中国城市竞争力报告NO.2》,社会科学文献出版社,2005,第1~2页)。

③ 《我省部署乡镇综合配套改革,确定六地试点》,2006年8月18日《南方日报》。

有可能会引起某些局部的不稳定因素"，[①] 不可能一蹴而就；尤其是一些行政区划是历史形成的，具有相当的稳定性和刚性，不能也不应该随着经济活动的频繁演变而调整不止。

再进一步分析，就会发现在珠江三角洲实施了大规模的行政区划改革后，又不得不面临新的问题。

（1）原来的县（市）现在变成了"城区"，但按照中国现行的行政体制，"区"并非一级具备完整政府职能的政府。为了保持这些地区原来的活力，该赋予它们什么特殊权力？如顺德与南海在全国百强县中名列前茅，而且顺德是广东省县级综合改革试点。而为了公平起见，又该如何对待原有的城区？

（2）如果说类似如大佛山、大惠州、大江门的组建在相当程度上破解了原来"市管县体制"的迷局，消解了"小马拉大车、市刮县"等诸多问题。但是，撤市并区后的佛山市域仍然呈现"弱中心强周边"的尴尬局面。而且，类似地级市之间的恶性竞争问题、广州与深圳之间的龙头与中心之争，难道还要通过行政区划改革来解决吗？

（3）一般而言，珠三角的各乡镇经济实力雄厚，镇域经济具有很强的活力。这应该归功于原有的行政区划，为经济主体市场运作提供了合理的空间，使得经济主体能够最大程度地发挥主观能动性。如果实行乡镇的合并，必然涉及原有的机构、人员的精简和合并，并且合并后仍然会在原乡镇所在地成立副镇级的办事处，乡镇合并的实际意义很难保证。而且，相应的乡镇合并，必然存在重新确定城镇中心和制定新的建设规划，需要在城镇建设用地、劳动力密集型产业发展、公共和基础设施建设方面做长远规划和对原有规划进行大范围调整的问题。对于珠三角那些经济实力相当的镇，如东莞的长安镇、虎门镇等，无论是合并后新

---

① 孙学玉：《公共行政学论稿》，人民出版社，1999，第110页。

镇政府选择在何处，都会造成系统内部的内耗，从而造成整体经济实力的下降。

（4）如今，珠江三角洲的许多城市政府不断提出行政区划改革的要求，或要求兼并其他市镇，或要求扩大行政辖区，或要求提高行政建制级别，因为区划的调整不仅意味着土地的扩张、城市等级的提升，更意味着对更多、更大发展机会的占有。这势必又陷入了再竞争—再改革的怪圈。

对于中国这样的发展中国家，在城市化进程中，适当程度的行政区划改革，可以减少不必要的资源浪费和区域内内耗，扩大市场运作空间，整合政府间关系以提升区域公共管理的水平。但是另一方面，合理、稳定的行政区划也是社会经济的发展与生产力水平的提高所必需的。从组建大佛山的案例中可以发现，激烈变动行政区划给地方经济带来了不安定感和波动，负面效应也是明显的，而且又以新的形式、在新的地域形成了行政区经济。为行政区划改革所付出的巨大政治、经济和社会成本及其调整的正面效应，正在被缓慢而艰难的磨合过程所抵消。① 行政区划改革虽然解决了一时的问题，却未从根本上跳出区划调整—竞争膨胀—区划再调整的怪圈。因此，行政区划改革虽然很重要，但姑且不论其改革的高额成本，即使从其绩效来说，也不可能从根本上解决珠江三角洲区域经济一体化面临的问题。

三　从行政区划改革到治理机制多元化

既然在珠三角实现区域经济一体化的最大障碍在于辖区政府间管理上的不协调，那么如何破解这些障碍呢？

---

① 2005 年 10 月 22 日，国家统计局发布的"2005 年全国百强县（市）"排名中，顺德由第一位下滑到第二位，南海由第三位下滑到第六位（2005 年 10 月 23 日《羊城晚报》）。

　　区域经济一体化作为一种地域整合过程，其最终目的就是形成一个同一的区域经济组织，即区域经济共同体。在这个共同体内，通过制定共同的区域产业政策以及与此相关的其他各项社会经济政策，以劳动地域分工为基础，统筹规划，最终建立一种垂直型分工与水平型分工相结合的区域经济联合体系，促进共同体成员的共同繁荣。[1] 相关研究认为，区域经济一体化的主要目标包括要素市场一体化、基础设施建设一体化、产业发展与城市功能定位一体化、区域制度与政策一体化。[2] 因此，区域经济一体化是建立在区域分工与协作的基础上，通过生产要素的区域流动，推动区域经济整体协调发展的过程。

　　尽管区域经济一体化是一种在市场规律作用下，以市场导向为主，受利益机制支配的、能给区域内各成员带来超额利润的区域经济联合行为，并非是行政一体化。但是，在当代中国地方政府主导型市场经济的发展背景下，区域经济一体化目标的实现，却有赖于区域内各行政单元间的良性竞争与紧密协作。因此，区域内相关地方政府间的相互关系作用是区域经济一体化的重要保证。[3] 所以，在珠江三角洲，要实现上述区域经济一体化目标，关键还在于各个城市政府要坚持用开放的观念来创造要素流动和优化配置的环境，以市场化取向建立区域统一的劳动力市场、资金要素市场和土地市场，制定符合要素流动需要的产业政策和社会保障政策，促进要素按市场半径来进行区域组合。显然，其核心内容就是要通过建立健全区域内相关政府间关系的协调机制，

①　上海财经大学区域经济研究中心：《2003 年中国区域经济发展报告》，上海财经大学出版社，2003，第 229 页。

②　石忆邵：《市场、企业与城镇的协同发展》，同济大学出版社，2003，第 153～154 页。

③　上海财经大学区域经济研究中心：《2003 年中国区域经济发展报告》，上海财经大学出版社，2003，第 310 页。

最终实现区域内多元主体在公共事务治理上的协作共治，即走向区域公共管理。

作为区域内多元主体在公共事务治理上的协作共治，区域公共管理往往面临的威胁是多元主体之间的利益冲突问题。因此，区域公共管理的基本要求就是要建立健全多元主体间的利益协调与平衡的治理机制。对于这些机制，公共选择理论的研究表明，在类似于市场机制的多中心治理机制下，区域内多元主体间的竞争不仅有利于提供不同类型的公共服务，个体可以选择居住在最能满足其需要的社区（即"以脚投票"），而且还会促进多元主体回应公众的服务需求。① 而大量的经验事实则表明，自上而下的科层制也有利于多元公共管理主体间利益冲突的解决。如有研究者指出："地方之间发生经济利益矛盾，需要中央出面调解，首先因为中央作为最高国家机关和国家经济利益的代表者，是各个地方共同服从的协调者和裁决者，在一个统一的国家内不存在不服从中央政府的地方；此外，还因为有些地方之间的经济利益矛盾是由于国家界定不合理、不配套才产生的，解铃人还须系铃人，只有中央代表国家调整界定，才能得到有效的协调。"② 但是，正如美国著名学者 E. 奥斯特罗姆所指出的那样："划分公用地，建立私人产权，这在许多情况下可以增进效率，对此种观点无并无异议。同样，通过中央政府机构管理某些资源，可能避免在其他情况下的过度使用，对此种观点我也无异议。我不同意如下的看法，即中央政府管理或私人产权是'避免公用地灾难的唯一途径'。将体制规定限定在'市场'或'国家'上，意味

---

① 〔美〕A. 奥斯特罗姆、查尔斯·M. 蒂伯特、罗伯特·瓦伦：《大城市地区的政府组织》，载〔美〕麦金尼斯主编《多中心体制与地方公共经济》，毛寿龙等译，上海三联书店，2000，第41~67页。

② 全治平、江佐中：《论地方经济利益》，广东人民出版社，1992，第207~208页。

着社会科学'药箱'只包含两种药。"① 因此，区域公共管理的
治理机制应该是多元化的。

从当代欧美发达国家的区域公共管理实践来看，经济全球
化、区域一体化在促进城市群不断发展的同时，也面临着类似于
珠江三角洲如何实现有效治理的难题。为此，巨人政府论（行
政区划改革就是其具体形式）、多中心治理与新区域主义展开了
激烈争论。② 但是，争论结果表明，"没有一种组织模式能有效
处理城市群复杂的动态情况，围绕那些跨辖区的问题而组成各种
利益共同体是经常的事情，需要建立多种不同的组织规模，以实
现规模效益，培育自治精神；区域问题的解决应该建立在现行政
治制度安排的基础上"③。对此，交易费用理论的分析也可以证
实。在交易费用理论看来，欧美学者提出的上述三种治理方案实
际上代表了三种不同的治理机制，即科层制、市场机制和组织间
网络。④ 因为不同交易在特征上存在差异这一事实说明了组织形
态的多样性，由于这种差异，交易的治理也要不同。所以交易费
用经济学的一个基本逻辑就是所谓的"区别性组合"：经济组织
就是将特征不同的交易与成本和能力不同的治理结构以一种能将
交易费用最小化的方式区别地组合起来。⑤ 因此，尽管三种治理

---

① 〔美〕埃利诺·奥斯特罗姆：《制度安排和公用地两难处境》，载 V. 奥斯特
罗姆、D. 菲尼和 H. 皮希特编《制度分析与发展的反思》，商务印书馆，
1996，第 83~107 页。

② 参见 David K. Hamilton, *Governing Metropolitan Areas*, New York：Garland
Publishing, Inc, 1999。

③ 〔美〕罗纳德·J. 奥克森：《治理地方公共经济》，万鹏飞译，北京大学出版
社，2005，第 18~19 页（原出版者的话）。

④ 张紧跟：《组织间网络理论：公共行政学的新视野》，《武汉大学学报》2003
年第 4 期。

⑤ O. E. Williamson, "The Institution of Governance", *American Economics Review*,
vol. 88, no. 2, 1998：75-79。

机制在城市群治理实践中都能解决一些问题，但都不可能解决全部问题，都存在着局限性。正是基于此，有学者指出，城市群治理研究"不应去寻求一种唯一正确的组织模式，而应关注各种可能的治理模式以及治理是如何通过地方公共经济结构来和绩效发生关系的"①。

因此，在区域公共管理的视野中，行政区划改革作为一种将不同行政辖区公共管理主体间外部交易费用内部化的治理机制，只是实现区域公共管理的多元化机制的一种，只能有效解决一部分问题，而不可能解决全部问题。要适应珠三角区域经济一体化的发展要求，就应该在已有的行政区划改革基础上实现治理机制多元化。

在珠江三角洲，虽然各地方政府都归属于广东省的统一管辖，但是由于自改革开放以来广东省政府"实行放权型的政府操作模式"，政府的权力结构属于地方分权型，各地之间的竞争大于合作，省政府很难协调各地方的利益（特别是深圳和珠海这种属于有高度决策自主权的经济特区），当然更难协调纯粹依靠市场力量运作的外资企业。② 再加上广东省特殊的行政格局（深圳与珠海属于有高度决策自主权的经济特区、广州是有一定自主性的副省级城市等）和政府实际权限分散化程度较高等原因，因此长期以来，在协调珠三角地区各个地方政府间关系问题上更多的是依赖于市场机制的自发调节。虽然这种城市政府间的相互竞争，使各城市政府努力将传统的计划审批制对企业的发展制约降低到最低点，形成了整个珠三角群体化竞争性发展格局，拉动了经济的迅速繁荣；但是由于市场机制所固有的缺陷，也导

---

① 〔美〕罗纳德·J. 奥克森：《治理地方公共经济》，万鹏飞译，北京大学出版社，2005，第 161 ~ 162 页。

② 朱文晖：《走向竞合——珠三角与长三角经济发展比较》，清华大学出版社，2003，第 169 ~ 172 页。

333

致在一定程度上各地之间的恶性竞争，特别是在基础设施建设方面造成严重的重复建设和浪费。尽管广东省政府早在1994年就决定成立珠三角经济区规划协调领导小组，以加强珠三角经济区的协调与规划，但是由于政府经济职能没有发生根本性变化，因此从珠三角经济区规划推动多年来的实践发展情况来看，并没有达到预期的目标。在这个过程中，珠三角的各个城市政府之间的利益矛盾依然存在，彼此之间的明争暗斗还在继续。20世纪90年代末以来，在长江三角洲咄咄逼人的发展态势以及全球化进程加快所带来的竞争压力下，广东省政府也开始强化政府替代，逐渐开始加强对珠三角经济社会发展的协调。在这种自上而下的科层制机制的协调作用下，珠三角的整合力度不断加大。不过，我们必须意识到，尽管广东省近年来不断强化地区整合中的政府替代，原有的市场机制也还在发挥作用，但无论是科层制还是市场机制都有其不可克服的缺陷，要进一步加强珠三角的整合力度，还必须适时发展新型治理机制——组织间网络机制。

最近，这样一种发展趋势已经开始出现。不仅相关整体性规划已经展开，政府职能部门间相关协议与协作不断推进，而且筹组珠三角市长联席会议也纳入议事日程。这些都标志着珠江三角洲的区域公共管理迈上了新台阶。因此，虽然通向区域公共管理的道路会很长，但是初步形成的多元化治理机制表明珠江三角洲已经迈上了这个轨道。

四　简短的结论

众所周知，当今世界国家与地区间竞争，最终取决于制度的竞争。珠江三角洲是当代中国走向现代化的战略区域，能否实现区域公共管理，而不是简单的行政区划改革，以获得持续的制度性优势，直接关系到珠江三角洲乃至整个中国的长远发展。

改革开放30年来，由于市场经济的不断深入发展，为传统计划经济体制所阻隔的、跨越既有行政区划边界的自然经济联系得到了发展，从而推动了行政区划从区域经济发展实际出发，行政区域界限趋向与自然地理界限、民族分布界限、社会文化地域界限，尤其是与经济区划界限相吻合，以有利于区域经济资源转化为区域经济优势。① 但是，以计划经济为依托的行政区经济与以市场经济为依托的经济区经济的碰撞也十分严重。事实上，造成区域内发展矛盾的不仅仅是行政区划本身，还因为缺乏行之有效的区域利益协调机制。而且，在当代中国特殊的发展背景下，地方政府将在相当长时期内仍然肩负地区经济发展的重要使命。因此，如何引导着地方政府从追求地区经济发展最大化转向实现区域经济发展共赢，才是走出区域发展困境的理性选择。

从区域一体化的基本要求以及欧美发达国家的经验来看，建立健全区域内政府间关系协调的多元化治理机制以实现有效的区域公共管理，应该成为类似于珠江三角洲这样的区域行政区划改革后的必然走向。从区域公共管理的视野来看，行政区划改革只是实现区域公共管理的一种治理机制，能解决一部分问题，但不是万能的。在区域政府间关系协调治理机制的构建中，任何单一机制的效用都是有限的，必须构建多元化的治理机制，形成市场、科层制和组织间网络混合治理的格局，才有可能实现预期目标。因此，要适应珠江三角洲区域经济一体化发展的要求，必须在已有的行政区划改革基础上，适时推进区域公共管理的治理机制多元化。

---

① 宋月红：《当代中国行政区域类型及其政治发展动因之分析》，《学习与探索》1998 年第 4 期。

第五章

当代中国城市群治理中的
政府间关系

　　城市群是现代社会经济发展进程中的一个具有划时代意义的区域形态，是各国城市化发展进程的必然结果。它对于促进城市间区域发展、打破地方保护主义、改善城市投资环境、优化社会资源配置都起着极其重要的推动作用。在当代中国，长江三角洲、珠江三角洲和京津冀北地区由城市密集区而形成的城市群区域是中国经济发展最为活跃的区域，也是带动中国经济增长的主要引擎。然而，中国的城市群在发展过程中普遍存在着诸多问题，如城市群内部各行政单元对于要素市场的分割、区域内一体化的基础设施建设滞后、区域内重复建设和恶性竞争问题严重、区域间信息联系和沟通薄弱等。计划经济管理模式的残余仍然主导着城市群地区城市政府的经济管理模式，各地方政府画地为牢、各自为政的经济行为严重阻碍着城市群的整合发展，极大地削弱了城市群区域的整体优势和综合竞争力。近年来，国内有关在长江三角洲、珠江三角洲和环渤海湾地区发展城市群以加速区域整合的研究日益受到重视。尽管城市群治理涉及区域经济发展、城市化和区域规划等诸多问题，但鉴于当代中国地方政府主导型市场经济发展模式的现实背景，因此不能无视城市政府间关系在城市群发展中的深远影响。如何通过协调相关政府间关系来促进城市群健康发展，应该从政治学与公共行政学的视角进行认真研究。本章将在对中国城市群发展现状进行理论综述和实践分析的基础上，结合发达国家城市群成功的治理经验，对当代中国城市群的有效治理进行分析与思考。

第一节　城市群的基本理论问题

一　城市群的基本概念

城市群的研究源于欧美，有许多流派。到目前为止，有关城市群的研究还存在着概念、指标、形成机制等诸多争论。从历史演进来看，1910 年美国学者库恩（Queen. S. A）提出了"都市地区"概念，由"内城"、"城市边缘区"、"城市腹地"三部分组成。1915 年英国学者帕特里克·格内斯（Patrick Gesdes）提出了"组合城市"概念，并将其定义为"由城市的扩展使其诸多功能跨越了城市的边界，众多的城市影响范围相互重叠产生的城市区域"。到 20 世纪 30 年代，英国学者弗塞特（C. B. Fawceet）提出了"城镇密集区"概念，将其定义为城市功能用地占据的连续区域。目前，国际上比较公认的，最先明确提出城市群概念的是法国地理学家戈特曼（J. Gottman）。

国内学者所使用的城市群或都市带等概念主要来自于对国外资料的相应翻译，因此同一概念的译文并不统一，造成了许多相同或相近概念的不同称呼，如都市区、都市带、城市群、都市群等。实际上，这些概念在具体的界定指标上可能会稍有差异，但实质都是指当城市化发展到一定阶段时，出现的一种城镇高度密集、城镇体系庞大、空间联系复杂的城镇空间组织形式。当然，这并不排除在严格的学理意义上，城市群与都市圈、大城市带、城市群、城市圈等概念还是存在一些差异。如城市带是由一组规模较大、地域相邻、彼此关联的城市沿交通干线分布而形成的带状城市群，都市圈侧重于强调圈域内的中心城市或核心城市对周边中小城市的功能集聚与辐射作用，而城市群更侧重于城市与城市群体之间的资源配置与功能互补。① 目前，国内学术界对城市群并没有严格统一的定义。如认为城市群是"在特定的地域范围内具有相当数量的不同性质、类型和等级规模的城市，依托一定的自然环境条件，以一个或两个特大城市作为地区经济的核心，借助于现代化的交通工具和综合交通网络的通达性，以及高度发达的信息网络，发生与发展着城市个体之间的内在联系，共同构成一个相对完整的城市'集合体'"②。或者认为城市群是"在具有发达的交通条件的特定区域内，又一个或几个大型或特大型中心城市率领的若干个不同等级、不同规模的城市构成的城市群体"③。

　　不管对城市群如何定义，但必须强调的是城市群是由不同城市之间组成的一个比较完整的有机整体，城市群内的不同城市之间处于竞争与合作状态，如何协调好不同城市间关系是提升城市群整体竞争力和实现城市群所有城市共赢的核心所在。城市群往往具有一个或多个核心城市，以及与核心城市具有密切社会、经济联系，且带有一体化倾向的邻接城镇和地区所组成的圈层式结构。城市群不仅是一个地域范围的概念，而且是一个具有密切职能联系的经济实体和社会实体。从本质上讲，城市群发展是区域经济一体化的结果。因此，城市群首先可以被看做是一种经济活动的地域组织形式，在这里，各种产业和经济活动彼此聚集，并

---

① 郁鸿胜：《崛起之路：城市群发展与制度创新》，湖南人民出版社，2005，第12页。
② 姚士谋等：《中国城市群》，中国科学技术大学出版社，2001，第3页。
③ 郁鸿胜：《崛起之路：城市群发展与制度创新》，湖南人民出版社，2005，第13页。

相互联系，构成了一个高度一体化和体系化的有机整体。其次，在经济圈的基础上形成了社会圈。由于城市群是一个以经济联系、社会联系以及生态联系为核心形成的一体化区域，往往不是一个完整的行政地域单元。因此，推进城市群发展和城市群一体化进程还有赖于跨地区、跨地方政府的协调与合作。

二 城市群发展的重要意义

纵观全球经济的发展态势，以世界城市为核心的城市群已经成为世界经济最为活跃的区域，并开始逐步主导全球经济。如美国的纽约城市群、日本的东京城市群、英国的伦敦城市群和法国的巴黎城市群等不仅是各自国家的政治和经济中心，也是全球经济、金融、商贸中心和跨国公司的控制中心，在国家和世界经济发展中具有枢纽作用，是连接国内和国际的中心节点。特别是随着经济全球化的进展，自 20 世纪 90 年代以来，世界城市纽约、伦敦、东京的人口从减少转为增加，又开始重新成为直接经济发展的重要舞台，有学者将其称之为"世界城市群增长时代"，认为该现象是由于受到经济全球化的影响，出现了"全球城市地区"，形成了"以全球城市为中心的资本主义"，因而带动了世界城市群的发展。[1]

城市群的形成不仅是城市地域空间形态和规模的变化，更是一种新型的生产力布局与组织形式。城市群的形成在更大的范围内进行自然资源与人力资源的合理利用，使其具有更大规模的集聚效应，体现着经济开发向阻力最小、效力最高的方向延伸的基本规律。城市发展不再只是局限于自身，而是转向区域整体，表现为不同等级规模的城市在一定的基础范围内，依托交通与网络

---

[1] Scott, A. J. ed, *Global City-Regions*: *Trend*, *Theory*, *Policy*, Oxford: Oxford University Press, 2001.

密集分布、配套组合，形成相互依存、相互制约、共同发展的统一体。随着经济全球化和经济一体化步伐的不断加快，竞争格局由单体（企业）竞争逐步演变为包括研发能力在内的地区间产业集群竞争，或者说是中心城市和以中心城市为依托的城市群的产业聚集优势和经济实力竞争。国内外经济发展的实践表明，城市群的崛起及其带动作用已经成为推动一个国家或一个地区经济发展的主要动力。

城市以及城市空间的发展及其扩展，有其自身的规律性。尽管存在着不同的观点和认识，但一般都认为城市群是重要并且有效率的城市空间组织形态。原因在于：第一，城市群可以以最少的城市空间承载相同数量的城市人口，同时可以节约城市设施方面人均单位投入，便于组织交通、信息以及其他城市联系体系。第二，现代经济与社会活动对于空间集聚提出了更高的要求。尤其是伴随着城市工业和服务业活动的高度分工，使得产业集聚成为经济活动区位的重要影响因素。城市群的产业集聚可以使得企业之间的紧密合作成为可能，使得相互间的互补产品表现出"需求拉动"，有利于专业化服务设施和机构的发展以及改善信息环境。

通过对城市群经济发展的理论分析、国际比较后，可以看出城市群经济发展模式不仅是世界各国区域经济发展过程中的必然选择，也是现代经济发展的客观规律和趋势。因此，在未来的经济发展进程中，中国也必然会选择以大城市为中心的城市群经济发展模式，并根据城市群的发展目标和内在规律，重构区域经济发展的新格局，这对于加快城市群经济一体化的发展，切实解决区域经济发展中的各种矛盾和问题，逐步缩小区域发展差距，促进整个国民经济综合、协调、持续、高速发展具有重要意义。[①]

---

① 周克瑜：《都市圈建设模式与中国空间经济组织创新》，《战略与管理》2000年第2期。

三　城市群发展中的政府作用

从城市群的概念可以看出，城市群是跨行政区的，与政府有着天然的联系。政府在城市群形成、发展和建设过程中所扮演的角色，是城市群发展所无法回避的问题。政府正确认识和处理与城市群发展的关系是非常必要的，尤其是在当前中国政府职能正处于从适应计划经济逐步转向适应社会主义市场经济的转型过程之中时更是如此。中国城市经济在从传统的"行政区经济"向"经济区经济"转型的过程中，城市政府究竟是成为城市群经济发展的推动者，还是成为城市群发展的"绊脚石"，是推动城市群发展必须正视的关键问题。

尽管城市群的发展更多地是一个经济发展的自然扩展过程，其资源、资本等的集聚与扩散也更多地有赖于市场规则。但一方面，现实经济世界不是一个交易费用为零的世界，即使是号称最为自由的市场经济国家也不否认政府干预的必要性，而且从理论上讲市场也有失灵的可能；另一方面，中国作为一个后发展中国家以及长期计划经济的经历等，决定了政府在中国经济发展中仍将在相当长时期内扮演着"主导者角色"。因此，无论是培育有竞争力的产业集群，还是建立统一开放的市场体系和功能完善的基础设施，都离不开相关政府的积极引导与推动。所以，有研究者指出，从本质上说，城市群的形成与发展是区域经济发展到一定阶段后的自然产物，但是城市群形成所必需的一些重要的基础条件（如交通基础设施的规划建设）需要政府去创造。①

那么，政府在城市群发展中应该发挥什么作用呢？

有研究者指出，首先，城市群的健康发展需要政府的综合规

---

① 项飞：《地方政府在推进都市圈发展进程中的角色定位》，《理论导刊》2002年第7期。

划引导，尤其是需要有政府制定综合的规划，对城市群的交通体系、土地利用功能布局和市政相关基础设施要有一个通盘考虑。其次，城市群的发展需要政府的基础设施建设作为支撑，而基础设施的规划建设都是政府的基本职能之一，政府要通过基础设施的建设和运营为城市群的发展创造条件。再次，城市群的健康发展需要城市政府之间的协调合作。由于城市群通常跨越多个行政区，与城市群的整体形成和发展有关的重大基础设施的规划建设需要通过各城市政府之间的协调合作来实现。最后，城市群在形成和发展过程中出现的种种问题需要政府采取相应的对策。由于城市群的形成和发展是一个人口和产业快速集聚的过程，即使政府预先作了全面的规划，也难免会出现各种问题，如局部地区环境的恶化、公共服务的供给与需求之间的不匹配等。一旦类似问题发生，就需要政府及时采取对策加以解决。[①]

　　更重要的是，在传统农业社会和工业社会条件下，社会的公共问题相对单一，公共事务比较简单，因而民族国家内部的一个地方政府能够较为得心应手地去解决和处理内部公共行政问题，生产和供给相应的公共物品和公共服务，而无须寻求外部支援和相互合作。但是，第二次世界大战结束以来，特别是人类迈入21世纪以后，世界全面过渡到一个信息社会和知识经济时代，接踵而至的便是经济全球化、区域一体化、社会信息化、市场无界化的高歌猛进。在这样一种全新的政治行政生态格局下，纷繁芜杂的动因交织在一起，使民族国家或地区诸多的传统"内部"社会公共问题与公共事务，变得越来越"外部化"和"无界化"，跨国或跨行政区划的"区域公共问题"大量滋生，并有复杂化、多元化和规模化之态势。以往一个国家和一个地方政府进行的单边公共行政已经力不从心，无法面对大量的"区域公共

---

① 林家彬：《关注城市群的形成与发展》，《长江建设》2003年第2期。

问题",如何生产和供给"区域公共物品",解决区域经济发展中的投资与贸易、资源配置、环境治理、公共卫生、公共安全等区域公共问题,成为区域政府所面临的严峻挑战。因此,双边或多边的区域政府合作或联合治理便提上议事日程。显然,随着区域经济一体化的发展,区域政府之间的协调与合作已成为经济全球化时代的重要发展态势。

改革开放以来,中国经济和城市同步取得快速发展,城市化水平从 1978 年的 17.9% 增加到 2008 年的 44.9%①。虽然中国城市化水平仍然滞后于工业化水平,但城市化毕竟在进一步加速。伴随着中国城市化加速和经济持续发展,特别是沿海地带的城市化和经济强劲增长,不仅使得中国城市群地区的人口集聚和空间扩大,而且其经济实力和国际影响力都在大幅度提升。珠江三角洲城市群、长江三角洲城市群已经发展成为世界级的制造业基地,其中以上海为中心的长江三角洲城市群已经成为按人口规模计算的世界第六大城市群。以北京和天津为中心的京津冀北②城市群在政治、科教文化、高科技产业领域中的国际影响力也在大幅度提升。但是,在中国城市群发展中,普遍存在着城市群内部各行政单元对于要素市场的人为分割等制度上的问题,区域内一体化的基础设施如交通网络建设滞后、区域内重复建设和恶性竞争问题严重、区域内信息联系和沟通薄弱、缺少跨区域性的统筹规划等问题。要提升中国城市群的竞争力,必须在发展中解决这些问题。因此,在中国城市群发展中,不仅要强调各个政府要发挥自身的积极作用,而且还应该强调各个政府之间的协调与合作。

---

① 《中国城镇化水平已达 44.9%》,2008 年 3 月 31 日,来源中国新闻网。
② 京津冀北城市群,也称为京津唐城市群,许多场合下也被称为首都圈。该提法来源于国家建设部最新审定的新大北京规划,国内规划专家也公认该提法比较合适,故本书采用了京津冀北城市群的提法。

第二节　城市群治理的相关研究综述

一　国外的相关研究

1. 城市群治理机制研究

所谓城市群治理，是指通过构建城市群内的正确组织模式，将大小不同的各种权力与地理区域的规模和复杂性结合起来。[①]从国外相关研究来看，当代西方发达国家普遍面临着城市化进程中的城市群治理难题，因此围绕如何提高治理绩效展开了系统研究，提出了建立大城市群政府以实现统一治理、多中心治理、新区域主义、组织间网络等多种治理思路。近年来，西方学者主要从以下几个方面对城市群治理展开研究：（1）城市群政府和组织体制的研究，主要是围绕城市群政府系统内部行政权力的合理配置进行研究，包括城市群各级政府和各部门之间，以及相邻城市间权力关系的整合等，其核心是探讨政府权力的合理与公平分配等问题；（2）城市群治理的影响因素和机制研究，主要是围绕城市群公共管理的行政化与非行政化、市场化运作机制等内容进行，其实质是在权力不流失的情况下探讨市场和社会参与决策的模式，以实现效率的提高；（3）城市群治理以人为本思想的研究，包括城市管理决策的社会化、公众参与以及建立满足居民需求的城市管理模式等等。[②]

"治理"，从最宽泛意义上而言，是指如何驾驭社会。这意味着其最基本的含义是在社会主体间产生出协调行为，以用于公

---

① U. S. ACIR, *The Organization of Local Public Economies*, A－109, Washington, DC：U. S. Government Printing Office, 1987, p. 59.

② 黄骊：《国外大都市区治理模式》，东南大学出版社，2003，第16～17页。

共物品的生产，最终使社会成为一个整体。在经典的政治学和行政科学中，有两种主要的但相互冲突的协调机制。第一种观点建立在马克斯·韦伯的理性官僚制理论基础之上。在那里，协调有赖于科层制结构下的分工，强调上级的命令指挥与下级的严格服从。这种治理机制就是所谓的"科层制协调"。与之相对的是第二种观点，立足于新古典经济学，告诉我们协调行为也可以通过市场机制实现。在那里，一只"看不见的手"使供给行为与需求行为相协调。这种协调机制就是"市场协调"。20世纪90年代中期以来，经过大量对多层制度安排中的政策制定与公共管理的经验研究，一些学者声称找到了一条有别于科层制与市场的第三条治理路径，并将其命名为谈判过程的结果。① 即通过谈判的协调，被认为更适应于真实世界的状况，承认协调性行为更经常产生于同意和合作的事实，而不是来自科层制或市场竞争。

　　与三种关于治理机制的争论相对应，关于城市群治理机制的争论也创造了三种知识传统。② 但是，这三种治理机制都不是万能的。③

　　第一种被称为城市群治理的改革传统，将城市群大量独立管辖范围的存在视为有效的与平等的区域治理的主要障碍。基于这一判断和对大型公共官僚组织理性和规划能力的信任，城市群改革者主张政府合并，即制度性边界应该与城市群经济与社会发展的规模相适应。他们提出，合并可以通过中心城市对郊区的兼并

① Scharpf, F., *Games Real Actors Play*, *Actor-Centered Institutionalism and Policy Research*, Boulder (CO): Westview, 1997.

② Frisken, F., and Norris, D. F., "Regionalism Reconsidered", *Journal of Urban Affairs*, 2001, 23 (5): 467–478.

③ Daniel Kübler, "Problems and Prospects of Metropolitan Governance in Sydney: towards 'old' or 'new' Regionalism?" *City Future Research Centre Research Paper* No. 2, December, 2005.

而实现，也可以通过建立城市群政府而实现（即建立广泛权限和自治的双层制度，在那里管辖空间把城市群作为一个整体在功能上覆盖）。

第二种被称为城市群治理的公共选择视角，产生于20世纪50年代中期，对制度化合并作为一个解决城市群问题的方案进行了批评和拒绝。它坚持认为，城市群制度化的碎片化对于有效的服务供给是有利的。从蒂伯特关于"以脚投票"的经典理论出发，公共选择论者认为，大量自治的地方选区的存在创造了一个类似于市场的环境，在那里居民可以选择最适宜于自身偏好的税收/服务交易的行政辖区。他们认为，在总的层面上，地方政府间吸引居民的竞争不但导致区域性服务需求的有效满足，而且在筹集公共资源以用于生产这些服务上也是有效的。

在20世纪后半期，这两种思路之间的争论一直主导着城市群治理。它不但产生了大量经验性研究，而且使得一些OECD国家的城市群政府改革中充满了政治争论。然而，合并或碎片化这两种思路看起来都只是为今天更好的城市群治理提供了有限的指导。正如有学者指出的那样，每一个研究报告都只支持一种思路，最终似乎问题变成了无论是大的是有效的，或者小的是美丽的，都不能完全建立在经验事实基础上，因为都缺乏令人信服的证据。[①]

20世纪90年代以来，一种建立在北美和西欧城市群跨区域性政策的经验性研究基础上的城市群治理的新视角开始形成。这一研究发现，在大量案例中，城市群问题通过目的导向的合作网络被提出，包括与私营服务供给者一样的市政当局，不同层级的

---

① Keating, M., "Size, Efficiency and Democracy: Consolidation, Fragmentation and Public Choice", in D. Judge, et al (eds), *Theories of Urban Politics*, London: Sage, 1995. pp. 117 – 134.

政府机构。这种新的视角提出有效的城市群治理并不必然要求制度性合并。相反，它声称区域性治理可以通过合作性安排来实现，这种安排建立在政策相关者之间的谈判过程之中。这些网络通常是拥有不同背景和权力的行为主体和机构的异质性混合体，这些主体和机构以一种独立于制度性管辖边界的方式来界定和提供跨区域的服务。新区域主义视野下的区域治理不是聚焦于制度性结构和地方自治体的行为，而是聚焦于为了区域治理目的而在不同公共机构和私人主体之间建立联系。新区域主义将城市群治理看做是多种政策相关主体之间谈判的过程，而不是通过科层制或竞争。

2. 城市群治理模式研究

有研究者从城市群治理的财政视角将其治理模式划分为四种：单层政府、双层政府、自愿合作（包括市际协议）以及特区。① 所谓单层模式，是指由城市群区域的单一地方政府负责提供全部地方性服务。这种单层模式分为两类：一是在城市群内有大量小型的碎片化的自治市，二是在整个城市群内有一个大的统一的政府。在双层模式中，上层提供跨区域的服务而下层只对地方性服务负责。英国的伦敦是双层治理模式的典型。上层的大伦敦管理局的工作重点是区域内各地方政府间在交通、经济恢复、治安、消防、紧急服务、环保、规划、文物保护和文娱等各个方面的合作与伙伴关系。下层的大伦敦各自治市在大伦敦管理局各专业职能部门协助下，为各辖区提供地方服务。大伦敦管理局下设四个关键区域职能部门：伦敦交通部、发展署、消防急救规划局和警察局。自愿合作模式被描述为最小的政府再造，是因为在这样的城市群中的区域性实体完全建立在既存的地方政府单元

---

① Richard M. Bird and Enid Slack, "Fiscal Aspects of Metropolitan Governance", *ITP Paper* 0401, January 2004.

之间的自愿合作基础之上，即地方政府之间在一些共同关注的事务和领域开展合作。这种模式在美国和法国比较普遍。自愿合作是一种跨区域的不诉诸于合并而形成的服务供给方式，各个自治市仍然保持自己的自治地位，但同时也可以实现规模经济和消除外部性，更多地适用于解决共同面临的问题，主要是通过协议来开展合作。最后是特区模式。设置特区的目的，从技术上看是为了适应特定区域的特别需要，处理跨越和突破县、市、乡镇边界的特殊问题。这些问题往往涉及原料、能源、动力等经济因素和道路路线、河流走向、土壤土质等自然地理因素，处理这些问题就不得不打破历史形成的行政地域边界的限制。另外，处理特殊问题需要特定领域的专门知识，摆脱一般行政区域通常存在的政治斗争的干扰，设立特区并建立相应的独立管理机构，便于由专业人才进行管理。此外，普通地方政府间为了某种共同的目的，将各自的全部或局部区域合作合并成履行某一特别职能的管理区，设立独立的管理机关，使之成为一个特区，如纽约州和新泽西州通过州际协定，设立的纽约港口管理局就是一个典型的例子。但是，无论在理论上还是在实践中，都不存在任何一种最好的治理模式。

二　国内的相关研究

伴随着中国城市化进程的加快，在中国经济社会发展水平最高的长江三角洲、珠江三角洲和环渤海湾地区，城市群的雏形已经初步形成。同时，在其他一些经济发展水平较高的大中城市的周边地区，一些区域性城市群和地区性城市群也在逐渐发育。这些区域的发展，对中国区域经济社会的发展发挥着极其重要的支撑性作用。在这一背景下，一些学者在介绍国外城市群发展及其治理的基础上，开始研究中国的城市群发展及其治理问题。

1. 建立城市群联合政府

华东师范大学的刘君德教授及其学生们早在 20 世纪 90 年代初就开始提出"行政区经济"理论,从行政区划角度揭示了城市群内权力分割体制的弊端,提出了一系列整合中国城市群内政府管理体系的思路和策略。他们认为,中国城市群内行政组织和管理中存在的问题有三类:一是行政地位和经济实力相当的城市之间的畸形竞争;二是存在行政隶属关系的城市之间的利益冲突;三是无隶属关系、经济实力不相当的城市之间不规范竞争。因此,中国城市群的发展迫切要求行政管理体制创新。在对当代西方两种典型的政府组织与管理模式(即单中心体制和多中心体制)进行评述的基础上,提出了解决中国目前城市群管理中存在问题的三种方案:方案一是建立高度集权的城市群政府,方案二是建立松散的城市协调机构(非政府机构),方案三是建立城市联合政府(其行政职能仅限于跨界职能)。并且认为三种方案各有利弊,很难说其中一种方案是唯一最佳方案。但是,根据中国城市群区的现状特点以及中国行政管理体制和城市政府管理体制改革的客观要求,第三种方案即建立城市联合政府可能更适合作为中国目前城市群区行政组织和管理体制改革的主体过渡方案。[1] 黄珊在对以上海为中心的长江三角洲城市群发展分析后,也提出将建立区域治理组织作为突破口,建议设立上海城市群区域管理委员会。[2]

2. 设立城市群的常设协调机构

魏清泉等在分析珠江三角洲城市群发展时,认为珠江三角洲是中国比较特殊的城市群,这个区域的特别行政区、经济特区、

---

[1] 刘君德、汪宇明:《制度与创新——中国城市制度的发展与改革新论》,东南大学出版社,2000,第 241~252 页。

[2] 黄珊:《国外大都市区治理模式》,东南大学出版社,2003,第 234~235 页。

省会以及各类城市需要相互依赖、互相支持、功能互补、协调共处，必须设置一个区域性的协调机构。① 郁鸿胜则认为，在城市群发展的制度创新中，最为核心的是建立跨省市行政区划的共管自治协调制度。而中国城市群协调制度存在的主要问题在于：一是核心城市的集聚和辐射能力十分有限；二是城市群区域内产业结构趋同，城市间分工不明确；三是行政区划分割导致城市群中的城市矛盾日益尖锐；四是城市群区域环境污染日趋严重；五是重大基础设施建设缺乏协调配合。为此，他提出城市群应该建立共管自治协调制度，要建立城市群共管自治常设协调机构。这一机构由国家综合管理部门授权，设立常设协调机构，若干省市及地区政府主要领导和省市有关部门负责人为常设成员。该协调机构主要负责城市群跨省市及地区边界的规划、建设、发展等重大问题的协调，包括规划确定的管治协调。② 张兆安在分析长江三角洲城市体系一体化时，认为需要建立一个常设机构，如设立"长江三角洲联盟总部"，其领导成员由江苏、浙江和上海的领导轮流执政，并吸引中央有关部委领导共同参与。③ 李国平等在分析首都圈发展时，提出要设立首都圈区域合作常设机构，可由各省市政府、发展与改革委员会、经济合作办公室成员组成。④

3. 创建多平台的区域政府合作的载体

有研究者在借鉴西方国家区域政府合作的实践经验的技术上，认为中国区域政府合作机制必须在地方政府、非官方组织和

---

① 魏清泉等：《世纪之交的珠江三角洲行政区划》，广东省地图出版社，1997，第135页。

② 郁鸿胜：《崛起之路：城市群发展与制度创新》，湖南人民出版社，2005，第108~113页。

③ 张兆安：《大都市圈与区域经济一体化——兼论长江三角洲区域经济一体化》，上海财经大学出版社，2006，第251~252页。

④ 李国平等：《首都圈：结构、分工与营建战略》，中国城市出版社，2004，第299页。

微观企业主体几个层面上形成制度性的组织机构，实行多层次的协调互动。包括：（1）建立区域协调管理机构；（2）鼓励建立跨行政区的行业协会和民间组织；（3）积极发挥企业微观主体的作用，鼓励企业跨区兼并。①

4. 优化区域治理结构

有研究者在分析首都圈的区域治理结构时，指出其主要存在两个问题：一是统一的区域治理主体缺位，二是各地方政府间的协调机制不健全。为此，建议首都圈区域治理机构优化必须相应地重点解决两个问题：一是设立首都圈规划建设委员会作为首都圈区域治理主体；二是建立首都圈区域协调机制，包括整个区域层面上的协调机制（建立首都圈发展联席会议和首都圈城市群联合发展协调会）、京津两市之间的协调机制（成立协调小组）。②

三 简短的评论

从上述研究来看，这一领域的研究在当代西方发达国家已经非常成熟而系统，国内研究对国外相关研究借鉴不够。20 世纪90 年代以来，构建城市群、优化城市群治理，成为国内相关学科研究的崭新领域。尤其是在新世纪之初，出现了一个研究高潮，取得了比较可喜的成果。但从纵横比较来看，其较短的研究历程，使中国的城市群治理研究仍处于探索与争论阶段，还没有形成系统完整的成熟理论体系。

从国内相关研究来看，大多数成果仍侧重于介绍国外成熟的城市群治理的相关经验，而由于中国的城市群尚未发育成熟，因

① 纪晓岚主编《长江三角洲区域发展战略研究》，华东理工大学出版社，2006，第 95～99 页。

② 张召堂：《中国首都圈发展研究》，北京大学出版社，2005，第 219～225 页。

此立足于中国自身发展实践所展开的研究还非常不足。尤其是存在着一种简单移植发达国家成熟城市群治理经验的倾向，而实际上未必适合中国国情，因此有必要立足于中国城市群发展的实践和中国的基本体制背景展开深入研究。考虑到转型中的中国政府管理的实际，本章将在吸收已有研究的基础上，从政府间关系的角度来探讨城市群治理。

第三节　当代中国城市群治理的实践

就目前中国城市群的情况来看，发展并不均衡，尚未明确形成为全球性的城市群，具有一定发展态势、已有较大影响力且为理论界研究较多的当属长江三角洲城市群、珠江三角洲城市群和京津冀北城市群。

一　三大城市群发展的基本概况

1. 长江三角洲城市群

长江三角洲的概念有狭义与广义之分。从广义上讲，是指上海市、江苏省、浙江省两省一市地域的统称；狭义的长江三角洲是指处于该区域的部分地级市及省会城市的统称，主要包括上海、南京、杭州、无锡、苏州、扬州、常州、宁波、南通、镇江、湖州、嘉兴、绍兴、泰州、舟山、台州在内的 16 个城市（其中除上海市外，浙江省 7 个，江苏省 8 个）。长三角区域位于中国东部沿海地区与长江黄金水道"T"形经济总体格局的结合部，扼守长江入东海的出海口，并处在西太平洋世界环球航线要冲，拥有沿海和沿长江的内外交流通道，区域内大陆海岸线长约 1800 公里，长江优质岸线 600 公里，还有由上海港、宁波港、舟山港、乍浦港、南京港、镇江港、张家港、江阴港、南通港等组成的中国最大的沿海沿江港口群，与世界 160 多个国家和地区、300多个港口有经贸联系，是中国对外联系的门户。同时，长三角区域通过长江的水运动脉，沟通着占地180万平方公里、人口3.5亿的长江流域，具有广阔的腹地和市场。因此，它具有集黄金海岸与黄金水道于一体的区位优势，是中国面向国际化的首要门户，也是辐射长江流域、带动全国的关键地区。目前，长江三角洲城市群已经成为中国的经济核心区和发展引擎之一。

从经济总量看，长三角三大产业得到了全面的发展，比重较为协调。2003年长三角农业产值为2267.3亿元，占全国的7.64%；粮食产量为1700.4万吨，占全国的3.95%。全社会商品零售总额达到7186.08亿元，占全国的15.7%；金融机构存款余额为41183.98亿元，占全国的9.8%；上海证交所全年股票成交额为2.08万亿元，占全国的64.8%；实现工业总产值37037.28亿元，约占全国的29.11%，工业增加值对GDP增加值的贡献率达到53.33%。与京津冀相比，长三角制造业配套齐全、工艺较为精细；与珠三角相比，长三角又具有良好的重工业基础，轻重适宜，门类齐全，化工、钢铁、装备制造等重化工业在全国具有重要地位，纺织服装、食品加工、机械加工等传统加工配套业发达。

从科技能力看，长三角地区科研资源丰富、创新能力突出，拥有251名两院院士、8个国家大学科技园、7个国家高新区、21所国家211工程大学、2000多个国有独立县级以上的研究机构，在生命科学、微电子、海洋科学和工程、航天航空等领域处于全国领先水平。

从城镇网络化发展程度和城市化水平看，长三角地区已经初步具备世界级城市群的特征。(1)城镇等级体系较为完善，拥有包括直辖市、副省级市、地级市、县级市和建制镇等在内的全部城市行政区划主体，在数量构成上也呈现出金字塔式的分布。其中，上海城市人口超过1200万人，非农业人口超过1000万

人，总人口在 200 万人以上的城市有 6 个，绝大部分城市在全国
都占有重要地位，在全国经济实力最强的 35 个城市中，长三角
占了 10 个，在全国综合实力百强县中，长三角占了 37 个。
（2）城镇分布密度高，现有地级以上城市 16 个、县级市 37 个、
小城镇 1396 个，城市分布密度为 4.8 个/平方公里，是全国平均
水平（0.69 个/平方公里）的 7 倍；人口分布密集、城市化水平
较高，人口密度达到 745 人/平方公里，是全国平均人口密度的
5.5 倍，按常住人口计算的城市化水平已经超过 60%，高出全国
平均水平（2008 年为 44.9%）。

与珠江三角洲城市群和京津冀北城市群发展模式不同的是，
长江三角洲城市群的发展是以上海为核心，以及在上海的聚集和
辐射下，促进以杭州为副中心的南翼区域和以南京为副中心的北
翼区域共同发展为特征的"一核两翼"模式。[①]

2. 珠江三角洲城市群

珠江三角洲位于广东省中南部，地处珠江出海口，濒临南
海，毗邻港澳，历来是华南、中南、西南地区对外联系的主要通
道和中国的南大门，也是中国著名的侨乡。其地理范围大致包括
现在的广州、深圳、佛山、东莞、珠海、中山、江门、惠州的部
分县区（原市辖区、惠阳、惠东县、博罗县）和肇庆的部分县
区（市辖区、高要市、四会市），陆地总面积 4.17 万平方公里，
人口按第五次全国人口普查统计为 4077 万人，分别占全省总数
的 23.2% 和 47.2%，分别占全国总数的 0.4% 和 3.1%。

"粤港前店后厂"式分工的确立，极大地促进了珠三角的工
业化和城市化进程。在承接香港制造业转移的过程中，珠江三角
洲城市群打破了原有的城市布局，城市群的格局由单中心、双中

---

① 上海财经大学区域经济研究中心：《2003 年中国区域经济发展报告》，上海
财经大学出版社，2003，第 239 页。

心向多中心模式演变。改革开放之前，广州是全省的中心城市，与周边城市的关系属于绝对核心—边缘的格局。改革开放以后，深圳的崛起成为与广州并肩的中心城市，以广州和深圳为双中心的城市群成为珠江三角洲城市群结构特征。近年来，珠海、佛山、中山、东莞、江门等城市相继获得大发展，城市群体功能呈多样性，交流更加密切，已然发展成为城乡一体化、类型完备的多层次城镇体系，"双核"模式逐渐向网络化、多中心模式演化。目前，已经形成东中西三大都市圈。东翼地区包括深圳、东莞和惠州三个城市；中部以广州为中心，包括佛山市；西翼地区包括珠海、中山、江门、肇庆。香港和澳门回归以后，珠江三角洲城市群将以新的组团方式出现，形成大珠江三角洲城市群。①

　　进入20世纪90年代，随着工业化的推进，珠三角经济发展由重视第一、第二产业转为第二、第三产业并举，城市化水平也不断提高。再加上珠江三角洲已告别贫困步入小康社会甚至成为率先实现现代化的"先进"，人们的生活水平逐步提高，开始强调改善生活环境，改善居住条件，城市意识空前高涨，城市规划受到空前重视。不仅珠江三角洲城市数量上升很快，而且质量也取得了长足的进步。2002年末，广州、深圳、珠海三个中心城市的城市化率分别达到了76%、82.4%、71%，珠三角整体城镇化水平约为72.7%。同时，城市个数增加到23个（包括县级市），小城镇星罗密布，建制镇增加到386个，平均每个市县20多个建制镇，城镇密度达98个/万平方公里，城镇间平均距离仅9.8公里，内圈层城镇建区已连成一片，初步形成大都市连绵区雏形，蔚为壮观。珠三角GDP总量占全省的比重从1980年的50%提高到2003年的80%强，占全国的比重也由2.6%提升到

①　刘振兴、安慰：《珠三角城市群的形成与发展》，《同济大学学报》2004年第10期。

10%左右,成为中国乃至亚太、全球最重要、最具发展活力、最有发展潜质的经济区域之一。

经过改革开放30年的发展,珠江三角洲已经成为广东乃至全国市场经济最为活跃、经济发展最快的地区之一。尤其是香港和澳门的融入,为珠江三角洲的发展注入了新的活力。1980~2001年珠三角年均增长21.8%,1998~2001年年均增长12.5%,未来仍将保持较高的经济增长速度。据有关专家测算,未来20年珠三角若能保持年均10%的增长速度,2020年其GDP总量将达到52100亿元。在保持经济高速增长的同时,珠江三角洲也在加速经济增长方式由粗放型向集约型转变,产业结构也不断得到调整,高新技术产业迅猛发展。在深圳、东莞等城市,高新技术产业已经成为第一支柱产业和第一增长点。在发展高新技术产业的同时,珠江三角洲的金融、贸易、咨询、旅游等第三产业的比重也在迅速提升。不仅如此,珠江三角洲凭借地缘、人缘优势以及经济基础雄厚和投资环境优越的区位条件,积极发展对外贸易和经济技术交流,从"借船出海"到"造船出海",迅速扩大城市群内的经济实力,现在已经成为中国外向型经济最为发达的地区。

但是,由于南岭阻隔,经济腹地较小,对周边区域辐射带动能力还不够强;尤其是"入世"后,随着内地尤其是长江三角洲的市场化进程的加快,国际资本流向已经有所改变,市场因素将代替地缘和人缘因素,一些外商异地搬迁;在20世纪80年代后主要依靠国家的优惠政策发展的优势也逐渐减弱。港澳回归后,由于种种原因,和珠江三角洲城市群的经济合作远非人们的预期,这些都在不同程度上影响了珠江三角洲城市群的发展。

3. 京津冀北城市群

京津冀北城市群包括北京、天津两个直辖市以及河北省的唐山、保定、廊坊、秦皇岛、沧州、张家口和承德七个地级市。区域内 2001 年共拥有县级以上城市 22 个，区域面积 16. 91 万平方公里，占全国总面积的 1. 76% ；2002 年年末总人口 5968. 35 万人，占全国总人口的 4. 65% ；国内生产总值 8994. 97 亿元，占全国 GDP 总量的 8. 58% ；人均国内生产总值 15071 元，是全国平均水平的 1. 84 倍。

京津冀北城市群包括北京、天津两大直辖市及河北省环京津地区。北京不仅是全国政治、文化和国家交往中心，而且经济技术发达，产业基础雄厚，商业服务业发达，集中了全国几乎各大银行的总行、中国主要的信托投资公司、保险公司和外国银行办事机构，是全国最重要的经济和金融中心之一，经济发展水平仅次于上海。天津是中国北方重要的、综合性的港口城市和环渤海湾地区经济中心，城市经济发展历史悠久，加工工业门类齐全，经济发展潜力巨大。京津两市组成了全国最大的政治、文化、经济三位一体的核心区。河北省环京津地区经济也有相当的基础和实力，城市发展总体水平较高，唐山是以能源、原材料生产为主的重工业城市，是冀东地区的经济中心城市；秦皇岛是重要的能源、原材料基地，是"北煤南运"的海上通道出海口，还是全国重要的滨海旅游疗养城市之一；廊坊位于京津之间，有着典型的城郊型和卫星城经济发展特点，服务京津，受惠京津，发展迅速；保定是河北省重要的轻工业生产基地和地区中心城市，是华北重要的造纸和胶片基地，并能适当分担北京市教育科研职能；沧州地处沿海开放地带，是河北省发展外向型经济的主要城市之一，随着神黄西煤东运通道的建设，具有进一步发展成为规模较大的中等城市的客观基础；承德为全国重点旅游城市；张家口已经发展成为河北省重要的工业城市和晋蒙冀交界区域的重要商埠。由于京津冀北城市群产业的高度关联和城市功能的互补性，已经初步形成并有可能继续发展成为以京津为核心的城市综合经济体。

京津冀北城市群具有巨大的经济发展潜力和诸多其他地区所无法相比拟的优势，主要表现在：一是有中国北方最大的产业密集区，在新一轮产业结构升级，向重化工业知识产业化进程中，京津冀北城市群将发挥至关重要的作用。二是综合科技实力全国第一，高新技术产业发展潜力巨大。京津地区是全国知识最密集的区域，人才优势明显，能够提供经济发展所需的各类高级人才和各类专门人才；京津及秦皇岛、保定等城市拥有实力雄厚的高新技术开发区。三是中国重要的交通通信枢纽地带，是沟通欧洲和亚太地区的主要交通通道。四是大中型企业相对集中，基础工业实力雄厚，发展潜力巨大。这里集中了全国最重要的大中型企业。首都钢铁公司、燕山石化公司、北京吉普有限公司、天津汽车公司、渤海化工集团及天津无缝钢管公司等大中型工业企业是地区经济发展中的骨干企业。该地区石油化工、煤炭工业、煤化工业、冶金工业、石油工业、海洋化工、机械电子工业、建材工业和纺织工业都很发达，在全国占有重要的地位，是全国重要的重化工基地之一。五是极富吸引力的旅游热点地区。这里有从秦皇岛、山海关向京津地区伸展的"长城游"，北京、承德、遵化、易县组成的"皇室寻踪"，有条件发展成为世界级的避暑旅游胜地。六是发展包括日、韩、俄在内的东北亚跨国区域合作与产业分工的最佳地区，是投资环境良好的国际协作区。

京津冀北城市群，长期以来主要以北京和天津两个中心城市为核心，共同推进城市群的发展，学界把这种发展模式称为"双子星座"模式。① 近年来，由国家建设部主持审定的"大北京规划"，明确提出了把北京建设成为"世界级城市"的目标，确定了大北京地区规划的基本思路，提出以北京、天津"双核"

---

① 上海财经大学区域经济研究中心：《2003 年中国区域经济发展报告》，上海财经大学出版社，2003，第 237 页。

为主轴，以唐山、保定为两翼，疏散大城市功能，调整产业布局，发展中等城市，增加城市密度，构建大北京地区组合城市；京津两大枢纽进行分工与协作，实现区域交通运输网从"单中心放射式"向"双中心网络式"的转变；建立行之有效的区域协调合作机制，在区域整体协调原则的指导下，对这一地区原有城市总体规划进行调整，共同推进建设世界城市的战略。

表5-1显示了中国三大城市群的主要经济指标，可供我们进行比较。

表5-1 中国三大城市群主要经济指标比较（2005）

	长三角城市群	珠三角城市群	京津冀北城市群	三者占全国比重
城市数量（地级市）	15	10	10	5.32
面积（平方公里）	99678.51	41698.25	68976.43	2.19
人口（万人）	7470.55	2261.14	4000	10.76
城镇人口比例（%）	57.06	60.68	49.32	
GDP占全国比重（%）	17	9	9	35
社会销售品零售占全国比重（%）	16	8	9	33
固定资产投资占全国比重（%）	16	6	9	31
实际利用外资占全国比重（%）	14	19	15	74

资料来源：《中国统计年鉴》，中国统计出版社，2006。

二 城市群发展中存在的主要问题

1. 基础设施与开发区重复建设

基础设施本身是一个需要相互衔接、相互配合的运作整体。但在体制转轨时期，三大城市群内的地方政府在基础设施建设过程中，都具有强烈的地方主义意识，缺乏统一的规划与协调配合，存在明显的重复建设趋向。2002年上半年国家统计局公布的投资形势分析报告指出，一些地方因忽视统一规划，争上机场建设项目，导致机场过密，客流量偏低，机场亏损严重，2001年全国143家机场中有127家亏损。长江三角洲城市群15个地级市在港口和机场建设中存在着较为严重的重复建设现象，仅就长江航道上江苏沿江各市县为了将行政区面积扩大到江边，重复投资建设了大量的集装箱码头，南京以下的长江段已建、在建和待建的万吨以上的码头泊位共100多个，从江阴到南通60公里岸段就有68个万吨级泊位，平均0.9公里就有1个，但许多建成后货源不足，有的港口利用率仅50%。① 在珠江三角洲则不同程度地存在着机场港口与会展场馆的重复建设问题。

经济技术开发区以其"一张白纸好画最新最美的图画"之魅力对外来资本构成了极大的吸引力，成为各地实现区域经济增长的一个亮点。② 正因为如此，在三大城市群内，各个地方政府从本地利益最大化出发，大搞名目繁多的开发区或工业园区，并通过不惜血本的基础设施投入和竞相攀比的招商引资优惠政策，使经济技术开发区已经成为当地吸引外来资本的主要场所。这就进一步刺激了地方政府对开发区数量与规模的扩张欲望，从而不可避免地形成重复建设之势。据有关部门调查，全国共有各级各类开发区3837个，平均每个省有120个以上，东部沿海地区更多，如浙江省有731个、山东省有642个、广东省有414个。③ 在长江三角洲城市群，仅上海就有各种开发区200多个，江苏的苏锡常三市有国家级开发区9个、省级经济技术开发区16个、乡镇工业小区90多个。从表5-2中我们不难发现三大城市群区域内开发区建设的重复建设现象非常严重。

---

① 瞿明磊、王丰：《"大上海"核聚变》，2005年12月5日《南方周末》。

② 刘镇：《我国经济技术开发区建设"虚火"过盛》，2003年12月16日《中国经济时报》。

③ 《开发区真要这么多吗》，http://online.cri.com.cn。

表 5 - 2   三大城市群内各类开发区数量统计（2003 年）

	长三角城市群	珠三角城市群	京津冀北城市群	三大城市群合计	全国合计	三大城市群占全国的比重(%)
国家级经济技术开发区	13	4	3	20	56	35.7
国家高新技术开发区	6	6	5	17	56	30.4
国家级保税区	3	6	1	10	14	71.4
国家级出口加工区	8	2	3	13	25	52.0
省市自治区自建开发区	25	9	12	46	118	39.0
合 计	55	27	24	106	269	39.4

资料来源：http://online.cri.com.cn。

这些行政性重复建设，不仅不利于市场经济的发展，而且直接造成资源浪费，加剧了城市群内的恶性竞争，最终必然会损害城市群的区域整合。

2. 产业同构

长期以来，在中国城市群建设中，因内部成员城市之间缺乏应有的职能分工，产业趋同现象非常严重。例如在长江三角洲城市群中，苏南（南京、无锡、常州、苏州、镇江）、苏中（扬州、泰州、南通）、浙北（杭州、嘉兴、湖州）、浙东（绍兴、宁波、舟山）这些相邻的地区各城市产业同构的相似系数，都在 0.95 以上。[①] 目前 15 个地级以上市有 14 个将发展高科技、具有高附加值的汽车工业、石化工业、电子工业、新型建材等行业列为本地区支柱产业，而苏锡常三地前五位产业几乎一样，江、浙、沪的制造业结构再次出现"往一条道上挤"的趋势。甚至出现了"上海正在建设中国'硅谷'，杭州正在打造'天堂硅

① 唐立国：《长江三角洲地区城市产业结构的比较分析》，《上海经济研究》2002 年第 9 期。

谷'，苏州则营建长三角的'硅谷'"的不合理现象。① 从表5－3可以看出，三大城市群内高新技术产业同构现象也非常严重。

表5－3　三大城市群主要高新技术区产业分布格局

主要高新区	主要高新技术产业分布
长江三角洲城市群	
漕河泾经济技术开发区	信息、新材料、现代医药与生物工程
张江高科技园区	信息、微电子、现代生物医药
金桥现代科技园	轿车、微电子、通讯设备、精细化工
南京高新区	电子信息、生物工程、医药、新材料
杭州高新区	现代通讯、计算机软件、电子、新材料、生物医药
苏州高新区	电子信息、精密机械、精细化工
无锡高新区	电子信息、精密机械、精细化工、机电一体化、生物医药、新材料
常州高新区	电子信息、工程机械、生物医药、精细化工
珠江三角洲城市群	
广州高新技术产业开发区	电子信息、生物制药和机电一体化
深圳市高新技术产业园	电子信息、生物工程、新材料和光机电一体化
珠海高新技术产业开发区	软件、生物制药、数据通讯和网络技术产业
佛山高新技术产业开发区	电子与信息技术、电器、仪器仪表及医疗器械等光机电一体化技术，医药及生物技术，塑料及精细化工
京津冀北城市群	
中关村科技园区	电子信息、网络计算机、手机、数字影像和生物芯片
天津高新技术产业开发区	电子信息、新型建材、生物工程、机电一体化、磁性材料、医药、食品等
石家庄高新技术产业开发区	电子信息、生物制药、新材料
保定高新技术产业开发区	新材料、电力电子与电子信息、生物工程技术

　　资料来源：周向红：《长江三角洲开发区的产业结构分析与评价》，《上海经济研究》2002年第3期。

---

① 吴亮、徐寿松：《重复建设显现"第三次浪潮"专家提醒警惕产业风险》，2003年6月19日《人民日报》。

3. 招商引资中的恶性竞争

在压力型体制下，各地方政府为吸引外来资本而展开的恶性竞争，也成为城市群中比较普遍的现象。在吸引外资过程中，由于城市群内地方政府之间存在着高低不等的一道道行政性障碍，不同行政主体之间实行背靠背的招商政策，各城市政府的招商条件并不透明，商务成本缺乏正常的梯度。本应是成本导向下的企业投资经营行为与追求地方利益最大化的政府行为结合在一起，使得同类产品及上下游生产能力难以相对集中，产业链的分工协作关系出现了断裂，或不经济地扩大了空间距离。在这种背景下，国有企业的项目投资与经营业务很难跨地域展开，外商投资企业不论其产业属性和专业特长，一概都成为各城市政府竞相争夺的对象。于是，在城市群内，各城市政府竞相开展"倾销式竞争"，套用商家惯用的"跳楼价"来争夺外资，于是税收优惠政策等"一降再降"，"门槛一低再低"。一些城市政府早已突破"两免五减半"的企业所得税优惠政策底线，在暗地里实行"五免五减半"政策，甚至有些城市政府对外商承诺给予"十免十减半"或"零地价"、"零检查"、"零税收"、"零收费"等违规优惠政策，这种恶性竞争往往使得各城市政府陷入企业林立与财政拮据的矛盾之中。近年来，土地价格也成为城市群内又一轮恶性竞争的有力武器。如在长江三角洲城市群中，苏州将土地价格从原来的每亩20万元降到15万元，昆山也由原来的15万元降到10万元，而无锡甚降到了2万~3万元，嘉兴是7万元，已经远远低于一般土地成本每亩15万元的标准。[①] 在珠江三角洲城市群，我们经常能听到各城市政府这样讲："我们常常把国家政策允许的范围都用到了，只要不违法，什么都可以谈，优惠政策没有底线。"[②] 这种

---

① 瞿明磊、王丰：《"大上海"核聚变》，2005年12月5日《南方周末》。
② 刘亚平：《当代中国地方政府间竞争》，社会科学文献出版社，2007，第100页。

城市政府主导的恶性竞争，一方面增加了外商投资企业的短期行为和以享受优惠政策为目的的重复投资建设，另一方面也使得城市群内经济发展的外部性问题随着总量的扩大而日趋严重，内耗增加，最终损害了区域经济一体化的发展。

4. 生态分割与跨界污染

一般而言，城市群的形成发育往往以一定的江河湖海为依托，由于相似的地形、气温、降水、植被、土壤、水系等自然特征，基本上属于一个较为完整的自然生态整体。如果不是人为切割各种生态因素间的自然联系，或者不超出其常态阈值，这个生态区域整体将长期保持自然的动态平衡。但是，在实践中，一个生态区域整体往往被行政区划切割为不同的块块。由于经济发展水平的差异，不同行政单元对环境治理的认识水准有差异，采取不尽相同的行为方式，往往在水资源管理、流域综合开发、环境保护、防洪治理等区域性事务上，行政分割现象较为突出。各行政单元无视区域生态的整体性，只注重自身生态建设和短期经济利益，互不协调，极易引发以水资源利用为主的多种区域性矛盾与边界冲突。尤其是在各城市政府的交界地带，往往因为管理制度、政策法律、标准时序等差异，更容易造成生态分割和跨界污染，激化社会矛盾，成为城市群可持续发展的重要障碍。如在长江三角洲城市群内，2007年6月恶性爆发的太湖蓝藻事件及其多年治理绩效低下的事实都印证了这种跨界流域分割化治理的现实困境。而由于江苏盛泽对印染业基本不治理，每年900万吨污水从盛泽流向浙江嘉兴，导致从1993年外水系鱼与珍珠蚌基本死光，也产生了非常严重的跨界污染事件，最后这一公案在国务院直接干涉下才解决。① 与此同时，在珠江三角洲城市群中，广

---

① 王丰、翟明磊：《"大上海"之路受阻何方?》，2002年12月5日《南方周末》。

东省有关地市与香港之间也存在着流域跨界污染的问题，[①] 以及珠江三角洲城市群面临的阴霾天气、水质性缺水等问题[②]。在京津冀北城市群内，北京的供水以前主要是依靠密云和官厅两大水库，但自 20 世纪 90 年代后由于上游的严重污染，官厅水库水质逐渐恶化，并于 1997 年被迫退出首都饮用水供应系统。而官厅水库的主要污染源来自河北的张家口和宣化等地。[③]

三　城市群的已有治理对策

在城市群发展中，如行政性分割、分工不明、政策差异等区域经济一体化发展所面临的"瓶颈"问题，需要各级政府有所作为，一些体制机制方面存在的问题也需要区域内的各级政府共同协商去进行新的制度创新和政策设计。[④] 而且区域协调机制的建立，特别是地方政府之间协商与协议式的联合推动就成为区域合作的关键。[⑤] 因此，面对上述种种问题，在三大城市群内，相关地方政府都不约而同地展开了以区域政府合作为主要形式的治理。

（一）长江三角洲城市群

1. 区域政府间合作进入实质性阶段

在各地的发展战略规划中，主动融入上海，将分散的各地区整合为整体，已逐步成为长三角各级政府的共识。在 2002 年 5 月 8 日结束的第二次沪苏浙经济合作与发展座谈会上，通过了区

---

① 毛文锋等：《粤港两地跨界污染的成因与对策》，《中国环境管理》1998 年第 4 期。
② 刘茜：《工业重型化考验广东治污》，2008 年 2 月 18 日《南方日报》。
③ 李国平等：《首都圈结构、分工与营建战略》，中国城市出版社，2004，第 275 页。
④ 张兆安：《大都市圈与区域经济一体化——兼论长江三角洲区域经济一体化》，上海财经大学出版社，2006，第 223 页。
⑤ 上海财经大学区域经济研究中心：《2003 年中国区域经济发展报告》，上海财经大学出版社，2003，第 317 页。

域经济合作的原则和计划，标志着长江三角洲区域政府合作共识的真正确立。这次座谈会确定，将以优化发展环境为突破口，进一步深化区域经济合作。在具体思路上，三方确定了经济合作应遵循的三个基本原则：一是通过充分发挥市场配置资源的基础性作用，进一步优化地区经济结构与布局；二是通过加强地区经济合作与协调，实现优势互补、共同发展；三是通过共创良好发展环境，降低地区经济发展成本。并且在区域大交通、区域信息资源共享、区域旅游合作、区域生态环境治理、区域内天然气管道网络建设等五个方面，确立了区域合作的具体计划。2002 年 10月 18 日，通过了由 20 位市长共同签署的《长江三角洲地区城市市长论坛纪要》。《纪要》认为，长江三角洲地区是全国发展速度最快、投资环境最好、经济内在素质最好、创新能力最强的地区之一，彼此之间存在着广泛的共同利益，完全可以实现优势互补，共同发展。而一系列单项合作表明，长江三角洲的区域政府合作进入实质性的发展阶段。据不完全统计，2003～2004 年，浙江、江苏和上海两省一市共签订各种合作协议近 20 项，大大推进了一体化的进程。

2. 区域政府合作的基本形式

（1）长江三角洲区域规划。区域规划一直是发展型国家政府推进区域协调发展的重要政策工具。在区域规划中，由于单个地方政府缺乏足够的权限，因此往往借助于统一的上级政府进行协调。于是，在《中共中央关于制定国民经济和社会发展第十一个五年规划的建议》中，明确指出长江三角洲、珠江三角洲、环渤海湾地区要发挥对内地经济发展的带动和辐射作用，加强区域内城市的分工协作和优势互补，增强城市群的整体竞争力。[1]

---

① 《中共中央关于制定国民经济和社会发展第十一个五年规划的建议》，人民出版社，2005，第 17 页。

在 2004 年 11 月，改革开放以来中国第一个区域规划——"长江三角洲区域发展规划"编制工作正式在北京启动。区域规划的主要目标是统筹协调区域经济发展中涉及各方利益的冲突和矛盾。① 在目前进行的区域规划中，初步规划长江三角洲城市群从"参与全球竞争的角度和全国总体发展格局"出发，努力发展成为"空间结构合理、城市和产业分工明确、经济规模明显放大、区域创新能力不断增强、社会经济发展和资源环境相协调的全国最重要的经济中心"，并且成为"我国全面实现小康社会和率先实现现代化的先导区，全球重要的现代制造业基地，技术研发中心和物流中心"。当然，在这一区域规划中，如何充分实现上海的能量释放，如何使上海与江苏、浙江两省融合以充分发挥综合效应和提高整体竞争力，如何使上海与江浙两省的规划相互衔接以形成完善的区域规划体系等，都将是长江三角洲城市群区域规划的重要课题。

（2）行政区划改革。许多学者都认为长江三角洲城市群治理最大的障碍就是以行政区分割为特征的制度性矛盾，这个矛盾导致各个城市政府各自为政。② 20 世纪末以来，长江三角洲地区发生了急剧的行政区划调整热潮。1999～2001 年，有 1.5 万个村庄和 600 个乡镇从江苏省的版图上消失。从 2000 年 12 月到 2002 年 4 月，长江三角洲城市群有 11 个县（市）被兼并。通过行政区的兼并，整个长江三角洲城市群地级市的市区面积由原来的 4352 平方公里增加到了 17539 平方公里，南京、扬州、镇江、

---

① 荣跃明：《区域整合与经济增长——经济区域化趋势研究》，上海人民出版社，2005，第 270 页。
② 刘君德：《长江三角洲区域可持续发展的障碍与对策》，载朱敏彦等编《二十一世纪长江三角洲区域发展战略研究》，上海人民出版社，2001，第 425～427 页；刘君德、陈占彪：《长江三角洲行政区划体制改革思考》，《探索与争鸣》2003 年第 6 期等。

常州、无锡、苏州等城市的市区已经联为一体。① 除此之外，还包括2001年萧山和余杭并入杭州、2000年锡山市并入无锡和吴县市并入苏州、2002武进市并入常州和鄞县并入宁波等。这些行政区兼并，一方面是由于中心城市本身辖区范围有限不利于城市整体发展，另一方面是城市区域的扩大也有利于提高其竞争力。但更重要的是，由于跨行政区的协调困难重重，因此通过调整行政区划就成为一种便捷而高效的区域治理方式。

（3）都市圈规划。1999年初，江苏省在《江苏省城镇体系规划（2001~2020)》中首次提出要建设三大都市圈的构想：依据城镇发展规律、城市化不同发展阶段的要求、现代城镇空间演化趋势和市场经济体制建立的需要，建设南京、苏锡常和徐州三大都市圈，以主导城乡空间结构调整、指导区域性基础设施建设、引导生产要素流动聚集和促进区域共同发展。2000年7月，江苏省第三次城市工作会议作出了建设南京、苏锡常和徐州三大都市圈的战略决定。会议提出要跨越行政区划界限，以经济分工和协调合作为基础，以交通为纽带，形成以特大城市为中心的都市圈，通过强化南京、苏锡常和徐州三大都市圈的功能，以带动全省城镇的快速发展。2001年和2002年根据江苏省政府的要求，在建设厅的主持下，省内有关部门和相关城市相继编制了南京、苏锡常和徐州三大都市圈规划，并于2002年分别经江苏省政府批准实施。从《江苏省城镇体系规划（2001~2020)》来看，都市圈规划的主要目的在于：第一，淡化行政区划，着重经济、社会和城镇的联系，从区域可持续发展的角度形成经济和市场高度一体化的发展格局；在尊重各方利益的基础上，以市场机制为准则，以政府协调为手段，以跨区基础设施和大型骨干企业

---

① 张京祥、吴缚龙：《从行政区兼并到区域管治——长江三角洲的实证与思考》，《规划研究》2004年第5期。

工程建设为引导，加强区域协调合作，追求整体和长远效益的最优化。第二，保护并合理利用资源，改善生活居住环境和投资环境，协调城镇发展之间的关系，推进区域基础设施和社会服务设施共建共享。第三，加深和落实省域城镇体系规划确定的有关内容，促进全省经济社会的健康发展，完善全省城镇空间布局的结构。这种由一个省进行的内部都市圈规划，对克服行政区划对城市区域化发展的刚性约束，促进中心城市之间的联动与合作，无疑具有重要的现实意义。

（4）完善的区域政府间合作组织。长江三角洲最早的区域政府间协调机制是 1983 年由国务院所推动的上海经济区规划办公室，其主要工作是协调上海与江浙两省的经济协调与合作，但后来由于行政协调上的困难而终止。1992 年，由地方政府推动的长江三角洲城市协作部门主任联席会议，又重新开启了区域协调与合作的机制。在同一年，长江三角洲城市群又成立了"长江三角洲城市经济协调会"，每两年举行一次高级别会议。该会议致力于推进城市间资产重组、组织城市间的联合与协作，以促进生产要素合理流动。2001 年起，上海与江浙两省每年召开由常务副省长、常务副市长参加的经济合作与发展座谈会——江浙沪省（市）长座谈会。2003 年 10 月，在上海召开了第三次座谈会，会议强调要"寻求加快区域经济合作与共同繁荣的新路径"。到目前为止，长江三角洲有关政府部门和企业已经共建并参与了四个区域性合作组织：长江沿岸中心城市经济协调会、长江三角洲城市经济协调会、长江流域发展研究院和长江开发沪港促进会。[1] 日益完善的区域政府间合作组织，对于推进城市群内协调合作项目产生了明显的成效，而且比较固定的区域政府间合作组织也逐渐成为城市群内处理区域共同议题和各城市政府间利

---

① 汪宇民：《中国省区经济研究》，华东师范大学出版社，2003，第 30 页。

益冲突与矛盾的协调机制。

（5）设立了跨区域的环境治理机构。1984年，为了方便太湖流域的环境管理，由中央政府在原太湖水利局的基础上，扩充成立了太湖流域管理局，作为跨省区的协调与执行机构。由于太湖流域的水资源管理，涉及太多且分割繁细的行政单元、人口与企业，以及大量排放的工农业污水和生活垃圾严重污染了太湖的水环境，同时循环影响了居民的生活和农业灌溉，因此引起了政府和社会的高度关注。因此，设立这个跨区域机构，实际上是中央政府放权背景下的一个区域整合机构，也是为了满足区域公共服务的供给需要应运而生的。太湖流域管理局实际上是国家水利部和浙江省的派出机构，管辖的面积除了江浙两省和上海市的范围之外，还包括安徽省和福建省。其最主要的工作是负责流域的综合治理，包括：第一，统一管理太湖流域的水资源和河道；第二，开发管理具有控制性的重要工程；第三，通过规划、管理、协调、监督、服务，促进江河和水资源开发、利用和保护。更重要的是，管理局将根据相关法令的规定来执行地区监督检查的任务，并且拟定流域性的统一政策和法规作为各行政单位的执行依据，以及统筹区域内的水资源保护和水利建设工作。

（6）政府部门间协作。近年来，长江三角洲城市群内政府部门间围绕一些具体的区域性事务展开了成效显著的协作。如2003年4月10日，两省一市的工商局长在杭州签订《加强"长三角"区域市场管理合作的协议》，内容包括：三省市之间企业异地办厂实行市场准入政策，鼓励民营企业跨地区投资；在省际间开通著名商标保护"直通车"；共建三地工商管理部门办案协作机制；共建企业信用监管体系等。2003年4月19日，两省一市的人事部门以及江苏、浙江所属的19个城市人事部门行政首长在上海发布了《长江三角洲人才开发一体化共同宣言》，强调互相开放与建立人才中介服务市场、建立高技术人才共享机制、建立博士后工作站合作机制、专业技术职务资格认证互认和三地公务员互派交流学习合作等。2003 年 7 月初，在南京举行的"长江三角洲旅游城市 15＋1 高峰论坛"上，16 个城市的市长共同签署了《长江三角洲旅游城市合作宣言》，宣布将建成中国首个跨省市的无障碍旅游区。2003 年 8 月，在杭州召开了长江三角洲物流高层论坛，苏浙沪的物流主管部门和国内物流专家共同研讨"长江三角洲物流圈"。会议决定，现阶段的重点是进行共同发展现代物流发展规划研究，共同培育现代物流市场体系，共同建立现代物流信息体系等三方面的合作。2003 年 10 月 13 日，江浙沪签署实质性的教育合作协议，推动实现三地大学生学分互认、联合办学、相互开放毕业生就业市场等。2003 年 11 月 2 日，上海、江苏和浙江三地的科技部门领导在杭州签署了《沪苏浙共同推进长三角区域创新体系建设协议书》，这是全国首个省级政府间区域创新体系协议。2004 年 3 月 11 日，江浙沪三省市工商局局长在上海联合签署了《长三角地区消费者权益保护合作协议》，三地实现了消费者权益异地保护救济、流通领域商品质量抽查互认以及 12315 维权网络互联互享等。

（二）珠江三角洲城市群

1. 区域合作的意识开始确立

近年来，珠三角地区的合作力度不断加大，主动融入区域发展已经成为基本共识。如深圳市委领导人明确指出："深圳要加强与广州的合作，加强与东莞、惠州、佛山、珠海以及珠三角其他城市的合作，实现优势互补、共同发展。"① 而在广东省政府准备重新规划珠三角后，广州、深圳、珠海、东莞四市主要负责人都表示，即使"新蓝图"实施会让他们作出暂时牺牲，也将

---

① 田川、张凡：《大珠三角淡化龙头之争，区域整合迎来引人注目的转机》，2003 年 1 月 6 日《粤港信息日报》。

以大局为重。① 在 2003 年的广东省人大会议上，来自珠三角地区的各个地方政府负责人不约而同地表达了一个共同的心声和主张，即建立珠三角地区市长联席会议制度，加强区域合作，提高珠三角的综合竞争力，实现共同繁荣和发展。②

2. 初步的制度合作

（1）加强区域统一规划。区域规划不仅是国家实现区域协调发展的重要工具，而且也是政府介入区域发展最具影响力的工具。20 世纪 90 年代末以来，在长江三角洲地区咄咄逼人的发展态势以及全球化进程加快所带来的竞争压力下，广东省政府也开始强化政府替代，逐渐开始加强对珠三角地区经济社会发展的合作规划。2004 年 9 月，《珠江三角洲环境保护规划》经广东省人大审议通过并付诸实施。2005 年 1 月，《珠江三角洲城镇群协调发展规划（2004～2020 年）》经广东省人大常委会审议通过并付诸实施。2008 年 12 月，经国务院批准《珠江三角洲地区改革发展规划纲要》正式出炉。当然规划的制定只能说是适应了区域经济发展的趋势，在实际操作过程中还应该加大协调力度，务求取得实效。

（2）都市圈规划。早在 1995 年的《珠江三角洲经济区城市群规划》中，就确立了"以珠三角有机协调的城市群为整体，以广州为核心，以广州至珠海和以广州至深圳的发展线为主轴，建设大广州和珠江口东西两岸三个都市带地区"规划目标。后来，经过不断完善，形成了珠江三角洲三大都市圈的基本发展规划。在空间格局上，珠三角地区要形成两条发展主轴、三大都市圈，呈网络状发展。两条发展主轴分别向香港、澳门延伸：一条

---

① 《广州深圳东莞珠海同意整合　珠三角要重新规划》，2003 年 1 月 15 日《南方都市报》。
② 《建立珠三角市长联席会议制度》，2003 年 1 月 15 日《南方日报》。

是广港发展轴；一条是广澳发展轴。三大都市圈分别是中部都市
圈（广州、佛山）、东岸都市圈（深圳、东莞、惠州）、西岸都市
市圈（中山、珠海、江门）。而在近期发布的《广州2020：城市
总体发展战略》中，新规划关于广州的产业发展布局包括了
"区域产业协调"、"市域产业布局"和"产业组团空间布局"
等三个方面的内容。在区域产业协调方面，广州未来将以生产性
服务业为核心，构建大珠三角城市群的服务中心。同时，以汽车
产业和物流为核心，加强广州与佛山产业联系，构建一体化的广
佛都市圈，以及与东莞形成合理的纵向分工体系，构建世界级先
进制造业走廊。① 都市圈规划有别于传统意义上的城镇体系规
划，它突破了行政区划的限制，并遵循城市与区域发展的规律，
对空间规划的创新与指导产生了积极的效果。都市圈规划并未挑
战已有的规划编制、审议和实施的管理体制，其中的工作重点是
在完备的纵向控制系统当中，增加横向的沟通管道，以建立横向
的协商对话机制作为区域合作的一项重要工具。从这些内容来
看，都市圈规划在促进区域合作中的意义是不言而喻的，其中它
必须透过"淡化行政区划"，以及"在尊重各方利益的前提下，
以市场机制为准则、以政府协调为手段、以跨区基础设施和大型
骨干工程为先导"的各种不同方式来达到区域间没有障碍的目
的。

（3）行政区划改革。由于"市管县"体制所引起的条块分
割以及市县争利的矛盾等弊端，与江苏、浙江等省推行的"强
县扩权"的改革不同，珠江三角洲地区的行政区划改革表现为
撤县（市）并区，将大城市行政区周围的县或县级市改为区，
纳入到大城市行政区范围内，为解决市管县产生的诸多矛盾以及

① 《向西　构建广佛都市圈　向东　构建制造业走廊》，2007年9月21日《南方日报》。

为大城市与周边地区的统一规划和协调发展创造条件。在这种背景下，2000 年的广州将原来代管的县级市花都与番禺并入广州，2002 年佛山将其原管辖下的顺德市、南海市、高明市和三水市撤市并区而组建了大佛山。类似的还有珠海撤销斗门县设立斗门区、大惠州"合并"了惠阳市、江门市"合并"了新会市。这些中心城市的行政区划改革，一方面是由于自身市区所辖范围太小而不利于城市的整体发展，另一方面城市区域的扩大有利于提升自身的竞争力。

（4）地方政府领导之间的互动。在珠江三角洲，相关地方政府领导之间的互动是比较频繁的。现在在新闻媒体上，人们经常可以看到各个地方政府组织各种各样的学习团、交流团等，由主要领导带队，到相关地方政府所辖地区去参观、访问、学习、交流，实质上是寻求在经济发展方面互利合作的机会，学习相对发达地区在经济和社会发展方面的经验。如 2005 年 11 月 30 日，广州市市长张广宁率考察团赴佛山考察，双方就进一步建立密切的交流机制及产业合作、水环境保护、交通路网衔接等问题进行了深入交谈并达成共识，彼此同意建立两市政府及有关部门的热线联系机制。[1] 又如为学习借鉴深圳市在推进自主创新、加快高新技术产业发展等方面的成功经验和做法，推动广州创新型城市建设取得重大突破，2007 年 8 月 27 日，省委常委、广州市委书记、市人大常委会主任朱小丹和市委副书记、市长张广宁率领广州市党政代表团，实地考察深圳市自主创新和高新技术产业发展情况，并与深圳市党政领导班子进行座谈。[2] 这种互动的主要内容包括：第一，相互学习与交流；第二，积极协调在地区间关系

---

[1]　《广州佛山建立热线联系　张广宁率团赴佛山考察》，2005 年 12 月 1 日《南方日报》。

[2]　《朱小丹率广州市党政代表团赴深圳考察》，2007 年 8 月 28 日《广州日报》。

发展中出现的具体问题；第三，信息交流；第四，开展经济技术合作。显然，通过这些地方政府领导间频繁的互动，非常有利于促进珠江三角洲的区域合作。

（5）部门间协商与协议。通过部门间的协商与协议开展合作，是近年来珠江三角洲区域合作的亮点，也是最具成效的合作策略。原因在于，这种通过具体职能部门之间的沟通、协调与合作，是最直接也是最能避免行政区划边界限制的最佳方式。尽管它不具有整体性和长远性，但却具有相当的弹性，也适合于区域合作中先易后难的治理原则。在发展旅游业方面，从 2001 年起广州、深圳与珠海就结成紧密的伙伴关系，三市以整体旅游形象出现在国内外的旅游推介会上。① 在流域治理方面，2002 年 10月 8～9 日，广东省委、省政府在广州召开了全省综合整治珠江工作会议，要求各市党委、政府要把珠江综合整治纳入重要议事日程，要求珠江沿岸各地市、县、镇及区域之间，尤其是河流交界区域之间要互相支持和合作，齐心协力，整体推进珠江整治工作。② 在人力资源领域，2007 年 3 月 13 日，珠三角城市群八市人才交流服务中心主任签署了《珠三角城市群人才交流一体化合作框架协议》，各方将在市场信息共享、人事代理、人才租赁、人才测评、高校毕业生就业等领域开展合作。③ 在公共安全方面，2006 年 8 月 25 日，深圳、东莞和惠州三地警方在深圳市公安局指挥中心共同签署了《深莞惠三市警务协作框架协议》，协议各方同意建立合作协调机制，包括建立警务协作联席会议制度、设立三市公安局指挥中心（办公室）主任协调制度、建立

---

① 林丹：《广深珠联手旅游　创汇占全国两成》，2006 年 1 月 10 日《羊城晚报》。
② 《广东 14 城市联手整治珠江　水环境有望得到根本改善》，新华网，2002 年10 月 11 日。
③ 《珠三角八市联盟一体化人才交流》，2007 年 3 月 15 日《羊城晚报》。

各业务部门衔接落实制度。此举标志着深莞惠三市警务大协作框架正式建立并付诸实施。[①] 在城市规划方面，2007 年 7 月 25 日，广东省建设厅在广州召开了珠三角城镇群城市规划局局长联席会议第一次全体会议，来自珠三角的九个城市的规划局负责人出席会议，决定珠三角各市凡是具有区域性影响的重大项目需要城市间协商后才能上马，不经专题会议协商或协商不成的，项目所在地城市的规划局不得办理建设项目的选址规划。[②]

（三）京津冀北城市群

京津冀北城市群的协调与合作，基本上经历了三个基本阶段，其中 20 世纪 80 年代和 20 世纪 90 年代后期以来的协调与合作比较活跃。

在 20 世纪 80 年代，城市群内政府间合作主要表现为：华北地区经济技术协作会于 1981～1990 年共举行了七次会议，1982～1984 年国家计划委员会、中国科学院地理研究所开展了京津塘国土规划研究，1985 年 8 月成立了天津环渤海湾经济研究会，1986 年 5 月在天津召开了环渤海湾地区经济联合首届市长（专员）联席会议，1987 年 7 月在青岛召开了环渤海湾地区市长（专员）第二次环渤海湾地区经济研究会。这一时间段的协调与合作重点是：物质协作、以行业联合为突破口（企业间产业扩散），建立各种市场和网络、成立了日常工作机构。

20 世纪 90 年代前期，城市群内政府间合作主要表现为：京津冀城市科学研究会在 1991～1995 年举行了五次京津冀城市发展协调研讨会，出版了论文集；"八五"期间，国家计划委员会组织开展了大渤海地区经济圈规划研究。协调与合作的重点是解

---

① 《深莞惠警务协作遏制跨市犯罪》，2006 年 8 月 26 日《南方日报》。
② 《珠三角 9 城市规划局长昨首次召开联席会议》，2007 年 7 月 26 日《南方日报》。

决无序竞争、重复建设问题。

　　20 世纪 90 年代后期以来，城市群内政府间合作主要表现为：1997 年 11 月召开了环渤海湾地区经济联合市长（专员）联席会第八次会议，一致同意正式建立"环渤海湾地区经济联合市长（专员、盟长）联席会"，并建立"环渤海湾地区经济联合市长（专员、盟长）联席会联合办事处"，作为办事机构。2002 年 10 月，在济南召开了环渤海湾地区经济联合市长联席会第十次会议，29 个成员城市讨论共同开展环保、边境经贸、卫生医疗合作。2000～2001 年，清华大学吴良镛院士主持了京津冀北地区城乡空间发展规划研究。2004 年 2 月，国家发改委与京津冀发改委达成了加强经济交流与合作的《廊坊共识》。2004 年 5 月在北京召开了由京津冀等地政府高官参加的《环渤海湾经济圈合作与发展高层论坛》，北京首次提出了"3＋2"首都经济圈，以及"一轴、两核、三区"为框架的京津冀北城市群发展战略构想。协调与合作的范围涉及基础设施（高速公路）、生态环境治理（水源、风沙）、产业机构调整（产业转移）、副食品市场等领域。2004 年 6 月 26 日，五省二市（北京、天津、河北、山东、内蒙古、辽宁、山西）环渤海湾地区合作机制会议召开，制定了《环渤海湾区域合作框架协议》，最具突破之举是：（1）建立环渤海湾区域合作联席会议，为环渤海湾地区各省区自治区政府要员、企业领导者、专家学者提供一个高层次、有组织的磋商机制和开展交流与合作的平台。（2）成立环渤海湾合作机制的三层组织架构，负责推进合作发展。第一层由省市长轮值主席，每年举行一次联席会议，研究决定区域合作重大事宜。第二层、第三层架构为建立副秘书长协调制度和部门协调制度。（3）决定加强在交通、能源、信息、产业、内贸、外贸、旅游、劳务、科技、生态等十个方面的实质性合作。（4）组建环渤海国际合作专家委员会、环渤海国际合作企业家委员会。① 一般认为，这些举措是京津冀北城市群结束"坐而论道"的重要信号。

特别是20世纪90年代后期以来，各城市普遍认识到协调与合作的重要性，在旅游、交通、高新技术产业等领域开展了实质性合作。在旅游领域，2003年9月，由北京、天津、河北三地旅游主管部门联合组织、三地旅游景点景区参加的"再创旅游辉煌——京津冀旅游系列推介活动"在北京中华世纪坛举行。在交通领域，2002年10月，北京与天津港口岸开始直通，实现了港口功能一体化。2002年12月，北京和天津率先实现了中国民航跨区域的机场联合，目前正在推动京津空港通关一体化，并筹划建设连接两大机场的高速机场交通线。北京、天津已经形成交通统一规划的共识，两市已经在酝酿筹划京津塘城际铁路专线，增建2条京津高速公路，接通京津塘轻轨交通等建设方案。在高新技术产业领域，2003年9月，召开了京津塘科技新干线论坛。京津政府宣布了共同构造、形成高新技术产业链，增创产业新优势；共同实施差异化竞争战略，增创竞争优势；共同打造一体化流通市场，增创市场新优势；共同加强高校、科研机构合作，增创科研新优势；共同促进环境协调发展，增创生态新优势；共同加强城市基础设施建设和管理，增创交通新优势；共同创新区域利益分配机制，增创财政新优势；共同建立各园区政府间合作、协调机制，增创合作新优势等八项战略合作措施。

第四节 优化城市群未来治理的思考

尽管三大城市群面对各种问题采取了以区域政府间协调与合

---

① 张兆安：《大都市圈与区域经济一体化——兼论长江三角洲区域经济一体化》，上海财经大学出版社，2006，第144页。

作为主要治理机制的对策，但并未从根本上改变城市群内各自为政、以邻为壑、重复建设、恶性竞争的行政区经济态势。例如在京津冀北城市群内，相距 130 公里的京津两大直辖市，正沉迷于各自的中长期规划不能自拔，两个城市对区域经济的带动功能已经在竞争与较量中日渐抵消，在京津冀北地区还存在着两种不同的工业体系、两种市场，其间差距明显而内在联系不强；① 珠江三角洲城市群则存在着土地过度开发、成员城市职能缺乏分工、区域性城市基础设施建设各自为政、城市间快速交通网络不完善、部分城市呈"线状"畸形发展等问题。因此，在 21 世纪全球城市化时代来临之际，顺应国内外政治经济体制改革的趋势，全面借鉴西方发达国家城市群治理经验，对中国城市群治理进行进一步探索，显然是非常必要的。

一 走向联动整合：以珠江三角洲城市群为例

20 世纪 80 年代以来，珠江三角洲群雄并起。1994 年广东省委省政府开始规划珠江三角经济区时，其城市群发展模式已然成型，但各城市崛起的原因与动力不同，城市间缺乏内在的紧密经济联系，没有严格意义上的区域中心城市。在这种背景下，城市群发展呈现多中心②竞逐态势。毋庸讳言，这一多中心竞逐发展模式在促进珠三角地区经济和市场化高速发展中发挥了至关重要的积极作用。但是，面对日趋激烈的外部竞争以及碎片化的多

---

① 《京津冀北区域经济发展走势分析：合作共赢》，新浪网，2006 年 1 月 16 日。http：//news. sina. com. cn/c/2006 – 01 – 13/19048860198. shtml。

② "多中心"一词最早出自迈克尔·波兰尼的《自由的逻辑》，是相对于单中心或一元中心秩序的另一种组织秩序。在多中心秩序下，公共物品的供给中存在着许多决策中心，它们在形式上是相互独立的；多中心政治体制的重要含义是许多官员和决策结构分享着有限且相对自主的专有权，来决定、实施和变更法律关系（参见文森特·奥斯特罗姆《多中心》，载〔美〕迈克尔·麦金尼斯主编《多中心体制与地方公共经济》，上海三联书店，2000）。

中心竞逐模式不断暴露出的问题，面向 21 世纪的珠江三角洲城市群要重振雄风和提升竞争力，必须走联动整合的新型发展之路。

（一）多中心竞逐模式的形成

20 世纪 80 年代以来，在改革开放的背景下，珠三角实现了经济的跳跃式发展，并逐渐形成了先行一步的发展优势，基本上具备了实现现代化的条件。珠江三角洲不仅是中国在经济全球化进程中率先融入世界经济的重要区域，而且也是中国对外开放的窗口和诸多政策创新的试验田，在全国经济发展格局中具有相当重要的地位。经过 20 多年的发展，畅通便捷的信息、交通、科技、物质、人才网络将珠三角融为一体，城市发展正向法国学者戈特曼所提出的"城市带"的城市化高级形态发展。

改革开放之前，广州是全省的中心城市，与周边城市的关系属于绝对核心—边缘的格局，是典型的单中心发展模式。改革开放之后，先是深圳的崛起使之成为与广州并肩的中心城市，以广州与深圳为双中心的城市群体成为珠三角城市群的结构特征。近年来，珠海、佛山、东莞、江门、惠州等相继获得发展而进入大城市之列，城市群体功能呈多样化，交流更加密切，发展成为城乡一体、类型完备的多层次城镇体系，网络化、多中心的发展模式逐渐演化成型。

珠三角城市群的出现，是改革开放的产物。在这个过程中，一方面，在珠三角各个城市崛起与发展的同时，广州这个原有的城市群中心地位相对下降；另一方面，对于广东来说，香港的地区经济中心角色并未得到认可与确定，从而造成了珠三角的重新洗牌和相互角逐龙头的竞争。广州是珠三角传统的中心城市，但香港资本的进入和经济影响力的扩散，以及深圳政策的优惠和经济的超高速发展，令广州的中心地位在 20 世纪 80 年代至 90 年代中期急速衰落。在国际化方面，广州无法与香港相比；在优惠政策方面，广州无法与深圳相比；在民间经济方面，广州无法与东莞、佛山相比。一旦广州的地位衰落，其他城市势必要分担它原来承担的一些功能，为了承担这些功能，它们就会积极兴建基础设施。这一点与长江三角洲有着根本的不同。在长三角，上海的经济中心地位是无人能够质疑并且客观存在的。① 长三角迄今为止没有出现大量浪费资源与时间于内耗的竞逐中心之争。尽管1998年后，随着广州在市政建设方面的大胆突破、南沙开发计划的实施等，其地位重新回升，但多中心竞逐格局并未改变。形成这种多中心竞逐的原因是多方面的。

1. 珠三角城市群兴起的主要拉动力是香港

无论是历史还是现实，珠三角都不能离弃香港。尤其珠三角经济崛起的30余年里，香港通过产业转移、吸引外资、交通枢纽、金融服务等，发挥了区域性中心城市的作用。由于具有显著的地理区位优势，随着香港与珠三角经济联系的全面打通，香港寻求经济转型与珠三角谋求工业化的历史契合，带来了香港劳动密集型轻型产品加工制造业向珠三角大规模"倾泻式"转移以及港资的大量投入，由此迅速带动了珠三角地区的城市化。过去20余年的数据显示，广州这个原有的城市群中心，并没有在珠三角区域的兴起与城市群的发展中真正起到带动作用。已经展现雏形的大珠三角城市群中，居于龙头地位的是香港。在外来投资方面，港资占全部外商投资的70%左右；在贸易方面，珠三角和香港的贸易（包括通过香港转口）在珠三角对外贸易中的份额高达八成以上。② 所以，有学者研究指出："从一定意义上讲，珠江三角洲的农村工业化和城镇化是香港部分经济要素扩散和跨

---

① 纪晓岚主编《长江三角洲区域发展战略研究》，华东理工大学出版社，2006，第311~313页。
② 朱文晖：《走向竞合——珠三角与长三角经济发展比较》，清华大学出版社，2003，第102~116页。

国资本流动的结果，香港及外资在珠江三角洲空间结构的变动中具有主导性空间引力的作用。"① 因此，迄今为止在珠三角内部，并没有形成城市之间强有力的经济联系，更没有在其中形成一个由其他城市包围并配合其活动的城市群中心。也就是说，中心城市通过价格高低、生产率高下与生活标准的不同对城市形成压强，从而吸引资源流入成为区域中心城市这个现象并未发生。相反，随着各个城市的兴起，广州的中心地位是相对下降的。虽然广东省政府近年来强调了要建设广州和深圳两个经济中心，但基本的发展态势仍然没有改变。在承接香港制造业转移的过程中，珠三角经济区打破了原有的城市布局，城市群格局从单中心、双中心向多中心模式演化。

2. 珠三角城市群崛起的原因与动力殊异

目前，珠三角存在着形态各异的经济发展模式。从外向型经济的形态比较，以跨国公司主导的全球生产网络的两个系统和四种基本形态在珠三角都可以看到。其中由跨国公司销售商主导的轻型消费品的转包生产网络（港商投资为主），和跨国公司生产商为主导的电子通讯产业的零部件转包生产网络（台商投资为主），主要分布在珠三角的东部地区。而由跨国公司母公司与外国分支机构和合资机构组成的全球生产网络，例如汽车（以日资为主）则主要分布在广州和珠三角的西部。东部地区是以出口为主的电子通讯产业，而西部则主要是内销的家用电器产业。

珠三角东西部的差异除了区位因素外，主要是由东西部的历史与经济基础差异决定的。历史上，珠三角东部地区是没有工业基础的农业地区，是广东省的大粮仓。而西部，尤其是佛山与江门，一直以来都是广东省的工业重镇（自清代起，南海九江就

---

① 宋栋：《中国区域经济转型发展的实证研究》，经济科学出版社，2000，第211页。

逐步成为中国的纺织业基地），因而有着深厚的工业技术和文化积淀。因此，改革开放后，东部地区由于没有商品经济发展的历史基础和技术基础，只能选择以外资带动经济发展的模式。而西部虽然在改革开放初期开始一直没有放弃引进外资的努力，但在发展模式上以自我为主进行建设。东部地区的产业是由没有地区根植性的外资企业（尤其是东莞）构成的，而西部则是由带有深厚地区根植性的产业（尤其是顺德）构成的。所以，在广东省的支柱产业中，电子通讯产业集中在东部的三个市，而传统的纺织业集中在广州与西部的两个市。

正因为各个城市发展的原因与动力各不相同，各地产业之间没有形成经济关联。因此，各个城市对自己产业发展的基础设施、技术平台与信息平台的需求十分强烈，这就必然导致多中心竞逐发展之势。

3. 地方政府主导的城市化

改革开放后，中央政府实行向地方政府放权让利的政策。这种放权部分地改变了地方政府的地位与利益导向：第一，决策放权允许地方政府在中央给定的约束线内发挥自主创造性，进行不同方式的政策试验；第二，财政分级核算、收入分成，在经济上使得地方政府有了追求经济绩效的动力。这两项变化，为地方政府带来了双重身份：一方面它是中央政府在一个地区的"代理人"，它要服从于中央的利益；另一方面，它在一定程度上又是一个地区的"所有者"，通过组织和运用经济资源可以增进自己的利益。[①] 地方政府自主性的增强，使得地方政府在财政压力和政绩需求的驱动下，发挥出空前的组织和管理地方经济的积极性和主动性：一方面充分利用和挖掘本地区的发展潜力和优势，形

① 周伟林：《中国地方政府经济行为分析》，复旦大学出版社，1997，第3~4页。

成各具特色的发展道路；另一方面，积极向中央争取优惠政策来发展本地经济，甚至创造条件来演绎现有政策。[①] 珠三角各城市政府为发展本地经济，普遍通过灵活变通使自己的权力得到实际放大。再加上珠三角区域特殊的行政格局（广州与深圳是副省级市，深圳与珠海是经济特区）和经济格局（珠三角的地级市吸纳外资能力强，外贸出口量较大，人均 GDP 多在 1 万元以上）。所以，珠三角的主要决策权集中在市级政府，珠三角城市群的形成以及 20 余年工业化和城市化的发展，具有强烈的地方政府主导色彩。由于地方政府主导的城市化与工业化取得了巨大的成效，因此也就强化了地方政府的地方利益与地方政府主导的观念。在当下中国这种分割性的行政区划体制和自上而下的压力型体制下，珠三角势必形成行政性分割局面。

（二）多中心竞逐模式面临的挑战与存在的问题

进入 21 世纪，珠三角城市群未来发展的挑战将主要来自于国内其他区域的竞争与区域内的产业升级和经济融合。

从国内其他区域的发展态势与国家扶持的政策供给力度来看，未来长三角区域与京津冀北区域的发展将对珠三角未来的发展提出严峻的挑战。近年来，国家战略发展重点和发展思路的转变，使得珠三角丧失了改革开放以来一直支撑其快速发展的政策优势和制度优势。而在另一方面，以浦东开发为始端的国家对长三角区域的扶持以及以天津滨海新区开发为标志的国家对京津冀北区域的重视，都凸显出珠三角区域未来发展面临的严峻挑战。

在面临外部严峻挑战的同时，珠三角城市群内部也存在诸多问题。在多中心竞逐发展模式下，珠三角各个城市政府自主发展，形成了整个珠三角群体化竞争性发展格局，拉动了珠三角经

---

① 课题组：《地区利益：我国产业结构失调的深层次原因及对策分析》，《新华文摘》2001 年第 5 期。

济的迅速繁荣。这种城市间的相互竞争，使各城市努力将传统的计划审批制度对企业发展的限制降到最低点。但另一方面，则必然体现为各城市间的恶性竞争。

尽管有广东省的积极协调，但由于珠江三角洲区域经济发展呈现出明显的"行政区经济"特征，这种"板块经济"模式使得珠三角城市群的发展备受现行行政管理体制的制约和束缚。珠三角城市群各级行政区划层次较多、分割繁细（珠三角横跨九个地级市），一个城市群分属不同的行政区，在发展目标、产业结构、产业布局、环境保护等方面，城市群区域与各行政区域之间、城市群内部各城市之间都有可能存在明显的冲突，集中表现为区域行政壁垒对要素自由流动的限制，导致要素流动与进入成本偏高，致使区域资源要素不能顺畅流向优势区位——城市，从而影响和制约了城市群的发展。同时由于区域内城市不根据区域经济一体化的大局来正确定位，导致城市之间缺乏整体规划与协调，在珠三角经济生态格局里，出现了争资源、争项目、争中心的现象，在一定程度上造成资源浪费、重复建设、产业同构。

在现行地方政府政绩考核体制的压力下，珠三角各城市政府在基础设施建设、产业结构、吸引外资、城市功能定位等方面都存在相当明显的恶性竞争。

正是由于上述种种问题，导致了珠三角城市群整体竞争力的相对下降，在一些经济发展指标上逐渐落后于长江三角洲地区的发展。①

（三）联动整合：新的区域发展思路

改革开放30余年的发展历程显示，珠三角城市群是一个竞争大于合作，竞逐多于协调的区域。毋庸置疑，这种多中心竞逐

---

① 《长三角与珠三角经济发展比较分析》，中国统计信息网：http//www.stats.gov.cn，2003年8月12日。

的城市群发展模式，也是带动整个珠三角经济起飞的重要动力。但是，当代区域发展之间的竞争已经进入了区域整合的竞争，"单打冠军"并非直接意味着"团体冠军"。因此，加强区域整合，走联动整合的新型发展之路，是珠三角城市群继续保持优势和提高竞争力的关键。正如《中共中央关于制定国民经济和社会发展第十一个五年规划的建议中》所强调的那样，珠江三角洲城市群要继续发挥对内地经济发展的带动和辐射作用，必须加强区域内城市的分工协作和优势互补，以增强城市群的整体竞争力。

1. 联动整合是城市群发展的基本趋势

城市群的形成过程也是各城市之间关系越来越密切的过程，一个内部经济发展协调的城市群可以使地理位置、生产要素和产业结构不同的各等级的城市承担不同的经济功能，在区域范围内实现单个城市无法达到的规模经济和集聚效应。城市只有顺应区域经济全方位整合的潮流，在城市群中找到自己的位置，调整城市产业布局，把单个城市融入城市群的整体中，才能在配置和利用生产要素方面实现优势互补，在发展中共享利益。未来城市的竞争不再是简单的个体竞争，而是城市群间的竞争，是区域与区域间的竞争。因此，对同处于一个区域范围内的相关城市，相互间的竞争是客观存在的，但更重要的是要解决好城市之间的分工与协作问题，调整自身发展定位，尤其是产业定位。①

2. 珠三角城市群正在呈现联动整合发展的趋势

（1）基础设施建设推进珠三角融合。根据规划，到 2010 年总长 255 公里的广州城市轨道交通线网络将与周边轨道线路相衔

---

①　徐康宁等：《长三角城市群：形成、竞争与合作》，《南京社会科学》2005年第 5 期。

接，使广州与佛山、东莞等周边地区的交通时间基本控制在 1 小时内；2020 年珠三角城际快速轨道网的建成，将实现包括港澳在内的珠三角城市群"1 小时生活圈"。这些发达的交通网络在珠三角城市群内形成了巨大的物流、人流、资讯流、技术流，对促进本区域的经济发展起到了十分重要的作用。①

（2）加强区域统一规划。20 世纪 90 年代末以来，在长江三角洲地区咄咄逼人的发展态势以及全球化进程加快所带来的竞争压力下，珠三角地区经济社会发展的整合规划大大加速推进，如明确广州和深圳是本地区的中心城市、全力支持广州成功申办亚运会和开发南沙、联合整治珠江流域环境治理、重新规划珠三角地区城市化建设和城市功能定位、组建大佛山和大广州等一系列城市行政区划调整等。

（3）联动整合发展已经成为基本共识。近年来，珠三角地区的整合力度不断加大，主动融入区域发展已经成为基本共识。

（4）区域公共事务合作逐步深入。

3. 建立健全珠三角城市群的协调制度

跨地区的区域发展如何整合相关利益主体在各种问题上的多元价值取向，使其形成联动整合的发展理念和实际行动，离不开各种形式、各个层面的协调。

（1）继续强化市场机制的协调作用。市场机制就像一只看不见的手，沿着比较利益规则引导资源要素的区域流动，通过资源互补、产品互补、产业互补链条，实现区域优势的共增与传递。珠三角城市群之所以能迅速发展壮大，要诀就在于充分利用了毗邻港澳的地缘优势和 20 世纪 80 年代的先发优势，迅速聚集了经济发展所需要的各种要素资源。可以说，珠三角城市群的发

---

① 《转型：珠三角竞争力 2006 年度报告》，2006 年 12 月 29 日《南方日报》，特 10。

展就是市场各种要素快速流动、互相补充的结果。今后，在继续推进珠三角区域统一市场建设和城市间经济技术合作、通过协同调整形成产业结构的梯度发展和层次开发态势等方面，仍然要继续强化市场机制的协调作用。

（2）强化广东省政府的协调作用。尽管近年来广东省政府不断加强对珠三角城市群整合的力度，如相继统一规划珠三角的环境治理和城镇发展、明确广州与深圳的中心地位等。但是，与长江三角洲的整合发展相比，珠三角城市群同属于广东省统一管辖的行政资源比较优势仍未能得到充分发挥。在推进珠三角城市群多中心联动整合发展中，对于珠三角城市群内市场分割、各行政区经济画地为牢、产业同构、日趋激烈的以争夺资源资金和市场为目标的区域竞争、产业结构的升级换代、日趋严重的环境与资源约束、因自主创新投入不足而导致的区域竞争力相对弱化等都需要继续强化省政府的协调。

（3）建立健全城市群政府间协调制度。从长三角的发展来看，相互间高层沟通的渠道和机制（包括长江沿岸中心城市经济协调会、长江三角洲城市经济协调会、长江流域发展研究院、长江开发沪港促进会、长江三角洲市长联席会议等），对推进区域经济整合、加快区域发展发挥了重要作用。而从近年来发展迅速的泛珠三角区域政府间合作来看，由论坛和合作洽谈会、高层联席会议制度、日常办公制度与部门衔接落实制度组成的系统合作制度安排也非常成功，不断推进泛珠三角区域合作深入发展。对此，珠三角城市群政府间协调可以借鉴其成功经验，并将这种城市群政府间的协调机制逐步制度化。通过建立健全珠三角城市群政府间协调制度，各方在户籍制度、住房制度、就业制度、医疗制度、教育制度、社会保障制度等改革方面加强行政协调，联手构建统一的制度架构和实施细则，以此协调各城市的政策行为，在招商引资、土地批租、外贸出口、人才流动、技术开发、信息共享等方面，营造无特别差异的政策环境。

（4）培育和发展城市群内的区域非政府组织。区域一体化的实质是市场一体化，市场一体化要求政府逐步退出微观经济领域，在宏观管理层面进行经济调控、市场监管、社会管理和公共服务。而从发达国家的成功经验来看，从宏观层面到微观层面之间需要有一个中观层面，即各种行业协会与民间组织。城市群内的行业协会应加强联系，通过相互联合以实现城市群产业发展的互动与融合，最终推动城市群内产业结构和资源配置的优化，避免重复建设。此外，要鼓励建立各种跨地区的民间组织。民间组织的主要职责是研究城市群发展战略和推进区域协作。这些组织的建立主要以城市群内的学术方面的代表人物和专家学者为主体，为珠三角城市群的联动整合发展献计献策，为在各种重大问题上达成共识提供讨论空间，为解决各种合作问题提供经过科学论证的互惠互利方案。如中山大学的"港澳和珠江三角洲研究中心"、暨南大学的"特区港澳研究所"等组织。这些民间组织可以在促进珠三角城市群多中心联动整合中成为政府的咨询参谋机构。

二　从区域政府间协作走向区域治理

在欧美发达国家，对城市群治理组织的学术争论可以回溯到19世纪末20世纪初城市扩张的增长。由于郊区化的发展，城市持续性地扩张，而地方政府制度性的规划远远滞后。在大部分OECD国家，这源于功能性城市空间与这些空间由谁管理的制度性领域之间日益扩大的裂缝。这样，城市群区域政府管理的碎片化就成为区域治理的难题：一方面，大大小小的数量众多的地方政府都积极寻求自身的独立性与自主性；另一方面，层出不穷的区域性公共性问题又不断陷入治理困境。20世纪以来，一方面，政府一直在试图找到一种合适的区域治理模式，以使一个聚居人口与经济活动的领域范围能够与城市区域系统相符合。① 另一方面，学者从不同角度展开研究，力图建立区域治理制度来满足城市区域发展的新需要。② 总体上看，这些研究主要有三个共同的目的：（1）在城市群建立一种方法以提升地方政府间合作；（2）区域治理的目的是解决城市群碎片化政府组织结构带来的外部性；（3）提供一种财政和减税办法来促进城市中心的发展，以便于使其能更好地为整个区域发展作贡献。③

在 20 世纪后半期，围绕城市群治理，巨人政府论与多中心治理论、新区域主义展开了激烈的争论。④

从历史演化的角度，有学者将美国区域治理的发展过程区分为三个阶段。其中，新区域主义被称为"区域治理的第三波"。与巨人政府论和多中心治理最根本的区别在于：过去的区域治理依赖于城市群政府的正式结构来执行，而新区域主义强调的是政府与非政府组织以及其他利益相关者的协作机制。尽管私营部门主要关注为经济发展改善环境，但这必然会包括设施、住房、教育、交通和其他区域性公共事务。另外，非营利组织从社会服务的角度来参与区域治理，它们对促进城市群的社会公平与平等更感兴趣。在新区域主义看来，为了有效实现目标，政府领导人之间、政府领导人与私营部门和非营利组织领导人之间越来越多地需要相互协作；尽管每一个部门在区域

① Frisken, F., and Norris, D. F., "Regionalism Reconsidered", *Journal of Urban Affairs*, 2001, 23 (5): 467 – 478.
② Savitch, H. V., and R. K., Vogel, "Paths to New Regionalism", *State and Local Government Review*, 2000, 32 (3): 158 – 168.
③ Frisken, F., and Norris, D. F., "Regionalism Reconsidered", *Journal of Urban Affairs*, 2001, 23 (5).
④ 张紧跟：《当代美国大都市区群治理的争论与启示》，《华中师范大学学报》2006 年第 4 期。

治理中都有自己的特殊利益，但为了实现自我利益，它们必须愿意共享权力和资源。① 新区域主义不仅提供了一种城市群治理是什么的新视角，而且也要求更新如何提高区域治理能力的途径。两种以往的思路提供了一种简单的处方：巨人政府论建议区划改革和制度性合并，公共选择理论则建议地方自治应该加强。新区域主义强调治理是通过一个协作性的而非科层制的过程来建立，在这一过程中，参与者包括了在都市区问题解决中享有领导地位的所有公共和私人部门。② 或者说，巨人政府论没有具体的事实证明制度的巩固是成功的，而且大多数的改革现在证明是失败的。③ 建立在公共选择理论基础上的多中心治理只是一个理论的条件，缺乏实质的事件来支持。④ 然而，从大多数实际区域治理来看，城市群治理是通过各种不同层级的政府与私人部门组成的合作与协调网络来解决的。⑤

　　在新区域主义看来，公民的积极参与，政府与公民之间建立的相互信任、相互依赖与相互合作关系，是区域治理的社会与道德基础。政治学家罗伯特·帕特南的经验研究发现，公民参与的

① Allan D. wallis, "The Third wave: current Trends in Regional Governance", *National Clvic Review*, 1994, 83, pp. 290 – 310.

② Hamilton, Regimes and Regional Governance: "The Case of Chicago", *Journal of Urban Affairs*, 2002, 24 (4): 404 – 423.

③ Lef'bvre, C., "Metropolitan Government and Governance in Western Countries: A Critical Review", *International Journal Urban and Regional Research*, 1998, 22 (1): 9 – 25.

④ Frey, B. S. and R. Eichenberger, "Metropolitan Governance for the Future: Functional Overlapping Competing Jurisdiction (FOCJ)", *Swiss Political Science Review*, 2001 (7): 124 – 130.

⑤ Kübler D., F. Sager, and B. Schwab, "Governance Without Government: Metropolitan in Switzerland", in Heinelt, H., and D. Kübler (eds), *Metropolitan Governance: Capacity, Democracy and the Dynamics of Place*, London: Routledge, 2005, pp. 9 – 10.

网络导致了协作的成功，成为未来协作的模式；公民的参与克服了猜疑与不信任的障碍，促进了在解决公共问题中的合作。① 政府通过鼓励地方政府与私营部门间合作与协作的项目来帮助培育公—私伙伴关系。与私营部门和非营利组织的协作以及地方政府间合作的精神，也因为城市群的相互依赖和合作的必要性而得到发展。

因此，新区域主义意味着区域治理的根本性转型，它强调区域治理是通过政策的相关行动者间的稳定网络关系来达成的，因为政府和非政府组织单独都没有足够的能力去解决区域性问题。简而言之，新区域主义视野下的区域治理主要包括：一是政府之间的协作，二是公私部门间的协作。

从新区域主义的视野来看，当代中国三大城市群内的区域合作显然还不是区域治理，推动与实施区域合作的关键角色仍然是政府。这种特殊的区域合作模式，除了表现出当代中国一个特殊的治理条件之外，还显现出政府在经济与社会层面上无与伦比的影响力与控制力。在区域合作中，所有区域政策的决策与执行过程，都是完全由政府主导并由政府职能部门来完成的，基本上排除了非政府组织尤其是私人部门的参与。这表明，即使是在当代中国市场化程度最高、与全球化关系最为密切的经济发展地区，公民、私人部门和非政府的公共组织对区域发展的影响仍然是非常微弱的，与新区域主义视野下的区域治理大相径庭。这种区域合作模式，只是一种纯粹的政府管理，由于缺乏众多利益相关者的参与，除了表现出中国特色外，或许它能解释区域合作失败的部分原因——一个完全自上而下的区域合作模式。

---

① Robert D. Putnam, *Making Democracy Work: Civic Traditions in Modern Italy*, Princeton, NJ: Princeton University Press, 1993, pp. 175 – 178.

新区域主义倡导政府与非政府组织以及私营部门之间建立合作、协作、网络和伙伴关系，以有效治理区域性问题。在区域治理中，尽管政治领导人们控制着公共政策以及经济决策，但私营部门以其控制的经济资源，经常能发挥重要作用。因此，区域治理是一种公私部门之间伙伴关系的协作过程，尽管公私伙伴关系并不必然构成一个完整的区域治理，但正式的或非正式的公私伙伴关系是区域治理的必要组成部分。① 所以，多元利益相关者之间的互动与协作是新区域主义的关键元素。对于当代中国的区域合作而言，新区域主义代表了欧美发达国家的区域治理模式，它通过政策的网络结构合作区域内政府与私人部门、政府与民间的行动者，共同为区域发展作出贡献。

尽管新区域主义过于强调区域治理中政府管理的去中心化，以及政府之外非政府组织参与的必要性，使得不需要政府的区域治理是否行得通还令人生疑。但是，从三大城市群的区域合作来看，我们所面临的问题主要在于过分强调了地方政府在区域合作中的主导性功能，是一种缺乏治理的区域政府管理。区域合作的议题只是围绕区域内各级地方政府的需要而展开，不能涵盖区域内全部的公共事务。在区域合作中，地方政府往往以"全能者"的身份出现，形成新的"政企不分"态势，致使作为合作"主角"的大中小企业和其他非政府组织不能完全参与进来，即使参与，也热情不高，最终区域合作成了政府及其相关部门的"独角戏"。在合作内容上，热衷于压力型体制下对短期政绩的追求，缺乏对城市群区域产业链意义上的分工与合作体系的整体性构建，更缺乏在城镇体系、社会保障体系等基础性社会领域的合作，缺乏从全局考虑整个区域经济社会的科学发展与和谐，从

---

① David K. Hamilton, "Developing Regional Regimes: A Comparison of Two Metropolitan Areas", *Journal of Urban Affairs*, 2004, 26 (4): 455 –477.

而削弱了区域合作的绩效。

因此，从新区域主义的视野来看，要进一步提升城市群的区域合作质量，必须适时改进已有的区域合作策略，逐步走向区域治理，以形成区域内多元利益相关者的协作性治理。具体而言，那就是在现有的地方政府之间协作的基础上，增进地方政府与企业以及其他非政府组织的协作互动。

第六章

当代中国区域非均衡
发展中的政府间关系

各国在工业化进程中都曾面临过各种各样的区域问题。在这些诸多的区域问题中，区域非均衡发展是影响时间最长，并具有普遍性的问题。区域非均衡发展不仅是一个经济问题，过大的区域发展差距将带来严重的社会问题，甚至演变成为政治问题，并危及国家安全。基于此，各国都非常重视区域发展差距并始终采取措施控制区域发展差距，削弱其对经济、社会甚至国家安全产生的负面影响。当代中国区域发展非平衡问题十分严重，不仅不利于中国整体经济绩效的提高，而且对国家的政治稳定构成潜在的威胁。因此，关于中国区域非均衡发展及其协调发展问题的研究，已经成为当代社会科学的热门话题。本章将在进行相关理论综述的基础上，对当代中国区域非均衡发展实践进行分析，并对未来中国区域的协调发展进行思考。

第一节 相关理论问题

一 区域非均衡发展的含义

有西方学者专门研究了市场经济国家的区域经济问题。[①] 他

---

① A. J. Brown and E. M. Burrows, *Regional Economic Problems: Comparative experiences of Some Market Economies*, London: Geroge Allen & Unwin LTD, 1977.

们把典型的区域经济问题概括为两个方面：一方面是指一些地区普遍感到不满的问题，主要表现为这些地区居民平均收入明显低于其他地区，或者增长缓慢，甚至实际收入在下降；这些地区失业率显著高于全国其他地区；人口净移出率较高，尤其糟糕的是，转移出去的多为年轻人和受过良好教育的人；当认为中央政府的区域政策对某些地区存在歧视时，更容易引起这些地区的抱怨。另一方面是中央政府或全国公众感到不安的一些涉及区域经济福利的问题，这主要是指区域之间个人收入的不平等、区际失业率差异大以及一些地区人口外流等问题可能对国家造成的不利影响，其中区域收入不平等是引起政府和公众关注的最主要方面。

中国学者把中国存在的区域经济问题主要概括为几个方面：（1）区域经济发展严重不平衡，尤其是中西部与沿海地区的发展差距较大；（2）地区间分工紊乱，产业结构趋同化；（3）地方保护主义盛行，区际利益摩擦加剧；（4）中央宏观经济政策与地方经济政策的矛盾。①

近年来，引起全国普遍关注的区域经济问题，主要是区域非均衡发展中地区间发展差距日益拉大的问题。因此，从"九五"计划开始，国家更加重视支持中西部地区的发展，积极朝着缩小差距的方向努力。

关于区域发展差距或非均衡的定义和用法，国内学术界看法不一。韦伟在其较早的关于中国区域差异研究的著作中使用的是"区域差距"，对其定义是一个区域与另一个区域的差别与不同，即区际差异。他强调，区际差异概念本身并不含有价值判断

---

① 参见陈耀《我国区域经济发展的成就与问题》，1990年4月23日《中国城乡开发报》；卢现祥：《我国区域经济发展的四大问题》，《中国工业经济》1997年第3期。

的成分，只不过是一个具有表述性的中性概念。[1] 刘雅露在其研究中，对"非均衡、不平等和地区差距"三个概念进行了比较分析。她也把"差距"当做一个中性的概念，认为"差距"只是对经济事物或现象的客观表述，本身并不含有任何价值判断。"不平等、非均衡"都是以"差距"为基础，"差距"可以反映出经济现象或事物的不平等、非均衡的状况。与"差距"相比，"不平等、非均衡"还反映出了人们对地区差距的价值判断倾向。但同时她又认为，从规模收入分配的角度看，地区差距是一种缺乏公平的地区分配状态。这种状态，从福利经济学的角度来看，就是一种没有达到帕累托最优的地区间收入分配状态，是一种中观经济收入分配的非公平状态，属于"市场失灵"的范围。这种状态与属于微观经济的个人分配非公平状态有着密切的关系，在理论上存在相通之处。[2]

从国内学者的研究来看，一般在客观描述时使用的是地区发展差距，但在涉及价值判断时往往使用"非均衡"、"不平等"、"不平衡"等概念。本章的研究将沿袭学术界的一般做法，这两种提法将同时采用。

二　中国区域发展非均衡的现状

改革开放以来，全国经济快速增长，并进入加速工业化时期。在这个过程中，工业和第三产业的发展，成为充实国民经济实力、带动经济增长、提升工业化水平的有效动力。在全国经济普遍高速发展的背景之下，沿海地区进入以政策优惠为先导的经济高速发展时期，包括山东、江苏、浙江、福建、广东五个新兴

---

[1]　韦伟：《中国经济发展中的区域差异与区域协调》，安徽人民出版社，1995。

[2]　刘雅露：《缩小地区差距的财政政策研究》，经济科学出版社，2000，第17页。

工业省份在内的沿海地区成为全国经济增长最快的区域。随着沿海新兴工业省份的经济崛起，沿海新兴工业省份逐渐成为新的经济核心区。

值得注意的是，改革开放后很长一段时期内，中国改变了传统的旨在均衡配置区际生产力、实现地区经济均衡发展的区域均衡发展政策，而实施了承认区域发展差距、注重效率与快速发展为特征的区域非均衡发展战略，区域政策的重心也逐步转向以东部为核心的倾斜政策。这主要表现为投资政策的倾斜。"六五"期间国家对东部地区的投资比重开始超过中西部之和，之后更是逐步扩大。而且由于经济特区、经济开放区以及各种技术开发区等享受优惠政策的支持，从而成为吸引外资的主要地区。巨大的资金注入及其间接效应和乘数效应，再加上在此基础上形成的人才、技术、管理等要素的积累与积聚，从而使东部地区逐步走上了一条能自我发展的良性循环轨道。同时，不合理的价格体系所导致的事实上的产业倾斜，东部地区从工农业产品的价格剪刀差中获得了双重利润，又进一步强化了东部地区的资金基础。

随着沿海地区尤其是沿海新兴工业省份经济的快速发展，沿海与内地经济发展水平的差距不断扩大。由此，自新中国成立后国家一直注意调整并力求缩小的沿海与内地的差距问题日益突出，整个沿海地区而不是沿海少数地区成为经济核心区，相应的，广大内地则成为经济外围区。中国区域发展不平衡的现状十分严重。

1. 区域经济的非均衡发展

根据全国第一次经济普查的划分，全国可以划分为三大区域，即东、中、西三个部分。其中，第二、三产业单位半数以上集中于东部地区，单位拥有量自东向西呈递减态势。统计结果显示，东部地区拥有法人单位近290多万个，占全国法人单位总数的56.3%；中部地区119.3万个，占23.1%；西部地区106.6万个，占20.6%。2004年，工业企业法人单位主营业务收入中，东、中、西部地区分别占 72.5%、16.8% 和 10.7%。东、中、西部地区研究与实验发展经费投入分别占全国的 76.4%、14.2% 和 9.4%。在建筑业企业法人单位的建筑业总产值中，东部地区 19736.0 亿元，占 63.7%；中部地区 6281.7 亿元，占 20.3%；西部地区 4980.7 亿元，占 16.1%。① 从这些数据中可以看出，三大区域经济呈现出较大的非均衡发展。

2. 区域发展互动性较差

中国长三角、珠三角及环渤海三大经济区域在当前的现代化发展战略中占有重要地位。三大区域的 GDP 总和占到全国总量的 37%，其中长三角地区占全国 GDP 的比重超过了 20%。作为中国经济的增长极，这些区域成为中国政府推行现代化战略的着力之处。

长三角经济区域是中国目前经济最发达的地区，珠三角和环渤海经济区域则分居其次，形成了长三角以外资推动和私营主导下的高科技及知识密集产业，珠三角是以外资推动和出口拉动的劳动力密集产业，而环渤海是以内需拉动和国企主导的资本密集产业三种不同的区域经济特征。

但是，各区域之间的经济互动性较差，区域间技术成果扩散效应迟缓，资源信息缺乏共享，良性竞争机制仍未健全。针对这些问题，各区域地方政府采取了一定措施，包括推动"泛珠三角'9＋2'"计划、"振兴东北"计划及"长江卫星经济区"开发模式。但我们的疑问是，通过政府力量推动的资源流动是否能够切合市场主体的现实需要及遵循经济发展的客观规律；同时，官员的个人偏好是否能够保持对区域经济发展客观规律的尊重。

3. 区域经济差距扩大

中国区域经济在非均衡发展的过程中，地区间的经济差距日

---

① 数据来源：全国第一次经济普查主要数据公报，中国经济网，2006 年，http：//www.cc.cn/new-hgjj/pucha/index.shtml。

益扩大，主要表现为沿海和内地、东部与中西部的差距拉大。

首先，从经济增长速度来看，西部经济增长速度虽然较快，但与东中部地区相比仍有很大差距。有学者根据历年《中国统计年鉴》及各省《统计年鉴》中的相关数据进行计算，得出1978~1994年东、中、西部三大区域的年均工业总产出增长速度，显示西部地区经济增长速度严重低于东、中部两区（见表6-1）。

表6-1　三大地区工业总产出及其增长速度的差距

单位：亿元，%

	1978 年		1994 年		(1978~1994 年)
	总产值	占全国比重	总产值	占全国比重	年均增长速度
东部地区	2584.6	60.1	61527.2	65.5	21.9
中部地区	1131.3	26.7	23072.7	25.0	20.7
西部地区	561.1	13.2	7828.6	8.5	17.9

资料来源：李克：《适度差距与系统优化：中国现代化进程中的区域经济》，中国社会科学出版社，2000，第50页。

其次，就人均生产总值来说，相对差距在缩小，但绝对差距在扩大。1997~2002年，中部地区人均GDP相对东部的比重从54.14%下降到52.60%，西部地区人均GDP相对东部的比重从43.08%下降到40.59%。[①]

再次，外贸和利用外资的地区不平衡加剧。东部地区在外贸和外资方面处于绝对优势地位，但中西部地区基本处于"荒芜"状态。1995~2001年，沿海地区占出口总额的比重由88.14%上升到91.62%，沿海地区占实际利用外资比重由85.53%上升到86.88%。[②] 外来资金向东部地区集聚，直接拉大了区域发展的

---

① 《正在扩大的中国区域发展不平衡》，2003年8月19日《中国经济时报》。

② 《正在扩大的中国区域发展不平衡》，2003年8月19日《中国经济时报》。

差距。

再者，从城镇居民人均可支配收入来看，东西差距不仅较大，而且呈现扩大趋势。以相关统计数据为例，城市人均收入以广东最高，内蒙古最低。城市人均最高收入与最低收入之比达到2.55。[1]

最后，从经济外向程度来看，东西部地区的出口额、外贸依存度及吸引外资的能力均存在明显差异。从各区域的出口额占全国出口总额的比重看来，沿海地区优势明显。根据相关统计数据，广东一省的年出口额即达到553亿美元，占全国出口总额的44%，其他主要省市如上海占8.21%、江苏占5.75%、山东占5.38%、浙江占5.36%、福建占5.02%、辽宁4.26%、北京3.18%和天津2.5%；这九个沿海省市的出口总额占中国总出口总额的83.7%，远远超过其他22个省市自治区；而西部省区，其出口总额尚且不及全国出口总额的2.5%。

4. 城乡差距悬殊

在城乡二元结构体制下，市民享受着国家财政提供的道路、交通、电力等基础设施和医疗卫生教育等社会保障。而对于农村、农业的发展，农村公共产品的供给，如教育、医疗、交通、水利基础设施建设则主要依靠农村集体经济与农民筹资的形式解决。由此，城乡二元格局在特殊时期内适应了国家战略发展的需要，有利于强大的国民工业体系及国家安全体系的构建，并极大地提高了城市发展的效能。但是，在城乡二元格局之下，城乡差距不断拉大，市民与农民的生存状况、发展机遇等诸多方面存在严重落差。具体体现在：（1）城乡教育发展不平衡。长期以来，中国的教育支出主要集中于城市学校，农村中小学义务教育支出

---

[1] 王绍光、胡鞍钢：《中国：不平衡发展的政治经济学》，中国计划出版社，1999，第120页。

则主要依靠农民负担的税费及一些摊派、集资来解决，中央和省一级只承担很小的一部分。据国务院发展研究中心的一项调查，农村义务教育资金的投资比例中，中央负担只占 2%，省和地区负担 11%，县和县级市负担 9.8%，乡镇则负担了全部的78.2%。① 脆弱的农村财政承担了全国义务教育学生人数的 2/3 以上的教育投资。这导致农村学校发展困难，教学基础设施较差，工资难以按时足额发放，教师待遇极低，难以吸引优秀师资力量，教学质量难以提高，形成恶性循环。（2）城乡社会保障体系发展不同步。在城乡社会保障体系发展严重不同步的背景下，城市人群享受着国家财政建设的自来水、路灯、柏油路、影剧院、通讯等良好的基础设施，而农民则只能使用自筹资金兴建基本生活、生产和娱乐设施。根据第一次农业普查资料显示，中国多数乡村建制镇没有排水系统、污水及垃圾处理系统等公用基础设施，供水站中部和西部农村地区平均每建制仅为 0.6 和 0.9 个，根本无法满足基本生活需要。统计结果显示，全国饮用自来水的村庄仅占村庄总数的 17%，70% 的村庄饮用江湖河水、池塘水、井水和其他种类的水，12% 的村庄饮水困难，全国还有一定比例的村庄没有通水、通电、通路。大部分乡镇和农村地区没有影剧院、图书馆和新华书店。② 同时，许多城市人享有国家的公费医疗、养老保险、社会救济、退休补贴等社会保障，而农民则基本依靠自己解决医疗、养老、保险、救济等问题，从而出现"就医难、养老难、救济难"等困境。（3）城乡居民收入差距拉大。由于中国政府长期实行"剪刀差"价格政策和国家财政投入的城市偏向，中国农民与城镇居民之间的收入差距严重不平

---

① 刘明惠、崔惠玉：《二元结构下的财政支出结构调整》，《东北财经大学学报》2006 年第 1 期。

② 杨娟英、王建国、潘昕：《统筹城乡经济发展的财政政策建议》，《山西财税》2006 年第 4 期。

衡。尤其从 20 世纪 80 年代中后期开始，国家将改革的战略重心转移到城市，各方资源由此向城市集中，城市生产力迅速提高，开始获得较快发展，而农村的乡镇企业则在竞争中逐步萎缩。价格剪刀差的存在及农民税费负担的加重，导致城市居民收入增长较快，而农民收入增长缓慢甚至出现停滞与下降。城乡居民收入差距逐渐拉大，由 2004 年的 3.21∶1 扩大到 2005 年的 3.22∶1，到 2006 年又扩大到 3.28∶1。[①]

5. 各省区内部也存在着非均衡发展

广东作为东部沿海地区经济发达的省份，虽然国内生产总值一直在全国处于领先地位，但其内部发展也极不均衡。目前，诸多的调查研究和定量分析均表明，广东省内的区域经济发展差距远远要超过全国区域经济发展差距。[②] 而从横向比较的角度来看，广东的珠江三角洲与东西两翼和北部山区之间的区域发展差距，要比江苏的苏南与苏中和苏北的差距还要大。因此，广东的地方官员指出，全国最富的地方在广东，全国最穷的地方也在广东，广东有分裂为"两个广东"的危险。据 2007 年广东统计公报披露：2007 年广东省城镇居民人均可支配收入为 17699.3 元，农村居民人均纯收入 5624.0 元；城镇最高 10% 收入组人均可支配收入为 47123.9 元，城镇最低 10% 收入组人均可支配收入为 5004.1 元；农村最高 20% 收入组人均纯收入为 12282.9 元，农村最低 20% 收入组人均纯收入为 2208.3 元。[③] 可见，城乡之间、城乡内部收入差距仍然非常大。

---

① 《我国城乡居民收入差距扩大》，2007 年 9 月 17 日《羊城晚报》。
② 参见陈鸿宇等《区域经济梯度推移发展新探索》，中国言实出版社，2001；陈瑞莲等：《加快广东省东西两翼和山区发展的思路与对策研究报告》，广东省发展和改革委员会，2005。
③ 邓红辉：《2007 年广东统计公报增加诸多民生新指标》，2008 年 2 月 29 日《南方日报》，A01、A09 版。

表 6 - 2　2002 年江苏、广东两省区域经济发展指标对比

单位：%

区域 项目		人口	面积	地区生产总值	人均地区生产总值
江苏	苏南	29.8	27.4	59.1	198.7
	苏中	23.5	20.0	18.4	78.0
	苏北	42.3	51.0	22.9	53.1
广东	珠三角	30.1	23.2	80.3	229.7
	东西两翼	41.2	26.4	21.9	43.9
	粤北山区	39.5	65.4	17.0	56.6

数据来源和说明：根据《广东统计年鉴（2003）》，《江苏统计年鉴（2003）》相关数据整理，表中数据是指各项指标分别占江苏、广东全省的比重。

　　广东如此，经济发展相对落后的陕西也是如此。1995 年关中地带的国内生产总值相当于全省的 72.87%，人均 GDP 为 3612 元，超过全省平均数的 27%，但也仅相当于全国平均水平的 76.4%。陕南地带人均 GDP 为 2026 元/人；陕北地带人均 GDP 仅 1927 元，比全国平均水平低了将近 50%，可见省内地区差距也很大。[①]

　　总之，中国是世界上极其特殊的社会，是一个人口众多、地域辽阔、发展不平衡的发展中大国，是世界上自然地理、人口资源、经济发展和社会发展差距最大的国家之一。我们发现，中国大陆 31 个省市自治区人均 GDP 美元值和人类发展指标的相对差异系数要高于世界各国的相对差异系数。中国国情的基本特征之一是各地区条件差异显著、发展极不平衡，我们把它概括为"一个中国，四个世界"。参照世界银行对世界各收入组的划分，根据购买力平价计算的人均 GDP 水平，我们把中国人口划分为

────────

① 厉以宁主编《区域发展新思路》，经济日报出版社，2000，第 125～127 页。

四类收入组，即属于四个世界。第一组人均 GDP 高于世界上中等收入国家平均水平（8320 美元），我们称之为"第一世界"，主要包括北京、上海、深圳等东部地区发达城市，占全国总人口的比重为 5% 左右。第二组人均 GDP 介于世界下中等收入国家平均水平（3960 美元）和上中等收入国家平均水平之间，为"第二世界"，主要包括东部的浙江、广东、江苏、福建、辽宁、山东，中部的黑龙江的发达地区，以及其他省份的一些大中城市的人口，大约占全国总人口的 1/5。第三组收入高于世界低收入国家平均水平（1790 美元），但低于世界下中等收入国家平均水平，为"第三世界"，主要包括东部的河北、海南以及中西部的发达地区，据估计人口在 3.3 亿，约占全国总人口的 1/4。第四组人均收入低于世界低收入国家平均水平，为"第四世界"，主要包括中西部贫困地区、少数民族地区、农村地区及边远地区，这些地区人口约 6.3 亿，占全国总人口的一半。除了经济发展的区域不平衡之外，还有经济学家以非国有经济发展、政府与企业的关系、产品市场的发育程度、要素市场的发育程度、市场中介组织发育和法律制度环境等五个方面对不同省区市场化程度进行了度量与比较，结果发现不同地区的社会发展也是不平衡的。

三　区域非均衡发展的后果

无论从何种角度分析，中国区域非均衡发展导致的区域间发展差距过大，必将影响经济发展和社会稳定，引起社会矛盾的加剧，社会不安定因素在增加。

首先，区域发展差距的扩大会给落后地区造成损害，延缓其发展。地区差距过大，会造成落后地区生产要素向发达地区非政策要求的逆向性流动，包括资源、资金和人才等，使人口和劳动力向发达地区大量迁徙。以人才为例，"人往高处走，水往低处流"是自然规律，发达地区经济发展快、生活水平高、各方面待遇好，必然会导致落后地区人才大量涌入发达地区。在实行市场经济和行政约束弱化的情况下，这种现象将变得更为明显和突出。资金的回流也是一样，资金作为重要的稀缺资源，也会向投资环境好和预期收益高的地区流动。当然，这种流动不是行政手段能完全阻止的。这里有公开的、易于发现的显性流动，也有隐蔽的、不易于发现的隐性流动，而后一种情况是很难避免和解决的。

其次，区域发展差距的扩大是完善市场经济体制的主要障碍之一。导源于地区倾斜或循序推移战略所形成的东、中、西部地区经济的非均衡增长构成了改革开放以来中国国民经济空间发展的基本特征，由于市场化发展态势不平衡，东部地区经济发展速度很快，中部地区综合优势没有充分发挥，东北等老工业基地振兴尚未起步，西部地区的全面开发也有待时日。区域经济的倾斜发展，使长期形成并在新中国成立后逐步缩小的东西部经济级差又被迅速拉大，在目前中国的空间结构中，东富西贫的经济格局和东贫西富的资源格局，既是地区经济发展不平衡的外在表现，又是影响空间经济协调发展和国民经济整体素质提高的深层次根源。更值得关注的是，中国农村处于贫困线以下人口为 3000 万人，他们主要分布在中西部经济不发达地区和少数民族地区，这种状况的存在，除了有可能因为地区经济发展失衡而触发一系列区域性或整体性社会政治问题外，而且从经济发展的角度上讲，资源富集而开发程度低下的中西部地区经济现代化进程的相对缓慢和数千万人口的长期落后，势必对国民经济长期稳定、协调地向前发展和建立竞争、统一、开放、有序的社会主义市场经济体制产生强烈的拖曳作用。

再次，区域发展差距的扩大加剧了地区产业结构同构化。改革开放以来，中国政府采取的区域非均衡发展战略以及放权让利的改革措施，使得不能享受到国家优惠政策的中西部地区，为了避免由于价格不合理而造成的利益损失，放弃具有优势的农矿产业发展，而把有限的资金投向价高利大的加工工业，由此导致一些加工工业项目重复引进、重复建设，这不仅引起地区间产业结构同构，而且还会带来其他经济问题。（1）加工工业和基础工业失衡，能源、化工工业发展滞后于整个经济发展的需求；（2）造成有限外汇的不合理利用，一方面重复建设、重复引进，使得引进项目的利用效率降低，难以形成规模优势，从而降低了引进产业的技术开发能力和竞争优势；另一方面，过大的区域发展差距，将催化消费早熟，使得国家不得不把有限的外汇用在消费品进口方面。（3）使区域优势不能得以充分发挥，降低了资源利用效率。（4）引发区域经济冲突，致使地方政府采用行政、经济乃至法律手段，限制本地资源的流出和外地商品的流入，割裂国内统一的市场，严重阻碍社会主义市场经济的健康发展。

最后，区域发展差距的扩大也会产生严重的政治后果。区域发展差距往往会对国家的政治稳定和民族团结产生不利的影响。不平等和政治不稳定二者是紧密相连的。区域非均衡发展就像社会集团间的不平等一样成为政治冲突的根源。由于区域发展差距过大，国内发达地区与不发达地区都可能会产生不满。落后地区认为是中央政府在政策上的不平等导致了自己的落后。"在那些平均收入明显低于其他地区，或收入增长明显比其他地区慢的地区，人们往往普遍存在不满的情绪。他们会认为他们的状况是中央政府不够关心所造成的。"① 同时，发达地区的人会认为，他们是国民经济的骨干。如果中央政府进行干预，让高收入地区补贴低收入地区，这些地区的人们会认为这种财政转移支付纯属浪费，因为在他们看来支持低效益的经济活动是不合理的。由于

---

① 王绍光、胡鞍钢：《中国：不平衡发展的政治经济学》，中国计划出版社，1999，第7页。

发达地区在经济发展中占据主导地位，在与中央政府或其他地区打交道时，它们往往在政治上具有更大的发言权和影响力。这样，中央政府很可能沦为富裕地区的"俘虏"，变成维护它们利益的工具，使区域不平等永久化。如果出现这样的局面，就会激怒不发达地区，使它们产生追求独立发展的想法，以便更好地维护自己的利益。而那些位于边界、与世界经济交往多于与本国经济交往的富裕地区也会产生分离倾向。尤其是当这些地区在民族、宗教或语言等方面与国内其他地区存在着文化差异的情况下，分裂局面就更容易发生。

四 区域非均衡发展对国内政府间关系的影响

在始于 20 世纪 80 年代的体制转轨中，地方政府一直扮演着地区利益主体的角色。地方政府既代表了本地区的利益，又掌握了本地区发展的重大决策权。区域发展差异的存在和变化使各地区的地方政府不断调整自己的行为，增大本地区的利益，维护本地区的利益，成为各地区地方政府遵循的基本原则，进而对地区间关系、中央与地方关系的变化都会产生不可忽视的影响。

1. 对政府间横向关系的影响

（1）改变了地方政府间关系的基本内容。在计划经济体制下，中国各地区之间的关系是在国家统一计划安排下的分工与协作关系，地区间讲究的是以追求全国利益最大化为目的的协作。可是，在体制转轨时期，市场机制逐步成为经济运行的主导机制，地区之间的关系随之走向市场化。突出表现在：地区之间的关系转变为相互依赖基础上的竞争关系、互惠互利前提下的合作关系。具体而言，地区之间的发展竞争已经成为 20 世纪 80 年代以来中国区域发展的主旋律。各地区在处理与其他地区的往来、交流时，无不以竞争的姿态来采取行动。地方政府在制定发展战略、开展地区间贸易、开放或者封闭市场、联合开发等活动中，每个地区都基本上是从如何有利于提高自己的竞争优势，在竞争中取胜去考虑的。

（2）导致产业结构趋同。区域发展差距的存在和变化，刺激、强化了各地区发展的短期行为。最为突出的是各地区在调整产业结构时，不顾本地区的实际，只以当前获利能力的高低来作为选择与淘汰产业的标准，大搞所谓"短、平、快"的建设项目，形成一阵阵的建设"热潮"，从而加剧了地区间产业结构趋同。地区之间的经济联系是建立在一定的差异基础之上的，而不断趋同的产业结构则逐渐使得这种经济联系被弱化。

（3）助长了地方保护主义。对于广大内地而言，沿海地区的高速发展既为它们做出了榜样，但同时与沿海地区发展差距的扩大又给它们添加了发展的压力。在这种双重力量的驱使下，内地许多地区的政府在进行发展决策与管理时难免会产生非理性行动。对内往往急功近利，快马加鞭，甚至竭泽而渔；对外则搞排斥和地方保护。① 而那些沿海地区作为国家发展战略转移的既得利益者，也倾向于维持或利用区域发展差异来保持自己的优势，可能会采取措施阻止本地区的经济组织和要素过早地向其他地区扩散。②

（4）导致了地方政府间的无序竞争。在资源和要素需求相同而又供给有限的情况下，就会导致地区之间对紧缺资源和要素的争夺。发达地区会用高价去收购别的地区的资源和要素，而欠发达地区就只好使用行政手段去封锁边界，强行不准资源和要素流出。由于中央政府在体制转轨过程中，来不及对快速变化的区

---

① 周业安等的研究发现，中西部地区的地方政府在面对外部竞争压力时，往往会选择地方保护主义（参见周业安、赵晓男《地方政府间竞争模式研究》，《管理世界》2002年第12期）。

② 比如，尽管广东省委省政府很早就确立了珠江三角洲向东西两翼和粤北山区进行产业转移的政策导向，但显然并未如预期的那样迅速推进。

域发展形势尤其是地区之间的无序竞争制定出相应的规范政策，采取有效的措施进行必要的干预，这势必加剧地区之间的恶性竞争。

2. 对政府间纵向关系的影响

（1）政府间纵向利益博弈逐渐增多。在计划经济时期，地方基本上是听从于中央的安排，中央与地方的关系是发布指令与完成任务的关系。改革开放后，中央逐步向地方下放了经济发展自主权，并相应地进行了财税体制改革，地方政府所代表的区域经济权益被凸显出来。在本区域利益的驱使下，地方政府在与中央政府的经济关系中，不再是服从与被服从的关系。地方政府开始不顾全局利益而保全本区域的利益。也就是说，地方政府在有的情况下不怎么听中央政府的话而自行其是。例如，在地区利益的驱使下，地方政府使出各种手段与中央政府博弈：一是突出和强调本地区在全国经济发展格局中的地位，以影响中央政府的发展战略决策，争取政策上的优惠；二是重视本地区社会经济发展战略的制定，积极向中央政府推荐项目；三是利用各种关系，"跑部钱进"；四是为了吸引中央投资，往往低估申请和引进项目的投资成本，并承诺自行筹措较大份额的配套投资，待项目上马后，地方政府的投资又往往不能按时到位，迫使中央政府追加更多的投资。①

（2）加剧了国内市场的分割。为了保护本地区利益，不少地区的地方政府都借助于行政手段，画地为牢，分割市场。由于在相对发达的地区与相对落后的地区之间出现了较大的收益差别，因而激发了资源和要素跨地区流动的内在需求。但是，各地区都从本地区的利益出发，就会人为干预资源和要素的合理流动。最终，必然使国内统一的大市场被分割。

① 课题组：《地区利益：我国产业结构失调的深层原因及对策分析》，《新华文摘》2001年第8期。

（3）使中央政府的相关政策难以有效落实。由于地区之间的重复建设与恶性竞争会破坏国民经济的稳定协调发展，因此中央政府必然要治理地区间重复建设并进行整顿。但由于中央政府一般不可能根据全国各地区同类产业发展的具体情况采取有针对性和差异性的调控政策去扶持有条件的地区发展某个产业或限制没有条件的地区发展同类产业，往往采取"一视同仁"的一刀切办法，力图把地区之间的重复建设在某一个规定的时间内全部、彻底地压下来。这样一来，就不可避免地会出现良莠不分的情况。

（4）增加了中央政府制定政策的难度。由于地区间发展差异，有的地区市场化程度较高，有的地区则市场化程度较低。市场化程度高的地区往往希望中央政府采取更多的市场化的政策，而市场化程度较低的地区则希望中央政府多给予照顾和扶持。这就给中央政府设计区域协调发展政策和选择协调手段出了难题。因为一项政策很难既适用于市场化的环境，又能够在计划色彩较浓的环境里产生出很好的效果。

五　区域协调发展的涵义

区域协调发展，并不意味着恢复平衡发展。在任何一个国家，区域发展都是不平衡的，可以说不平衡是绝对的，平衡是相对的。所谓区域协调发展，就是强调把区域发展差距控制在合理限度内，发挥各地区的发展潜力和优势，在发展中建立起良好的区际经济关系，从而推动国民经济的稳定发展。[①] 笔者认为，区域协调发展应该包括以下内容。

第一，区域公共服务水平均等化。公共服务主要是指基础设施、教育、科技、卫生、社会保障以及环境保护等。这些是区域

---

① 石霞、马涛：《区域协调发展意味着什么》，2007 年 4 月 17 日《经济研究信息》。

经济社会发展的基础，也是每个公民应该享有的权利。中国区域差距首先表现在人们享有的公共服务的巨大差距上。以上海和贵州、甘肃为例，2002 年上海市人均教育、科学与卫生财政支出是 960 元，社会保障与救济财政支出为 204 元；贵州省同年两个指标分别为 187 元和 79.9 元，仅为上海的 19.48% 与 39.11%；甘肃为 209 元和 153 元，仅为上海的 21.7% 和 75%。上述支出差距，反映出中西部地区人们"上学难、看病难"、科研水平低、社会保障水平低的现状。同时，中西部地区还存在基础设施建设滞后、交通通讯不发达、文化娱乐设施缺乏等问题。因此，加大投入力度，尽可能地实现公共服务水平的均等化，是区域协调发展的首要内容。

第二，区域产业发展协调化。即按照比较优势的原则，发展本地区的优势产业，形成合理的区域分工和产业互补效应。区域产业发展的合理分工是区域协调发展的基础，要做到这一点，就必须克服目前区域发展中存在的两大倾向：一是产业发展趋同化。各个地区为了追求 GDP 的增长，不顾地区的比较优势，发展价高、利大、税多的产业，形成滚滚的"彩电热"、"汽车热"等，导致了重复建设、恶性竞争，使合理的区域产业分工至今仍难以形成。二是产业发展体系化。各地区在产业发展中，不顾当地的实际，追求门类齐全、自成体系，也导致了主导产业不突破，产业规模不经济的现象。这种产业发展事例俯拾皆是。如果不能通过制度改革和中央政府强有力的调控，扭转和遏制这些不合理或不正常的倾向，就会使区域产业协调发展沦为一句空话。

第三，区域市场发育统一化。即强调打破地区间的市场分割和封锁，按照市场发育的内在规律，逐步形成规则统一、机制健全、价格合理、充分竞争的全国统一市场，进而发挥市场合理配置资源的作用。当前中国区域协调发展的最大障碍是形形色色的地方保护，甚至有学者认为，中国目前没有真正意义上的区域经济，只有行政区经济。这种经济形态不是以市场配置资源自发形成的，而是以行政区划为基础形成的。由此，地方政府在本地区经济受到某种损害时，就会动用行政手段加以保护，从而影响资源的合理流动，导致价格信号失真。这种行政垄断不仅存在于大行政区域之间，也存在于行政区内部。层层的行政垄断、种种的地方保护，致使中国统一市场形成缓慢，区域间也难以协调发展。可以说，消除地方保护，培育全国统一的大市场，是区域协调发展的重要条件。

第四，市场与政府相协调。由于区域协调发展应该体现地域分工的功能，使各地域形成建立在优势基础上的专业化生产部门或产品。而在封闭的区域市场中，区域的专业化生产部门是难以形成的，区域的优势也不能充分发挥。因此区域必须是一个开放的市场体系。在市场机制的作用下，通过竞争、协作，逐渐使各区域形成相互依存、合理分工、紧密联系的统一的市场体系。

第二节 国内相关研究综述

一 其他学科的研究

1. 关于中国区域发展差距的研究

国内学术界对这一领域研究的核心问题主要是围绕对中国区域发展差距演变格局和趋势的考察和认识，尤其是对改革开放以来发展趋势的把握。大批经济学者对中国区域发展差距尤其是改革开放以来的区域发展差距演变进行了实证研究。尽管在选择的指标和方法、考察的时段和空间界定上有所不同，检验的数据和结论也存在一些出入，但在区域总体演变格局和趋势的把握上却得出了基本一致的结论，即改革开放以来中国区域间发展差距总体上是呈先下降后上升的轨迹。20 世纪 80 年代中国地区间发展差距是趋于缩小的，而进入 90 年代后区域间发展差距又趋于扩大。

　　对区域发展差距影响的考察，围绕两条线索（政治层面和社会福利函数）展开。从政治层面，区域发展差距常常引起地区冲突，并由此破坏民族团结和国家统一。[①] 从社会福利函数与社会选择的角度，则依据社会对非均衡的态度来说明区域发展差距对社会福利的影响。[②]

　　对区域发展差距指标的选择，由单一的经济指标转向包含经济、社会发展在内的人类指标。如胡鞍钢、邹平等对中国的区域社会发展差距按 31 类指标作了详细分析考察。[③] UNDP 每年一度的《中国人类发展报告》也公布了各省市的 HDI 指数排名，并且日益受到政府、理论界和社会公众的关注。[④]

2. 关于中国区域发展差距归因的研究

　　凡研究区域差距，毫无例外地都用大量笔墨对区域发展差距的成因进行分析，并在此基础上提出缩小区域发展差距的对策。概括而言，形成区域差距的原因包括地理、资本、人力资本、科学技术、经济结构、市场化进程、工业化和农村现代化程度以及政府政策环境和财政因素。值得注意的是，理论界近年来的研究更为偏重对市场化程度、政府政策因素的定量分析。许多人认为，改革开放以来各地的市场化进程、政府向东南沿海地区倾斜的区域非均衡发展政策是改革开放以来区域发展差距扩大的主要

①　参见王绍光、胡鞍钢《中国：不平衡发展的政治经济学》，中国计划出版社，1999，第 227 页；王梦奎、李善同：《中国地区社会经济发展不平衡问题研究》，商务印书馆，2000，第 22~23 页；国家计委国土规划研究所：《中国区域经济协调发展研究》，中国经济出版社，1994。

②　翁君奕、徐华：《非均衡增长与协调发展》，中国发展出版社，1996，第 20~24 页。

③　胡鞍钢、邹平：《社会与发展——中国社会发展地区差距报告》，浙江人民出版社，2000，第 249~265 页。

④　参见 UNDP《中国人类发展报告》，《人类发展与扶贫》，中国财政出版社，1997；《经济转轨与政府的作用》，中国财政经济出版社，1999；《绿色发展必由之路》，经济出版社，2002。

原因。例如张敦富、覃成林从发展基础、政策、体制环境、要素流动、经济结构等对区域经济差异发展变化影响最大的几个因素入手，分析了 20 世纪 80 年代以来中国区域经济差异的成因。[①]陆铭与陈钊的研究则将中国地区间经济发展差距的根本原因归结为地理与政策两大因素，并且认为顺市场的工业集聚和逆市场的市场分割是影响区域经济发展的两种力量。[②] 还有研究者将中国区域发展差异的基本因素归结为资源禀赋和发展基础、制度变迁与政策资源、市场化改革进程与经济发展，并且认为未来影响中国地区差异的几个因素有城市化进程、地区市场分割、WTO 背景下的区域开放、资金流动等。[③] 王梦奎、李善同等将地区发展不平衡的原因归结为自然条件与地理环境的差异、发展起点的差异、旧体制遗留下来的产品的不平等交换、80 年代政策环境的差异、市场经济条件下经济规律的作用。[④]

近年来，随着西方新制度经济学理论在中国社会科学界的广泛传播，国内研究者也开始尝试着从产权、契约、交易费用、制度演化等新制度经济学视角来诠释中国区域经济协调发展问题。例如张玉认为，中国区域发展不协调，其实质是地方政府体制变迁滞后于经济发展步伐的结果。[⑤]

与经济学者多强调经济因素的重要性不同的是，王绍光等更

---

① 张敦富、覃成林：《中国区域经济差异与协调发展》，中国轻工业出版社，2001，第 17 ~ 48 页。
② 陆铭、陈钊：《论中国区域经济发展的两大因素和两种力量》，《云南大学学报》2005 年第 4 期。
③ 上海财经大学区域经济研究中心：《2003 年中国区域经济发展报告》，上海财经大学出版社，2003，第 102 ~ 131 页。
④ 王梦奎、李善同：《中国地区社会经济发展不平衡问题研究》，商务印书馆，2000，第 11 ~ 20 页。
⑤ 张玉：《区域协调发展与政府体制变迁的制度分析》，《学术研究》2005 年第 9 期。

强调政治因素的影响。根据对历史数据的对比分析，王绍光、胡鞍钢发现，不论是毛泽东时代的中国还是改革开放后的中国，地区发展不平衡与中央政府的财政汲取能力呈一种反相关关系，即当地区差距扩大时，中央政府的财政汲取能力下降；而当地区差距缩小时，中央政府的财政汲取能力上升。因此，他们认为，放权改革是中国地区差距不断扩大的主要成因之一，因为它大大削弱了中央政府调动和重新分配资源的能力，形成调整地区差距的制度性障碍。他们认为，在中国的制度环境下，比照于经济因素而言，政治因素在中国区域发展过程中起根本性作用。因为地区间收入不平等说到底是资源分配问题，而任何资源分配问题说到底是个政治问题。这种地区间资源的分配公平与否，从根本上要取决于中央政府的政策意愿和国家能力这两个变量。[1]

3. 区域协调发展的对策研究

在理论上，西方学者对区域差距演变及成因所持主张不同，围绕区域差距的政府干预与市场作用问题也众说纷纭。新古典趋同假说的政策含义就是自由放任，让市场力量去解决地区发展差距问题，政府区域政策的任务应该是促进劳动力和资本的流动性提高，拆除行政障碍或市场进入壁垒等流动限制，并改善区域之间的信息流动。极化理论则引申出政府干预的主张。由于市场力量的作用倾向是扩大区域间的发展差距，因此政府干预是必不可少的。后来，新增长理论对人力资本、知识积累的重视和"有条件趋同"的发现也揭示出政府在满足或创造加快落后地区经济增长需要的条件方面是大有可为的。[2] 当然，西方学者对政府

[1]　参见王绍光、胡鞍钢《中国：不平衡发展的政治经济学》，中国计划出版社，1999；王绍光、胡鞍钢：《中国国家能力报告》，辽宁人民出版社，1994；王绍光：《分权的底限》，中国计划出版社，1997 等。

[2]　张启春：《中国区域差距与政府调控——财政平衡机制和支持系统》，商务印书馆，2005，第 15 ~ 16 页。

干预中政府作用范围和程度等问题，也存在明显的争议。一种观点是政府作用仅限于公共服务、市场秩序的建立和维护；另一种观点认为政府的区域干预政策不仅限于公共服务领域，还应该渗入地区经济运行过程，充分发挥区域经济政策的"战略性功能"。① 西方学者的研究传统是运用经典经济学方法，建立关于市场机制、区域要素流动与区域均衡之间的分析框架，从资本、劳动力等要素的跨区域流动来构建区域协调发展模型。此外，还有不少财政学者强调了财政转移支付在平衡地区间差距上的重要性。

中国学者的研究则无一例外地强调中央政府干预的必要性。如陈计旺认为，对于解决区域经济协调发展这样的宏观问题，需要中央政府的积极干预，具体包括：（1）政策的规范性与科学性；（2）规范中央财政转移支付制度；（3）形成全方位对外开放格局；（4）区域产业转移政策。② 王梦奎等则提出一定要适度调整区域政策导向和调整产业布局等。③ 李克从保持适度差距和系统优化的角度提出建立有效的区域发展政策体系、规范的发展管理方式与手段，包括：（1）中央政府的政策支持，将开放政策、财政税收政策、金融政策和产业政策向中西部地区倾斜，实施重点项目安排、建立规范的中央财政转移支付制度、完善基础设施、消灭绝对贫困、加大人力资本投资力度；（2）地方及部门采取积极举措，推动横向联合、对口扶贫支援、培育和完善市场。④ 张

① 陈家海：《中国区域经济政策的转变》，上海财经大学出版社，2003，第13页。
② 陈计旺：《地域分工与区域经济协调发展》，经济管理出版社，2001，第264~272页。
③ 王梦奎、李善同：《中国地区社会经济发展不平衡问题研究》，商务印书馆，2000，第26页。
④ 李克：《适度差距与系统优化：中国现代化进程中的区域经济》，中国社会科学出版社，2000，第177~191页。

敦富、覃成林也提出了系统的区域经济协调发展攻坚战术：
（1）中央政府可以通过直接投资、政策手段、统一的行政管理
体系和上下级约束关系来协调区域经济发展；（2）构建有利于
协调发展的体制环境；（3）促进区域之间市场的开放；（4）促
进区域之间的产业协调发展；（5）鼓励企业跨区域扩张与联合；
（6）推动地方政府之间的经济合作；（7）努力消除区域性的贫
困；（8）引导民间力量参与；（9）制定促进区域经济协调发展
的总体战略和规划；（10）重视依靠法律来保障战略、规划和计
划的实施。[1] 刘建国认为在市场经济条件下，政府区域发展政策
面临着重大调整，政府的主要作用是创造各地区协调发展的制度
和环境，发达区域和不发达区域间的经济关系和经济利益的协调
应主要通过市场来协调，在发展中实现双赢。[2] 张启春提出财政
平衡和支持系统构成政府调控区域差距的最直接手段和工具，政
府间财政转移支付、政府财政投资和区域指向的扶贫开发之间应
该相互协调。[3]

二　政治学与公共行政学的视野

王绍光较早指出中国地区差别的严重性，认为地区差别将造
成三大问题，即经济问题、政治问题和正义问题。对此，他提出
了缩小地区经济差别的三个可能途径：第一，各省以竞争方式达
到地区均衡，它们之间没有直接的财政转移支付。第二，在中央
政府的鼓励下，各省之间以非强制、非制度化的方式来进行财政

---

①　张敦富、覃成林：《中国区域经济差异与协调发展》，中国轻工业出版社，
　　2001，第165～190页。
②　周振华主编《政府选择：中国经济分析2003～2004》，上海人民出版社，
　　2005，第215页。
③　张启春：《中国区域差距与政府调控——财政平衡机制和支持系统》，商务
　　印书馆，2005，第330～331页。

转移支付。第三，由中央政府以累进税形式集中资金安排转移支付。王绍光认为，由于"第一、二种状态代表的是分权型的制度安排。在这两种状态下，地区差别是无法消除的"，选择的只能是第三种途径，这就必须提高国家的财政汲取能力，消除地区差别。[1]

　　吴国光、郑永年不赞成继续使用传统的中央集权手段来缓解地区之间发展的不平衡。他们指出，中央政府曾经长期推行区域平衡发展的政策，一直强调要实现中国的区域均衡发展。但问题在于，这样的均衡发展往往是照顾了平衡而牺牲了发展。而且改革后地方政府已经发展到有足够的力量来抵抗中央政府的重新集权，因此这个办法可行性本身就有疑问。不仅如此，其实施必定会削弱地方的经济发展动力，地方政府即使不积极抵抗而只是消极应付，也就足以影响地方的经济发展。1949 年以来的历史已经证明，即使中央能够通过这样的办法来解决地区之间的不平衡发展，它的消极后果也十分严重。那怎样解决地区发展的不平衡问题呢？吴国光、郑永年在批评市场与集权手段的基础上，提出了第三种解决办法，这种方法的特点是利用政治手段来促进市场的转型。他们提出用"中央霸权"取代"中央集权"，因为前者是一种市场导向的权力机制。在国内环境中，中央政府应该有其建立中央霸权的合法性。而由于这种霸权的存在，强制性合作便成为可能。这就是说，中央政府应该并且能够建立一种制约各地方经济行为的制度，从而解决地区发展不平衡问题。在运用这种方式来处理中央与地方关系时，并不一定要由中央操纵一切，而是赋予地方重要角色。中央政府的主要作用则表现为，通过强制性的市场行为来调配资源。在这种情况下，中央政府不是把经济权力再次集中到自己手中从而影响地方经济发展，而是通过自己的政治权力来引导地区之间的经济合作。中央政府可以通过政策

---

[1]　王绍光：《分权的底限》，中国计划出版社，1997，第七章。

手段来促进富裕地区的经济向贫穷地区延伸，中央政府也可以鼓励区域市场的发展。[①]

杨龙提出了"区域政治"这一研究课题，将地区发展差距过大的政治原因和政治后果、中央与地方的关系、民族问题、国家统一、政治稳定与区域差距相关的问题、地区政治发展与国家政治发展的关系、中央政策与地区差异的关系纳入区域政治研究领域，认为可以通过改善区域发展的治理结构和治理规则、扩大民众的政治参与等手段来实现地区整合和均衡发展。[②]

徐勇主张从现代国家建构的角度考察地区发展的均衡性，将"政治发展的非均衡性"概念引入当代中国政治的分析视野之内，认为政治现代化进程中不能仅仅是"从时间上度量的，也要考虑其空间因素"[③]。他提出强化国家的一体化整合和解决中央与地方事权关系的规范化作为实现地区发展均衡的手段。[④]

杨爱平在其博士论文中提出，地方发展权利的失衡是区域不平衡发展的制度根源；而在发展权利失衡、政府间权利机制互不兼容的行政生态下，由中央政府主导的自上而下的区域协调发展活动，始终充满着分配冲突与"目标替代"现象。在此基础上，他提出"中央集权"式的区域协调发展思路，并不是区域协调发展的最优制度安排，更不是唯一的制度安排，还应该建立一种"地方竞合"式的制度安排。最后，他提出了一些对策建议。(1) 重新评估中央财政转移制度政策的利弊得失，建立真正科学

---

① 吴国光、郑永年：《论中央—地方关系：中国制度转型中的一个轴心问题》，牛津大学出版社，1995，第 85～102 页。

② 杨龙、彭景阳：《我国区域政治发展研究：理论与问题》，《武汉大学学报（社会科学版）》2002 年第 5 期。

③ 徐勇：《乡村治理与中国政治》，中国社会科学出版社，2003，第 338 页。

④ 徐勇、吴毅：《地区发展非均衡性的政治影响分析》，《学习与探索》1994年第 4 期。

规范的政府间财政转移支付机制；（2）树立区域公共管理新理念，倡导地方政府间的权利交换；（3）更新区域协调发展的传统观念，注重从行政区域协调向流域治理协调的转变；（4）实行制度化财政分权改革，扭转地方财政权利区域分化的格局。①

三 简短的评论

显然，与其他学科比较多地强调经济因素的重要性相比，政治学与公共行政学的研究成果更富有启发和价值。事实上，从政治学与公共行政学视角思考地区发展均衡课题具有理论和现实意义。从理论上来说，对这一领域的研究都将借助区域政治理论、地方政府理论、政府经济理论、现代国家构建理论，这些都是政治学与公共行政学理论的重要课题，随着研究的拓展，将有助于我们深化对这些理论的认识。

本章将在吸收已有研究成果的基础上从国内政府间关系的视角来思考促进中国区域协调发展问题。这一研究视角既强调要重视政府间纵向关系，也强调地方政府之间横向关系的重要性。

第三节 统筹区域发展的思考

一 中国区域发展政策的变迁

从 1949 年至今，中国区域发展战略经历了三次演变。

1. 从不平衡的区域发展战略到平衡的经济发展战略：1949 ~ 1979 年

根据国民政府经济部 1947 年发表的对全国 20 个主要城市的

---

① 杨爱平：《当代中国的区域协调发展：公共管理的视域》，社会科学文献出版社，2008。

调查，上海、天津、青岛和广州等四个沿海城市的工厂数和工人数占全国的70%。可见，新中国成立之前，中国绝大部分地区处于落后的传统农业社会，属于近代工业的部分不到国民经济的10%，其中70%以上又处于沿海地区。[①]

新中国成立之初，中国东部沿海地区与中西部内陆地区在经济发展上存在着巨大的差异，这是由中国自然历史原因和近代西方工业文明首先进入沿海地区造成的。为了消除这种差异，新中国成立后，沿海与内地经济的分布、融合便在国家干预下展开了。"一五"期间，中国政府依据区域经济发展水平的一致性及差异性，将全国划分为沿海和内地两大经济地带。1958年，中央设立七大"经济协作区"，试图建立不同水平、各具特色、工业体系相对完整、均衡发展的经济区域。20世纪60年代初，国家从国防需要出发，根据各区域国防战略位置的重要性，在区域经济发展和布局上将全国分为一线、二线、三线等三类区域，经济建设和工业布局的重点放在三线地区。由于急于求成，加之国防安全等政治因素，中央政府长期强调坚持东西部地区间的平衡发展战略，依托高度集中的中央计划经济体制，在资金、设备、人才等生产要素的分配上，重内地、轻沿海，人为地推动生产力布局大规模西移，尤其是在"三五"以后，把建设重点转移到内陆"三线"地区。这一发展战略对于开发中西部地区资源，推动中西部地区经济发展，维护民族区域的稳定与团结起到了重要作用，但同时也产生了新的矛盾和问题。（1）人为地抑制了东部地区的发展，使东部地区在世界新技术革命挑战中，丧失了机遇，拉大了中国与发达国家和地区的发展差距；（2）抑制了东部地区的经济发展优势，使得整体投资的效率相对低下，这不

[①]　高萍：《论中国区域发展战略的三次转向》，《中南财经政法大学学报》2006年第1期。

仅限制了东部地区的迅速发展，而且由于东部地区不能为内地发展提供有力的工业支持，继而制约了西部地区的增长速度，使得广大的内地地区仍然存在较为严重的城乡二元经济结构，促进内地发展的区域发展战略并没有改变内地生产力落后的根本局面（见表6-3）。实践证明，这种办法，不是共同富裕的办法，而是走向共同贫穷的办法。

表6-3　1952～1978年中国区域差异的统计指标

年份	以省级为单位的区域差异				三大地带区域差异		
	人均GDP(元)	标准差	变异系数	极差系数	标准差	变异系数	东部/西部
1952	96.8	48.87	0.5409	2.1	17.40	0.1798	1.66
1957	141.0	78.18	0.5545	7.5	19.17	0.1360	1.43
1962	141.0	87.30	0.6191	9.9	19.57	0.1388	1.42
1965	185.5	116.57	0.6247	9.2	25.26	0.1360	1.43
1970	218.0	156.40	0.7175	11.2	40.31	0.1849	1.65
1975	258.1	200.47	0.7767	15.5	60.45	0.2342	1.83
1978	312.2	247.84	0.7804	14.4	77.83	0.2471	1.82

资料来源：周国富：《中国经济发展中的地区差距问题研究》，东北财经大学出版社，2001。

1949～1979年间，中国决策层逐渐形成和实施重点发展内地、推进区域平衡发展的战略，实现了中国区域发展战略的第一次转向。

2. 从平衡的区域发展战略到局部区域优先发展战略：1979～1999年

针对中国改革开放后的具体情况，理论界在20世纪70～80年代初掀起了一场具有划时代意义的中国区域经济发展梯度与反梯度理论之争，最终的结果是梯度转移理论及非均衡发展模式占据了主导地位。

　　1978 年 12 月，邓小平在中央工作会议上首次提出中国区域经济非均衡发展的新思路，那就是让一部分人、一部分地区先富起来，以带动其他人、其他地区共同富裕，从而使整个国民经济不断地波浪式地向前发展，使全国各族人民都比较快地富裕起来。1988 年 9 月，邓小平第一次将沿海和内地之间的发展关系概括为"两个大局"思想：第一个大局是沿海地区要加快对外开放，使这个地带较快地先发展起来，这是一个事关大局的问题，内地要顾全这个大局；第二个大局是指反过来，发展到一定的时候，又要求沿海地区拿出更多力量来帮助内地发展，这也是一个大局，那时沿海也要服从这个大局。而 1992 年著名的"南方谈话"中，邓小平将中国区域经济梯度发展的思想上升到理论高度，即"走社会主义道路，就是要逐步实现共同富裕。共同富裕的构想是这样提出的：一部分有条件的地区先发展起来，一部分地区发展慢点，先发展起来的地区带动后发展的地区，最终达到共同富裕。如果富的愈来愈富，穷的愈来愈穷，两极分化就会产生，而社会主义制度就应该而且能够避免两极分化，解决的办法之一，就是先富起来的地区多交点利税，支持贫困地区的发展，当然，太早这样办也不行，现在不能削弱发达地区的活力，也不能鼓励吃'大锅饭'"。他拟定的具体阶段和办法是："可以设想，在本世纪末达到小康水平的时候，就要突出提出和解决这个问题。到那个时候，发达地区要继续发展，并通过多交利税和技术转让等方式大力支持不发达地区。不发达地区又大都是拥有丰富资源的地区，发展的潜力是很大的。总之，就全国范围来说，我们一定能够逐步顺利解决沿海同内地贫富差距的问题。"1979 年开始，中国开始探索以经济特区为突破口启动沿海地区的对外开放。与此相适应，区域发展战略开始发生改变。

　　区域非均衡发展战略主要表现在中国的区域发展倾斜政策上。在这一时期，中国政府开始从区域平衡发展战略转向东部及沿海地区优先发展战略。中央对区域经济战略的重视以及梯度转移的战略实施还体现在中央实施的"六五"及"七五"计划中。尤其是在"七五"计划中,首次明确提出中国区域经济发展三大地带的划分,并突出东部沿海地区的发展,在发展上呈现出逐步由东向西推进的客观趋势。区域发展的总体目标是"七五"以及整个20世纪90年代要加速东部沿海地区的发展,同时把能源、原材料建设的重点放在中部,并积极做好进一步开发西部的准备。

3. 从东部优先发展战略转向全面的区域协调发展战略: 1999 年以来

以非均衡区域增长为特征的梯度发展战略取得了巨大的成功,中国经济的持续高速增长也充分说明了这一点。但随着东、中、西三大经济地带经济差距的逐步扩大,20世纪90年代后,梯度转移战略受到了多方面的挑战:外部环境的变化及内陆地区与周边国家的贸易关系而产生的新的机遇;能源与原材料供应的不足迫切要求加快中西部的资源开发;各地方政府受经济利益驱使而造成的地区产业结构趋同现象日益严重,等等。这些都使得中央政府在考虑经济增长提高效率的同时,不得不考虑经济发展的公平问题。这时,区域政策的宏观背景已发生转变,而面临新的形势和新的地区发展不平衡态势,中央政府开始着手从总体上解决地区之间发展差距日益扩大的问题。从"八五"时期开始,针对区域发展差距拉大的问题,中国开始调整区域发展战略。在"八五"期间,在继续发挥沿海地区增长优势的同时,国家加快了对中西部地区的开发开放,并先后开放了沿江、沿边、沿黄、沿陇海线等内陆地区,使中国的区域经济发展进入了新的格局。到20世纪90年代,逐渐明确了缩小地区差距,坚持区域协调发展的战略。从1999年开始,除了实施东部沿海率先基本实现现代化战略以外,中央政府还推出了西部大开发、振兴东北及促进中部地区崛起等区域发展战略。

中共十六届三中全会《关于完善社会主义经济体制若干问题的决定》提出"坚持以人为本，树立全面、协调、可持续的发展观，促进经济社会和人的全面发展"。明确了"五个统筹"的新发展方针，即统筹城乡发展、统筹区域发展、统筹经济社会发展、统筹人与自然和谐发展、统筹国内发展和对外开放。这是总结改革开放以来的经验，适应新形势、新任务提出来的，是针对中国经济社会发展中存在的突出问题提出来的，是我们改革目标的出发点和归宿。党的十七大报告再次强调要坚持科学发展观，统筹区域发展。统筹区域发展，就是要缩小区域发展差距，必须注重实现基本公共服务均等化，引导生产要素跨区域合理流动。要继续实施区域发展总体战略，深入推进西部大开发，全面振兴东北地区等老工业基地，大力促进中部地区崛起，积极支持东部地区率先发展，逐步扭转区域发展差距拉大的趋势，形成东中西相互促进、优势互补、共同发展的新格局。

二 现行区域发展政策的实践及其绩效

1. 中央政府的区域协调发展政策实践

在相当长一段时期内，中央政府主要是依靠计划手段和行政手段来促进区域协调发展，如运用计划投资、政策倾向等，尤其是中央政府投资是中央协调区域发展的主要手段。理论上，它至少可通过以下几个方面来协调区域发展：（1）投资本身是资源配置的手段，虽由中央政府来操作，但最终是落在不同的区域，中央政府在哪个区域安排的投资多，哪个地区实际所占用的资源在整个社会资源中的比重就高。（2）投资是决定产业结构的因素，有什么样的投资结构，最终就会形成什么样的产业结构，在一定程度上就决定了产业利益的地区分配状况。（3）中央政府投资带动地区经济发展的乘数效应明显。中央政府投资可以带来本地区居民收入增长，刺激消费需求，它本身就形成投资需求，能带动本地区建材等行业的发展，中央投资能够明显刺激地区的消费需求和投资需求，推动地区经济发展。

在实践中，一方面，在计划经济时期，中央政府集中掌握全国绝大多数资金、人力和物力的分配权和调度权，这种中央政府投资的效应可能会相当显著。但是，随着社会主义市场经济的发展，政府职能的转变，公共财政的逐步建立，中央政府所掌控的物质资源在不断减少，在全国所占的比重很小，继续通过分配这些资源来影响各个地区的经济发展已经不可能在根本上解决问题。另一方面，直接的中央投入，也不可能做到各个地区间的"公平"或"平等"，容易遭到没有得到中央政府资助的地区的反对，真正发挥作用的空间有限。搞不好，还会在地区之间制造矛盾，也会影响地方与中央关系的和谐。例如：（1）中央政府的财政转移支付受到政治因素的影响。在中央政府的财政转移支付中，八个少数民族聚居的省份的人均支出要远远高于除北京、天津、上海和广东以外的其他省区，而且中央政府似乎对最容易受到民族分裂影响的省份给予绝对的优先权，而对广西和贵州，在中央考虑财政转移支付时就没有那么重视，其中的代价是以汉族人口为主的穷省备受打击的风险。[①]（2）扶贫政策的低效。多年来，中国实行了扶持"贫困县"发展的区域协调政策，其目的是通过中央政府和省级政府自上而下的财政转移支付，缩小县域之间的发展差距。不可否认的是，这一做法在相当程度上扶持了欠发达地区的发展，解决了不少困扰农村发展的瓶颈问题。然而由于"贫困县"扶持中出现的评比竞赛[②]和机制性的"软预算

---

① 王绍光：《中国财政转移支付的政治逻辑》，《战略与管理》2002年第3期。

② 因为"贫困县"可以获得中央和省级政府的各种扶持，所以出现"贫困县"的评比以及争取"贫困县"终身制竞赛，而且在此过程中弄虚作假、充分利用各种关系资源、"跑部钱进"等现象层出不穷。

约束"综合症①，使得这项政策也出现了诸多事与愿违的问题。不仅如此，财政扶贫资金的使用效益也很低。②（3）转移支付环节过多削弱了转移支付的效果。从国务院到最基层的乡镇，共有五级垂直管理层次，每一个层次的管理部门都很多，无形之中会耗费大量部门"消费性支出"；而且，由于转移支付层次繁多，也容易导致有限的资金被层层截留。（4）现行的转移支付制度有缺陷。中央财政对地方政府的财政转移支付包括中央财政对地方财政的税收返还、原有体制下中央对地方的体制性补助、中央对地方的各类专项补助、中央对地方的一般补助。由于现行制度是在照顾原有体制既得利益的前提下制定的，所以难免有缺陷。最主要的缺陷在于：一是转移支付制度以1993年的地方实际收入为基数，其分配数额主要沿用"基数法"来确定，中央财政从分税制中多集中的大部分仍要以税收返还的方式返还给地方，这种只调增量不调存量的办法并没使中央可用于平衡地区发展差距的财力有明显增加；二是中央对地方的专项补助大多属于地方财政安排范围，不利于划分中央与地方事权；三是转移支付与产业政策联系较少。

2. 省级政府的区域协调发展政策实践：以广东为例

面对经济总量在全国名列前茅，但内部区域发展差距不断扩

---

① "贫困县"即使最终获得了中央与省级政府的各种扶持，但往往没有真正按照中央和省级政府的政治意愿行事，许多扶贫资金被用于公款消费、形象工程甚至中饱私囊。据联合国《2005年人类发展报告》显示，尽管在过去的15年内，中国的人类发展指数排名上升20位，列第85位，但中国的减贫步伐明显放缓，在1990～2001年间，超过90%的减贫任务是在1996年以前完成的。也就是说，近10年来，中国只完成了不到10%的减贫任务。更让人不可思议的是，国家2003年投入扶贫资金近300亿元，但全国贫困人口反而增加了80万人。中国的贫困人口出现了改革开放以来的首次少量反弹。
② 韩凤芹：《地区差距：政府干预与公共政策分析》，中国财政经济出版社，2003，第143页。

大的严峻事实，广东省委省政府在"效率优先、兼顾公平"的思想指导下，在继续推行区域经济梯度发展战略的同时，也进行了诸多的实践探索，出台了大量方针政策，近年来也投入大笔的扶持资金，力图通过政府自上而下的干预来缓解市场机制给区域发展带来的累积因果效应问题。[①] 1996 年，广东省提出"中部地区领先、东西两翼齐飞、广大山区崛起"的区域发展战略；2000 年，广东省发展计划委员会制定了《关于加快广东省欠发达地区经济社会发展的意见》；2002 年，广东省委第九次代表大会再次提出区域经济协调发展战略。尤其是 2002 年广东省召开了山区工作会议，决定动用 370 多亿元公共资金，从九大领域、40 个具体政策上，对山区发展实施一场史无前例的扶持运动。但根据杨爱平的调研发现，由于省级政府部门存在"部门内生交易费用"[②] 综合症这一体制性问题，使得山区开发政策执行过程中，不可避免地出现了"钓鱼项目"和"半拉子工程"。[③]

3. 发展地方政府间横向关系促进区域协调发展的政策实践

中央政府在感到自身协调区域发展能力日渐衰退的同时，也

---

① 参见广东省委政策研究室《在率先基本实现社会主义现代化的道路上阔步前进——广东省第八次党代会以来的决策与实践》第二卷，广东人民出版社，2002。

② 这是付光明等提出用以分析农民负担中的根本原因时所使用的一个概念，是指只有在所有参与者都作出了决策后才能确定的交易费用，或者说是个体自利决策交互作用的后果。通俗地说，是"几十顶大盖帽，索取一顶破草帽"（参见付光明、黄正林、沈亚林：《部门内生交易费用"综合症"是农民负担重的根本原因——一个乡镇的政府规模和资源吸收及分配机制的剖析》，《管理世界》2002 年第 11 期）。

③ 所谓"钓鱼项目"与"半拉子工程"是指省里出台山区扶持政策后，要求市、县财政层层配套，乃至摊派到乡镇、村和居民个人身上，但由于地方财政困难而使很多政策根本无法落实，或大打折扣，结果在地方和基层政府引发种种的形式主义和虚假配套问题（参见杨爱平《当代中国的区域协调发展：公共管理的视域》，社会科学文献出版社，2008）。

极力倡导通过发展地方政府间横向关系来促进区域协调发展。这既包括计划经济体制下形成并延续至今的对口扶贫政策，也包括市场化进程中逐步形成的区域经济合作。随着中国社会经济的发展，尤其是中国加入 WTO 后改革开放的深化，中国区域经济的联系日益紧密，区域合作范围、领域不断扩展，合作规模不断增大，区域合作也将由传统的以政府"对口支援"为主转为以市场为导向、以企业为主体的形式。中国区域经济合作的基本模式有城市群的区域合作（如前述的三大城市群）、东西部区域经济合作（具体又细分为流域经济一体化的合作模式、工业园区的合作模式、宁夏华西村的合作模式）。[1] 在理论上，加强区域经济合作，一方面可以通过经济发达的地区同比较落后的地区签订协议与合同，以经验介绍、技术转让、人才交流、资金和物质支持等方式，帮助落后地区加快发展；另一方面，可以"优势互补、互惠互利、联动发展、共同繁荣"。但是，由于市场发育的区域不平衡影响了区域合作主体的有效运作，地方政府的行政力过强导致区域合作的内容方式难以拓展，区域合作机制不完善难以推进区域合作的规范化发展，因此，区域经济合作并未实现预期目标。[2] 所以，有研究者指出，在实践中，地方政府之间要么是通过不同地区共同参与对中央政府的博弈来实现本地区利益最大化，要么是通过地区间竞争来促进本地区的发展；前者表现为向中央"争项目、争投资、争政策"，后者表现为落后地区在竞争中处于不利地位，最后不得不树起"地区分割与地区封锁"的大旗。[3]

[1] 上海财经大学区域经济研究中心：《2003 年中国区域经济发展报告》，上海财经大学出版社，2003，第 311~325 页。
[2] 上海财经大学区域经济研究中心：《2003 年中国区域经济发展报告》，上海财经大学出版社，2003，第 328~329 页。
[3] 胡荣涛等：《产业结构与地区利益分析》，经济管理出版社，2001，第 260~261 页。

因此，从现行政策实践来看，无论是中央政府或省级政府自上而下的协调以及地方政府间横向的协调都没有完全达到预期的目的，必须继续推进制度创新以提高其政策绩效。

三　统筹区域发展的对策建议

1. 认真领会统筹区域发展的科学涵义

深刻理解和把握统筹区域发展的丰富内涵，并制定和实施相应的政策措施，是实现区域经济协调发展的根本保证。统筹区域发展，形成促进区域经济协调发展的机制，是根据全面建设小康社会的新形势与新任务，对改革开放以来长期实行的区域非均衡发展战略的调整和发展。当然，对原有的倾斜性区域经济发展战略进行调整，并不是要重新采取计划经济体制时期长期实行的均衡发展战略。中国是一个幅员辽阔的发展中大国，各地的自然条件与社会经济基础存在着巨大差别，而这种差别必将对各地的经济发展方向、发展速度、发展程度产生决定性的影响。因此，必须避免不顾各地区的自身特点、资源禀赋以及生态环境的承载力，片面地强调各地均衡发展的思路。这种发展思路所能够实现的只能是以低效率和共同落后为前提的均衡。统筹区域发展就是要充分发挥各个地区的自身优势和发展积极性，发掘各个地区的发展潜力，实现各个地区的共同发展。

统筹区域发展的核心目标是实现区域经济的协调发展，促进各地区之间形成优势互补、分工协作、相互促进、良性互动的协调关系。目前中国区域经济发展不协调一方面表现为地区差距不断扩大，另一方面表现为没有形成开放竞争有序的区际关系，地区封锁和地方保护严重、区际经济摩擦不断、区域分工不合理、区域产业同构问题非常突出。统筹区域发展最根本的方向不是采取复杂多样的区域政策割裂全国统一大市场，扭曲市场机制的调节机能，而是努力建设统一开放、竞争有序的市场体系，充分发挥市场机制在调节区域分工、产业空间布局等方面的调节机能。区域政策的根本方向是完善、补充和引导市场，而不是取代市场。促进区域经济协调发展，协调好地区之间的经济发展关系，目前需要着重处理好以下三个问题：一是着力破除地区间的经济封锁和地方保护主义，强化竞争机制，促进地际与区域内部的合理分工，建立起高效、有序的区域经济联系。二是逐步取消对相对富裕地区的政策倾斜，为相对富裕地区发挥扩散效应，逐步向欠发达地区转移资金、技术和传统产业带动欠发达地区创造条件。三是积极促进人口的有序流动。人口流动的实质是资源的重新配置和优化资源组合，是实现区域经济协调发展不可或缺的一个基本途径。

统筹区域发展的最紧迫课题是为欠发达地区的经济发展和人民生活水平的提高创造有利条件。其主要措施包括以下几个方面：一是要通过加强欠发达地区的基础设施建设，为其经济发展和人民生活水平的提高创造有利的硬件条件；二是加强对欠发达地区教育与职业培训的支持，努力提高欠发达地区的人口素质；三是借鉴国际上比较通行的建立扶持贫困地区发展基金的经验，对贫困地区有发展前景且适合当地特点的项目提供优惠贷款，并提供有期限的优惠税率待遇；四是积极鼓励和帮助自然条件特别恶劣地区的居民有序对外流动；五是加快财税体制改革，建立起一套行之有效的财政转移支付制度，使欠发达地区能够分享发达地区的经济繁荣，保证贫困地区的政府拥有一个适当水准的公共行政能力，保障这些地区的居民享受适当水准公共服务的权利，并对贫困地区的贫困人口实行特别救助，帮助其发展生产和维持最低限度的日常生活。

2. 创新中央政府的区域协调机制

转型的过程是一个利益和权力重新分配的过程，而解决区域发展差距问题，促进欠发达地区快速发展，中央政府具有无可替代的作用。各国的经验表明，在不同的国家，全球化等外部环境因素对经济增长、贫困问题和收入分配的影响差别很大，其影响在很大程度上取决于国家所采取的政策。经过 30 余年的快速发展，中国已经具备了逐步解决区域发展差距的条件，中央政府也有能力为促进区域协调发展提供体制、政策、资金等方面的支持。由于中央和各级地方政府面临相互冲突的各种利益，而且结构和体制改革的进程非常复杂，有可能导致符合中国大多数人民的利益，也有利于中国在经济全球化的环境下提高国家竞争力的措施会遭到某些利益集团的抵制，而且有很多两难选择需要加以权衡，从而导致某些优先措施难以付诸实施。面对重重阻力推行改革，保证宏观经济的快速、稳定、协调发展，需要很强的政治决断力。实践第二代发展战略，促进区域协调发展，需要中央政府强有力的政治支持和政治承诺。

在中央政府通过直接投资方式来协调区域发展方面的能力不足、有效性下降的大趋势下，积极地运用政策资源去协调区域发展，变直接干预为间接调控，将是可行和有效的，应该成为今后中央政府协调区域发展的主要方式。

（1）建立规范的财政转移支付制度。

首先，要加大对中西部地区财政转移支付的力度，实现各地区人均财力的均衡。目前的政府间转移支付体系虽然转移金额较大，但体制设计欠合理，难以为一些重要的社会服务提供资金，如农村教育和农村公共卫生等。将财政支出责任转嫁给地方政府，同时又没有为其提供足够的资金支持，导致财政不均衡状况不断加剧，进而扩大了各地的收入差距。这与政府应该发挥的作用（比如缓解收入差距问题，保护贫困人口和弱势群体）是背道而驰的，其效果也是累退性的：贫困地区的政府所提供的公共服务较少，服务质量较低，而且把较大比例的成本转嫁给当地人民。

其次，要明确财政转移支付的支出用途。研究发现，八个少数民族人口比重高的省区，除贵州外，其余七省区的人均财政支出水平都不同程度地高于全国人均财政支出水平。主要的社会发展指标和人类发展指标都大大低于全国人均水平。大部分资金用于养机构、养人，实际用于公共服务的投资较少。因而，应从无条件转移支付转向有条件转移支付，中央政府出钱，逼地方政府改革，防止滴漏现象，进而提高财政转移支付提供公共服务的效益。将某些公共服务及筹资责任集中，有助于更好地提供服务。将部分服务及资金责任由村、乡镇或县一级转移给上级政府，可以提高效率、管理能力和公平性。改革财政收入和支出分配应该使各级政府的责任与其财政和机构能力相协调。

（2）合理划分中央与地方的职责。

地区协调发展应当明确中央与省级的管理职责，实行"中央集权与地方分权"相结合的模式。明确中央和地方对经济调节、市场监管、社会管理、公共服务的管理责权。属于全国性和跨省的事务，由中央管理，以保证国家法制统一、政令统一和市场统一。属于面向行政区域的地方性事务，由地方管理，以提高工作效率，降低管理成本，增强行政活力。属于中央和地方共同管理的事务，要区别不同情况，明确各自的管理范围，分清主次责任。

（3）规范地方政府竞争行为。

转型经济中的地方政府竞争与成熟市场经济国家的地方政府竞争相比，有其独有的一些特点。在转型经济中，地方政府竞争的范围和重点在不断变化之中。由于有效规范地方政府竞争的规则尚未完善，地方政府竞争缺乏良好的秩序，竞争的机制也不够完善。规范地方政府竞争是促进区域经济协调发展的必要前提之一。一般而言，规范地方政府竞争应坚持开放性原则、职能下属化原则、原产地规则等。规范地方政府竞争的具体措施主要可从强化中央政府的调控职能、进一步深化经济体制改革、适当调整公共政策以及创造可行的政治经济条件、建立各地政府间的协调机制等方面来进行。通过规范地方政府竞争，保障合作各方的合法权益，使区域之间的合作能够顺利进行下去，达到各展所长、优势互补、共同发展的目的。

（4）重构政府绩效评价体系。

在现行的对地方政府的政绩考核体系下，对地区发展进行评价主要是 GDP 增长速度、投资规模和税收情况等，偏重反映经济数量和增长速度的指标。在这种考核制度下，地方政府易忽视本地经济资源的特点，非理性投资于资本集中型、高利税的产业。由于"分灶吃饭"的行政体制和以经济增长为重的政绩考核机制，要素布局分散化、产业结构趋同化的倾向愈演愈烈，阻碍了经济资源的自由流动和跨地区的经济合作。对此，必须重构地方政府政绩考核标准以矫正地方政府目前的行为方式，改善地区之间的利益关系，避免地区之间的过度竞争和利益冲突，从而有利于推动区域合作发展。

（5）改革财税制度。

地方的财政收入的绝大部分来自于税收。1994 年分税制改革之后，关税、消费税是中央税，增值税、资源税、证券交易印花税和企业所得税是中央地方共享税，其余税种为地方税，其中增值税为中央政府分享 75%，地方政府分享 25%。分税制改革削弱了地方政府的财政收入来源，导致地方的财政收入大幅降低。为了扩大地方税收收入，各地纷纷争办能为自己创利的产业，特别是酒类、汽车、卷烟、肉制品、药品、化工产品、建材等行业的企业。以汽车行业为例，国内汽车企业的平均利润称得上是暴利。据统计，全国各地方政府每年通过汽车行业产生的收费相当于汽车行业产生利润的 30～50 倍，达 1200 亿～2000 亿元，而且这一数字随着国内汽车消费的增加也在高速增长。

巨大的利益驱动使全国很多省份,无论有无工业基础,都将汽车业列为自己的支柱产业,并制定了雄心勃勃的发展计划。为此,必须改革财税制度,解决地方税收收入与国家税收收入的矛盾。

除上述外,还应该充分利用中央政府的政策手段,积极构建有利于协调发展的基本体制环境、促进地区之间市场的开放、促进地区之间产业协调发展等。

3. 健全区域合作机制

目前区域经济的合作虽然取得很大的进步,但广度和深度不够。主要原因是:市场经济主体不平衡影响区域合作主体的有效运作;地方政府的行政力过强制约区域合作的内容和方式;产业同构和低水平竞争现象严重;合作规范化有序运作机制不健全,等等。

为了进一步推进区域经济合作,应跳出行政区划的框架,从体制上消除限制区域之间要素自由流动的制度根源,取消阻碍要素合理流动的区域壁垒,加大区域的开放程度;应及时制定和实施有关的法规和政策,改革财税制度,重构政府绩效评价体系,推动和规范地方政府间的区域经济合作,保障合作各方的合法权益,使区域之间的合作能够顺利进行下去,达到各展所长、优势互补、共同发展的目的;应注重市场作用与政府推动的协调统一,推进区域产业协调发展,包括区域之间产业发展竞争与分工、区域之间产业发展合作、区域之间产业转移。

第一,打破行政区划的框架。长期以来,中国经济发展始终在行政区划的框架内进行。作为整个中国"行政经济区"发展模式的一个缩影,泛珠三角区域的中国内地九省区以各自的行政区划为限,相互没有形成优势互补、产业结构合理布局的局面,不仅影响了统一市场的形成,而且造成大量低水平不合理重复建设,造成资源的严重浪费。只有从体制上消除限制区域之间要素自由流动的制度根源，取消阻碍要素合理流动的区域壁垒，加大区域的开放程度，在区域规划、基础设施、环境保护、市场准入等方面加大互动发展力度，才可避免各地产业结构雷同、基础设施重复、无序竞争等弊病。

第二，培育和完善统一的区域性要素市场。为促使生产要素在区域内实现自由流动，必须要有发育完善的市场体系和区域性的要素市场。市场发育区域不平衡，尤其是落后地区市场发育迟缓是制约中国区域经济发展的一个重要因素。所以，促进区域合作发展首先要营造充分竞争的市场环境，加快培育和完善统一区域性要素市场，从而让市场机制在区域合作中发挥基础性作用。在这个过程中，政府的工作重点是在市场环境建设方面，而对区域性要素市场的运作实施一定要由市场主体去完成。

第三，建立和发展多元化的地方政府间横向关系协调机制。由于当代中国市场经济尚处于发展的初级阶段，在市场机制不完善、法制不健全，即有效制度供给不足的情况下，仅仅依靠自发的市场力量协调，显然难以冲破传统的体制性障碍。在体制转轨过程中，地方政府在区域协调发展中的作用仍然是不可忽视的，必须加以有效利用。而通过建立健全地方政府间关系协调的治理机制，发展和促进地方政府间合作，则是在现行体制下实现区域经济一体化和有效治理地方保护主义的理性选择。① 从当代中国地方政府间关系的发展实践来看，虽然地方政府间关系更多的是一种权力地位平等的关系，但是它们都受到中央政府的约束。尽管当代中国的中央与地方纵向权力关系正在不断发生深刻变化，在胡鞍钢等人看来是"由过去以行政组织为主要基础的行政命令与服从关系转向以相对经济实体为基础的对

---

① 参见钟坚《深圳与香港经济合作关系研究》，人民出版社，2001；陈瑞莲、张紧跟：《试论当代中国的区域行政》，《公共行政》2002 年第 5 期。

策博弈关系"①，在荣敬本等人看来是"由压力型体制向民主合作型体制转变"②，但由于在经济分权的同时仍然保留着相当明显的政治集权，再加上市场经济发展中也离不开中央政府的有效宏观调控等原因，最终中央政府对地方政府仍然保留着相当大的约束力，或者说中央政府与地方政府之间仍然是一种不对等的关系。而随着当代中国改革和发展的不断推进，纵向政府间关系制度化水平的不断提高，地方政府的自主性日益增加后，某种类似于奥斯特罗姆笔下的"多中心体制"正在成为当代中国政治发展的基本趋向。③ 因此，在当代中国的地方政府横向关系协调实践中，既可能采用市场机制，也可能采用科层制机制，还应该可能采用一种既非市场又非科层制的新型治理机制。

---

① 胡鞍钢：《经济转型期中央政府与地方政府的博弈关系的规则》，《胡鞍钢集》，黑龙江人民出版社，1993。
② 这里主要是指中央政府与地方政府在日益相互依赖的基础上走向更多的合作（参见荣敬本等《从压力型体制向民主合作型体制的转变》，中央编译出版社，1998）。
③ 马克思主义的政治发展理论其实可以简单地归结为政治权力来自于社会而最终必将回归社会，而纵向权力结构调整中自上而下的权力下放和地方自治应该成为完成权力回归社会这一终极目标的过渡性必然措施（参见童之伟《国家结构形式论》，武汉大学出版社，1997，第168~195页）。

结　语

本书的研究表明，在市场化的发展进程中，理顺当代中国政府间关系，对于促进市场经济发展和建设和谐社会都非常重要。

通过前述各章的分析，可以发现当代中国纵向政府间关系存在的突出问题是：纵向政府间信息不对称背景下的利益博弈产生了地方政府的逆向选择和道德风险，以及中央政府的道德风险和棘轮效应。而在当代中国的地方政府间横向关系发展中，主要问题是地方政府间关系的不协调以及地方政府间的恶性竞争。而这些都可以归结为政府间的利益矛盾，因此解决问题的关键是建立健全国内政府间利益关系的协调机制。

但是，如果我们对这一问题继续进行深层分析，就会发现其中还隐含着一个无法回避的问题，那就是各级政府利益的人民性问题。

早在 20 世纪 90 年代，国内外有关中央与地方关系的研究就已经揭示：当代中国的中央政府虽有集权但欠缺权威，所以导致地方有令不行、有禁不止，这是因为其欠缺人民性。[①] 在现行的

---

① 吴国光、郑永年：《论中央—地方关系：中国制度转型中的一个轴心问题》，牛津大学出版社，1995。

人民代表大会制度下，中央政府与人民之间只是一种多层次的间接委托代理关系，这无疑也削弱了中央政府与人民的关系。而近年来，经济学与社会学等相关学科的实证研究表明：在相关制度供给不足的特定制度环境中，转型中的中国地方政府已经逐渐从"代理型政权经营者"转变为"谋利型政权经营者"，① 地方政府的目标相对于社会目标来说更加短期化，在片面政绩评价标准的激励下地方政府本身固有的有限理性和追求垄断租金最大化的冲动得到释放。② 简而言之，地方政府既不完全是中央政府的代理人，也不完全是地方民众的代理人，还应该是地方政府主要官员利益的代表者。正因为如此，导致中央虽有集权但欠缺权威，而地方分权却又缺乏民主。因此，纵向政府间的利益矛盾与其利益的人民性欠缺是有关联的。现代国家政权建设的实践表明：建立中央政府和人民之间的直接联系对树立中央政府的权威是至关重要的，没有这样一种直接关系，中央政府的权力就不可能深入社会的各个角落。③ 同样，对于地方政府而言，也只有通过发展民主政治，才能增强其人民性。正如彭真当年所言："谁来监督地方干部，唯一的办法就是让地方人民来监督和选举地方官员。"④ 只有将各级政府的利益与人民的利益统一起来，其利益冲突才能最终得到有效化解。所以，毛泽东当年与黄炎培先生在延安秉烛夜谈时，深刻指出："只有让人民来监督政府，政府才

① 杨善华、苏红：《从代理型政权经营者到谋利型政权经营者》，《社会学研究》2002 年第 1 期。

② 李军杰、钟君：《中国地方政府经济行为分析——基于公共选择视角》，《中国工业经济》2004 年第 4 期。

③ 吴国光、郑永年：《论中央—地方关系：中国制度转型中的一个轴心问题》，牛津大学出版社，1995。

④ Pitman B. Potter, "Foundation and Emblem of PRC Elite Legal Culture: Peng Zhen in the Deng Era," *Paper Presented to the Annual Meeting of the Association for Asian Studies*, Honolulu, April 1996, pp. 22 - 23.

不敢松懈。只有人人起来负责，才不会人亡政息。"① 而从政治科学的角度而言，从中央与地方的利益博弈演变为中央、地方与民众的利益博弈，其意义在于不仅中央政府与民众的结盟有助于制约地方政府的离心倾向，而且地方政府与民众的结盟有助于遏制中央政府的过度集权，从而最终实现政府间纵向关系的良性互动。

对于地方政府间横向关系而言，正是因为地方政府行为与地区公共利益之间的错位，以及地方政府及其主要官员对自身利益最大化的追求，才导致了实践中地方政府间关系不协调以及地方政府间恶性竞争。

一方面，地方政府间关系不协调是因为地方政府尤其是地方政府主要官员之间利益最大化追求之间的不协调。通过协调地方政府间关系而形成的地方政府间合作，说到底也只是一种缺乏治理的区域政府管理。区域合作的议题只是围绕区域内各地方政府的短期政绩目标而展开，不能涵盖区域内全部的公共事务。在合作内容上，热衷于压力型体制下对短期政绩的追求，缺乏对区域产业链意义上的分工与合作体系的整体性构建，更缺乏在城镇体系、社会保障体系等基础性社会领域的合作，缺乏从全局考虑整个区域经济社会的科学发展与和谐，从而削弱了区域合作的绩效。而且在当下的政府管理体制下，一方面区域合作的主要内容不仅容易受到地方政府主要官员个人偏好的影响，而且还往往会因地方政府主要官员的调任变动而缺乏稳定性和连续性，更容易使这种地方政府主导的区域合作偏离区域一体化的主要目标。

另一方面，地方政府间竞争的实质是绩效竞赛或政绩锦标

---

① 黄炎培：《延安归来》，载《八十年来》，文史资料出版社，1982，第148页。

赛。从宏观层面而言，在当下中国实质性的行政任命体制下，地方政府间竞争的动力与压力主要来自于上级政府。中央和上级政府通过掌控着各地方政府所渴求但又并非各方所均能获得的某些稀缺资源，如资金、项目特别是地方官员的政治升迁与政治荣誉等，行使对竞争的裁决。对一个具体的地方政府而言，它首先要服从上级政府的领导，实施并完成上级政府的方针、政策、规划。所以，地方政府间竞争，实际上就是一种在压力型体制下如何完成上级政府任务的绩效竞赛。从微观层面而言，在实践中，地方政府间竞争往往又会转换为地方政府主要官员间竞争。同一级别的地方政府主要官员，无论是省、市、县还是乡镇一级，彼此都处于一种"官场晋升"的博弈中，合乎情理的逻辑机制必然会导致地方政府主要官员采取合乎情理的行为，也就是为了实现社会承认，使自己在晋升博弈中胜出，就要向上级政府展示自己的政绩水平，想方设法传达出一种政绩信号。这样，地方政府间竞争就必然成为地方政府主要官员向上级政府传达自己政绩信号的重要载体。在信息不对称的情况下，地方政府及其主要官员必然会选择以弄虚作假等违法违纪的形式完成上级规定的目标的投机，或者虽然合法合纪但是违反经济规律的、忽略地方发展实情的投机，而非真抓实干、坚持科学发展观的实绩。而且，在政绩锦标赛的压力下，地方政府之间展开攀比性的博弈就不可避免，此时的竞争已经变成了过度竞争，并会对地方的政治经济体系造成损害。

　　因此，无论是协调地方政府间关系还是规范地方政府间竞争，都无法回避一个关键性的问题，那就是如何实现地方政府利益追求与地区公共利益之间的共容。

　　基于此，我们认为理顺当代中国政府间关系，应该遵循20世纪90年代以来交易费用经济学的一个扩展性解释，即应该关注制度环境、治理制度与个人间的互动关系。^① 在这个意义上，建立健全国内政府间关系的协调机制，只是在一定程度上解决了国内政府间关系治理制度层面上的问题。因此，要真正理顺当代中国政府间关系，除了解决治理制度层面的问题外，还需要考虑的是如何建立宪政民主的制度环境和法治下规范管理的政府。

① 〔美〕奥利弗·E.威廉姆森：《效率、权力、权威与经济组织》，载约翰·克劳奈维根编《交易成本经济学及其超越》，朱舟、黄瑞虹译，上海财经大学出版社，2002。

主要参考文献

一 著作部分

1. 《邓小平文选》1~3卷，北京，人民出版社，1993、1994。

2. 江泽民：《正确处理社会主义现代化建设中的若干重大问题》，1995年10月9日《光明日报》。

3. 江泽民：《全面建设小康社会，开创建设中国特色社会主义事业新局面》，北京，人民出版社，2002。

4. 胡锦涛：《高举中国特色社会主义伟大旗帜，为夺取全面建设小康社会新胜利而奋斗》，北京，人民出版社，2007。

5. 《中共中央关于制定国民经济和社会发展第十一个五年规划的建议》，北京，人民出版社，2005。

6. 〔美〕罗纳德·J. 奥克森著《治理地方公共经济》，北京，北京大学出版社，2005。

7. 〔美〕曼库尔·奥尔森著《集体行动的逻辑》，上海，上海三联书店、上海人民出版社，1995。

8. 〔美〕文森特·奥斯特罗姆等：《美国地方政府》，北京，北京大学出版社，2004。

9. V. 奥斯特罗姆、D. 菲尼、H. 皮希特编《制度分析与发展的反思——问题与抉择》，北京，商务印书馆，1992。

10.〔美〕理查德·D. 宾厄姆等著《美国地方政府的管理：实践中的公共行政》，北京，北京大学出版社，1997。

11. 埃瑞克·G. 菲吕博顿、鲁道夫·瑞切特编《新制度经济学》，上海，上海财经大学出版社，1998。

12.〔美〕尼古拉斯·亨利著《公共行政与公共事务》，北京，华夏出版社，2002。

13.〔美〕汉密尔顿、杰伊、麦迪逊著《联邦党人文集》，北京，商务印书馆，1995。

14.〔美〕R. 科斯、A. 阿尔钦、D. 诺思等著《财产权利与制度变迁——产权学派与新制度经济学派译文集》，上海，上海三联书店、上海人民出版社，1994。

15.〔德〕柯武刚、史漫飞著《制度经济学——社会秩序与公共政策》，北京，商务印书馆，2000。

16.〔美〕迈克尔·麦金尼斯主编《多中心体制与地方公共经济》，上海，上海三联书店，2000。

17.《布莱克维尔政治学百科全书》，北京，中国政法大学出版社，1993。

18.《中国大百科全书》（政治学），北京，中国大百科全书出版社，1992。

19.《中国横向经济年鉴（1992）》，北京，中国社会科学出版社，1993。

20. 陆大道、薛凤旋主编《1997 中国区域发展报告》，北京，商务印书馆，1997。

21.《2003 年中国区域经济发展报告——国内及国际区域合作》，上海，上海财经大学出版社，2003。

22. 薄庆玖著《地方政府与自治》，台北，五南图书出版公司，

2000。

23. 陈建著《博弈论与区域经济》，成都，天地出版社，2000。

24. 陈瑞莲著《广东行政改革研究》，广州，中山大学出版社，1998。

25. 陈天祥著《中国地方制度创新研究——政府、产权、市场的三维互动的透视》，北京，高等教育出版社，2002。

26. 陈甫军著《中国地区间市场封锁问题研究》，福州，福建人民出版社，1994。

27. 陈秀山、胡铁成等著《WTO 与地方政府职能转变》，北京，经济科学出版社，2002。

28. 陈振明主编《公共管理学——一种不同于传统行政学的研究途径》，北京，中国人民大学出版社，2003。

29. 董礼胜著《欧盟成员国中央与地方关系比较研究》，北京，中国政法大学出版社，2000。

30. 樊纲等著《中国分省市场化指数——各地区市场化相对进程报告（2000）》，北京，经济科学出版社，2001。

31. 风笑天著《社会学研究方法》，北京，中国人民大学出版社，2001。

32. 胡荣涛等著《产业结构与地区利益分析》，北京，经济管理出版社，2001。

33. 胡书东著《经济发展中的中央与地方关系——中国财政制度变迁研究》，上海，上海三联书店、上海人民出版社，2001。

34. 胡序威等著《中国沿海城镇密集地区空间集聚与扩散研究》，北京，科学出版社，2000。

35. 黄珊著《国外大都市区治理模式》，南京，东南大学出版社，2003。

36. 纪晓岚主编《长江三角洲区域发展战略研究》，上海，华东理工大学出版社，2006。

37. 寇铁军：《中央与地方财政关系研究》，北京，经济管理出版社，2001。

38. 李国平等著《首都圈：结构、分工与营建战略》，北京，中国城市出版社，2004。

39. 李克著《适度差距与系统优化：中国现代化进程中的区域经济》，北京，中国社会科学出版社，2000。

40. 厉以宁主编《区域发展新思路》，北京，经济日报出版社，2000。

41. 梁庆寅、陈广汉主编《2006 年：泛珠三角区域合作与发展研究报告》，北京，社会科学文献出版社，2006。

42. 林尚立著《国内政府间关系》，杭州，浙江人民出版社，1998。

43. 刘君德主编《中国行政区划的理论与实践》，上海，华东师范大学出版社，1996。

44. 刘君德、冯春萍、华林甫、范今朝著《中外行政区划比较研究》，上海，华东师范大学出版社，2002。

45. 刘君德、汪宇明著《制度与创新——中国城市制度的发展与改革新论》，南京，东南大学出版社，2000。

46. 刘云龙著《民主机制与民主财政》，北京，中国城市出版社，2001。

47. 刘雅露著《缩小地区差距的财政政策研究》，北京，经济科学出版社，2000。

48. 刘亚平著《当代中国地方政府间竞争》，北京，社会科学文献出版社，2007。

49. 马力宏著《分税制与中央和地方关系调整》，西安，陕西人民出版社，1999。

50. 莫建备等主编《大整合·大突破——长江三角洲区域协调发展研究》，上海，上海人民出版社，2005。

51. 潘小娟著《发达国家地方政府管理制度》，北京，时事出版社，2001。

52. 彭和平、竹立家编译《国外公共行政理论精选》，北京，中共中央党校出版社，1997。

53. 浦善新著《中国行政区划改革研究》，北京，商务印书馆，2006。

54. 全治平、江佐中著《论地方经济利益》，广州，广东人民出版社，1992。

55. 荣敬本等著《从压力型体制向民主合作型体制的转变》，北京，中央编译出版社，1998。

56. 荣跃明著《区域整合与经济增长——经济区域化趋势研究》，上海，上海人民出版社，2005。

57. 沈立人著《地方政府经济职能和经济行为》，上海，上海远东出版社，1998。

58. 石忆邵著《市场、企业与城镇的协同发展》，上海，同济大学出版社，2003。

59. 宋丁著《深港共同体研究》，广州，广东人民出版社，2000。

60. 宋立、刘树杰主编《各级政府公共服务事权财权配置》，北京，中国计划出版社，2005。

61. 孙群郎著《美国城市郊区化研究》，北京，商务印书馆，2005。

62. 孙学玉著《公共行政学论稿》，北京，人民出版社，1999。

63. 舒庆、周克瑜编著《从封闭走向开放——中国行政区经济透视》，上海，华东师范大学出版社，2003。

64. 童之伟著《国家结构形式论》，武汉，武汉大学出版社，1997。

65. 王乐夫主编《经济发展与地方政府》，广州，中山大学出版社，1997。

66. 王丽萍著《联邦制与世界秩序》，北京，北京大学出版社，2000。

67. 王梦奎、李善同等著《中国地区社会经济发展不平衡问题研究》，北京，商务印书馆，2000。

68. 王绍光著《分权的底限》，北京，中国计划出版社，1997。

69. 王绍光、胡鞍钢著《中国国家能力报告》，沈阳，辽宁人民出版社，1994。

70. 王绍光，胡鞍钢著《中国，不平衡发展的政治经济学》，北京，中国计划出版社，1999。

71. 王一鸣主编《中国区域经济政策研究》，北京，中国计划出版社，1998。

72. 汪宇民著《中国省区经济研究》，上海，华东师范大学出版社，2000。

73. 韦伟著《中国经济发展中的区域差异与区域协调》，合肥，安徽人民出版社，1995。

74. 魏后凯著《从重复建设到有序竞争》，北京，人民出版社，2001。

75. 魏清泉等著《世纪之交的珠江三角洲行政区划》，广州，广东省地图出版社，1997。

76. 吴国光、郑永年著《论中央—地方关系：中国制度转型中的一个轴心问题》，香港，牛津大学出版社，1995。

77. 谢鹏飞主编《泛珠三角区域合作研究》，广州，广东人民出版社，2004。

78. 杨爱平著《当代中国的区域协调发展：公共管理的视域》，北京，社会科学文献出版社，2008。

79. 杨春学著《经济人与社会秩序分析》，上海，上海三联书店，1998。

80. 杨宏山著《府际关系论》，北京，中国社会科学出版社，

2005。

81. 姚士谋等著《中国城市群》，合肥，中国科学技术大学出版社，2001。

82. 郁鸿胜著《崛起之路：城市群发展与制度创新》，长沙，湖南人民出版社，2005。

83. 张可云著《区域大战与区域经济关系》，北京，民主与建设出版社，2001。

84. 张敦福、覃成林著《中国区域经济差异与协调发展》，北京，中国轻工业出版社，2001。

85. 张紧跟《当代中国地方政府间横向关系协调研究》，北京，中国社会科学出版社，2006。

86. 张启春著《中国区域差距与政府调控——财政平衡机制和支持系统》，北京，商务印书馆，2005。

87. 张万清主编《区域合作与经济网络》，北京，经济科学出版社，1987。

88. 张耀辉等著《区域经济理论与地区经济发展》，北京，中国计划出版社，1999。

89. 张召堂著《中国首都圈发展研究》，北京，北京大学出版社，2005。

90. 张兆安著《大都市圈与区域经济一体化——兼论长江三角洲区域经济一体化》，上海，上海财经大学出版社，2006。

91. 张志红著《当代中国纵向政府间关系研究》，天津，天津人民出版社，2005。

92. 赵永茂、孙同文、江大树等著《府际关系》，台北，台北元照出版公司，2001。

93. 郑贤君著《地方制度论》，北京，首都师范大学出版社，2000。

94. 钟坚著《深圳与香港经济合作关系研究》，北京，人民出版社，2001。

95. 周克瑜著《走向市场经济——中国行政区与经济区的关系及其整合》，上海，复旦大学出版社，1999。

96. 周振华著《体制变革与经济增长》，上海，上海三联书店、上海人民出版社，2000。

97. 周振华主编《政府选择：中国经济分析》，上海，上海人民出版社，2005。

98. 朱文晖著《走向竞合——珠三角与长三角经济发展比较》，北京。清华大学出版社，2003。

99. William Anderson,*Intergovernmental Relations in Review*, Minneapolis：University of Minnesota Press, 1960.

100. Richard C. Feiock. , *Metropolitan Governance*：*Conflict*, *competition*, *and cooperation*, Georgetown University Press, 2005.

101. Robert W. Gage & Myrna P. Mandell（eds）, *Strategies for Managing Intergovernmental Policies and Networks*, New York, NY：Praeger Publishers, 1990.

102. Donald F. Kettl and H. Brinton Milward, *The State of Public Management*, the John Hopkins University Press, 1996.

103. Daphne A. Kenyon and John Kincaid. , *Competition among States and Local Governments*, The Urban Institute Press, 1991.

104. David K. Hamilton, *Governing Metropolitan Areas*, New York：Garland Publishing, Inc, 1999.

105. Jia Hao and Lin Zhimin, （ed）, *Changing Central-Local Relations in China*, Oxford：Westview Press, 1994.

106. John J. Harrigan and Ronald K. Vogel, *Political Change in the Metropolis*, Addison-Wesley Educational Publishers Inc, 2003.

107. Heinelt, H. , and D. Kübler（eds）, *Metropolitan Governance*：*Capacity*, *Democracy and the Dynamics of Place*, London：

Routledge, 2005.

108. Jae Ho Chung, *Central Control and Local Discretion in China*, New York: Oxford University Press 2000.

109. Richard H. Leach (ed), *Intergovernmental Relations in the 1980s*, New York: M. Dekker, 1983.

110. Linda Chelan Li, *Centre and Provinces: China 1978 ~ 1993, Power as Non-Zero-Sum*, New York: Oxford University Press 1998.

111. David C. Nice & Patricia Frederickson, *The Politics of Intergovernmental Relations*, Nelson-Hall, Inc. Chicago, 1999.

112. Jack Rabin, W. Bartley Hildreth, and Gerald J. Miller. (eds.), *Handbook of Public Administration*, New York: Marcel Dekker, 1998.

113. R. A. W. Rhodes, *Control and Power in Central-Local Government Relations*, Hampshire, England: Gower Publishing Company Limited, 1986.

114. Scharpf, F. , *Games Real Actors Play, Actor- Centered Institutionalism and Policy Research*, Boulder (CO): Westview, 1997.

115. Jay M. Shafritz, Albert C. Hyder, *Classic of Public Administration*, Harcourt Brue College Publishers, 1996.

116. Susan L. Shirk, *The Political Logic of Economic Reform in China*, Berkeley: University of California Press, 1993.

117. Laurence J. O'Toole (ed), *American Intergovernmental Relations: Foundations, Perspectives and Issues*, Washington, D. C. : Congressional Quarterly, 2000.

118. Deil S. Wright, *Understanding Intergovernmental Relations*, Belmont: Wadsworth, Inc, 1988.

119. Yasheng Huang, *Inflation and Investment Controls in China: The*

Political Economy of Central-Local Relations during the Reform Era, New York: Cambridge University Press, 1996.

二　论文部分

1. 蔡玉峰：《调整县乡行政区划促进行政机关改革》，《管理世界》1999 年第 4 期。

2. 陈国权，李院林：《论长江三角洲一体化进程中的地方政府间关系》，《江海学刊》2004 年第 5 期。

3. 陈敏、阎小培：《1990 年代以来中国行政区经济研究的进展》，《学术研究》2005 年第 6 期。

4. 陈瑞莲：《论区域公共管理研究的缘起与发展》，《政治学研究》2003 年第 4 期。

5. 陈瑞莲、张紧跟：《试论区域经济发展中的政府间关系协调》，《中国行政管理》2003 年第 12 期。

6. 戴均良：《行政区划应实行省县二级制——关于逐步改革市领导县体制的思考》，《中国改革》2001 年第 9 期。

7. 戴均良：《关于近年来大中城市市区行政区划调整变更的研究》，《行政区划与地名》2003 年第 2 期。

8. 付光明、黄正林、沈亚林：《部门内生交易费用"综合症"是农民负担重的根本原因——一个乡镇的政府规模和资源吸收及分配机制的剖析》，《管理世界》2002 年第 11 期。

9. 付小随：《地区发展竞争背景下的地方行政管理体制改革》，《管理世界》2003 年第 2 期。

10. 高萍：《论中国区域发展战略的三次转向》，《中南财经政法大学学报》2006 年第 1 期。

11. 课题组：《地区利益：我国产业结构失调的深层原因及对策分析》，《新华文摘》2001 年第 8 期。

12. 李军杰、周卫峰：《基于政府间竞争的地方政府经济行为分析》，《经济社会体制比较》2005 年第 1 期。

13. 李军鹏：《论新制度经济学的政区竞争理论》，《中国行政管理》2001 年第 5 期。

14. 李中学：《西部大开发中地方政府的协调与合作》，《中国行政管理》2000 年第 8 期。

15. 刘海波：《中央与地方政府间关系的司法调节》，《法学研究》2005 年第 1 期。

16. 刘君德、陈占彪：《长江三角洲行政区划体制改革思考》，《探索与争鸣》2003 年第 6 期。

17. 刘君德：《论中国大都市区行政组织与管理模式创新——兼论珠江三角洲的政区改革》，《经济地理》2001 年第 2 期。

18. 刘明惠、崔惠玉：《二元结构下的财政支出结构调整》，《东北财经大学学报》2006 年第 1 期。

19. 刘振兴、安慰：《珠三角城市群的形成与发展》，《同济大学学报》2004 年第 10 期。

20. 陆大道：《中国行政区、经济区发展的回顾与展望》，《中国人民大学学报》1994 年第 6 期。

21. 陆铭、陈钊：《论中国区域经济发展的两大因素和两种力量》，《云南大学学报》2005 年第 4 期。

22. 卢维华：《非政府组织与政府的关系：资源相互依赖理论的视角》，《公共管理学报》2005 年第 2 期。

23. 马力宏：《论政府管理中的条块关系》，《政治学研究》1998 年第 4 期。

24. 毛文锋等：《粤港两地跨界污染的成因与对策》，《中国环境管理》1998 年第 4 期。

25. 潘小娟：《中央与地方关系的若干思考》，《政治学研究》1997 年第 1 期。

26. 庞明礼：《"省管县"：我国地方行政体制改革的趋势?》，
　　《中国行政管理》2007 年第 6 期。

27. 沈荣华：《信息非对称视角下我国地方政府职能转变》，《中
　　国行政管理》2002 年第 6 期。

28. 石霞、马涛：《区域协调发展意味着什么》，《经济研究信
　　息》2007 年 4 月 17 日。

29. 宋月红：《当代中国行政区域类型及其政治发展动因之分
　　析》，《学习与探索》1998 年第 4 期。

30. 苏力：《当代中国的中央与地方分权》，《中国社会科学》
　　2004 年第 5 期。

31. 孙柏瑛：《新政治经济学与当代公共行政的发展》，《北京行
　　政学院学报》2002 年第 2 期。

32. 孙宁华：《经济转型时期中央与地方政府的经济博弈》，《管
　　理世界》2001 年第 3 期。

33. 孙学玉、伍开昌：《当代中国行政结构扁平化的战略构想——
　　以市管县体制为例》，《中国行政管理》2004 年第 3 期。

34. 孙学玉、伍开昌：《构建省直接管理县市的公共行政体制——
　　一项关于市管县体制改革的实证研究》，《政治学研究》2004
　　年第 1 期。

35. 唐立国：《长江三角洲地区城市产业结构的比较分析》，《上
　　海经济研究》2002 年第 9 期。

36. 王冰等：《地区经济结构优化升级的理论渊源与对策取向》，
　　《武汉大学学报》2002 年第 1 期。

37. 王枫云：《地方市场封锁中的政府行为分析》，《江汉论坛》
　　2002 年第 6 期。

38. 王国生：《过渡时期地方政府与中央政府的纵向博弈及其经
　　济效应》，《南京大学学报》2001 年第 1 期。

39. 王健等：《"复合行政"——解决当代中国区域经济一体化与

行政区划冲突的新思路》，《中国行政管理》2004 年第 4 期。

40. 王振海：《政府人行为的经济分析》，《国家行政学院学报》
    2002 年第 2 期。

41. 王绍光：《中国财政转移制度的政治逻辑》，《战略与管理》
    2002 年第 3 期。

42. 王雅林：《农村基层的权利结构及其运行机制》，《中国社会
    科学》1998 年第 5 期。

43. 徐康宁等：《长三角城市群：形成、竞争与合作》，《南京社
    会科学》2005 第 5 期。

44. 徐勇、吴毅：《地区发展非均衡性的政治影响分析》，《学习
    与探索》1994 年第 4 期。

45. 阎坤、张立承：《中国县乡财政困境分析与对策研究》，《经
    济研究参考》2003 年第 90 期。

46. 阳国亮：《地方保护主义的成因及其博弈分析》，《经济学动
    态》2002 年第 8 期。

47. 杨龙、彭景阳：《我国区域政治发展研究：理论与问题》，
    《武汉大学学报（社会科学版）》2002 年第 5 期。

48. 叶裕民：《中国区际贸易冲突的形成机制与对策思路》，《经
    济地理》2000 年第 6 期。

49. 余小平等：《预算外资金的历史、现状分析及改革建议》，
    《财经问题研究》1996 年第 8 期。

50. 张紧跟：《浅论中央与地方关系的法治化》，《江西行政学院
    学报》2002 年第 2 期。

51. 张紧跟：《试论地方政府间横向关系协调》，《云南行政学院
    学报》2003 年第 2 期。

52. 张紧跟：《组织间网络理论：公共行政学的新视野》，《武汉
    大学学报（社会科学版）》2003 年第 4 期。

53. 张紧跟：《当代美国地方政府间关系协调的实践及其启示》，

《公共管理学报》2005 年第 1 期。

54. 张紧跟：《地方政府间关系协调的治理机制分析：交易费用理论的分析视角》，载肖滨主编《中大政治学评论》，中山大学出版社，2005。

55. 张紧跟：《当代美国大都市区治理的争论与启示》，《华中师范大学学报》2006 年第 4 期。

56. 张紧跟：《纵向政府间关系调整：地方政府机构改革的新思路》，《中山大学学报》2006 年第 2 期。

57. 张紧跟、唐玉亮：《论建立跨县（市）流域治理中的政府间环境协作机制——以小东江为例》，《公共管理学报》2007 年第 3 期。

58. 张紧跟：《从多中心竞逐到联动整合：对未来珠江三角洲城市群发展的思考》，《城市问题》2008 年第 1 期。

59. 张紧跟：《试论区域公共管理视野下的行政区划改革》，《中山大学学报》2007 年第 5 期。

60. 张紧跟：《试论地方政府间关系协调》，《广东行政学院学报》2007 年第 4 期。

61. 张紧跟：《试论新区域主义视野下的泛珠江三角洲区域合作》，《武汉大学学报》2008 年第 3 期。

62. 张玉：《区域协调发展与政府体制变迁的制度分析》，《学术研究》2005 年第 9 期。

63. 张知常：《市辖区：亟待规范和调整》，《中国方域》1999 年第 1 期。

64. 赵阳、周飞舟：《农民负担和财税体制：从县、乡两级的财税体制看农民负担的制度原因》，《香港社会科学学报》2000 年秋季卷。

65. 邹树彬：《行政区划改革：焦点、态势及走向》；《社会科学研究》2007 年第 4 期。

66. 周克瑜：《都市圈建设模式与中国空间经济组织创新》，《战略与管理》2000 年第 2 期。

67. 周黎安：《晋升博弈中政府官员的激励与合作》，《经济研究》2004 年第 6 期。

68. 周业安、赵晓男：《地方政府间竞争模式研究》，《管理世界》2002 年第 12 期。

69. 周业安：《地方政府竞争与经济增长》，《中国人民大学学报》2003 年第 1 期。

70. 周振鹤：《市管县和县改市应该慎行》，《探索与争鸣》1996 年第 2 期。

71. 周飞舟：《生财有道：土地转让中的政府与农民》，《社会学研究》2007 年第 1 期。

72. "中国地方政府竞争"课题组：《中国地方政府竞争与公共物品融资》，《财贸经济》2002 年第 10 期。

73. 卓越、邵任薇：《当代城市发展中的行政联合趋向》，《中国行政管理》2002 年第 7 期。

74. Agranoff, Robert, "Directions in Intergovernmental Management", *International Journal of Public Administration*, 1988, 11 (4).

75. Richard Baum and Alexei Shevchenko, "The 'State of the State'", in Merle Goldman and Roderick MacFarquhar ed, *The Paradox of China's Post-Mao Reforms* (Cambridge: Harvard University Press, 1999).

76. Richard M. Bird and Enid Slack, "Fiscal Aspects of Metropolitan Governance", *ITP Paper* 0401, January 2004.

77. Frey, B. S. and R. Eichenberger, "Metropolitan Governance for the Future: Functional Overlapping Competing Jurisdiction (FOCJ)", *Swiss Political Science Review*, 2001 (7).

78. Mosher, Frederick C. , 1980, "The Changing Responsibilities

and Tactics of the Federal Government", *Public Administration Review* 40.

79. Frisken, F, and Norris, D. F, "Regionalism Reconsidered", *Journal of Urban Affairs*, 2001, 23 (5).

80. Frisken, F, and Norris, D. F, "Regionalism Reconsidered", *Journal of Urban Affairs*, 2001, 23 (5): 467～478.

81. Hamilton, "Regimes and Regional Governance: The Case of Chicago", *Journal of Urban Affairs*, 2002, 24 (4).

82. Joachim Hans Hesse, "The Federal Republic of German: From Cooperative Federalism to Joint Policy—Making", in *West European Politics*, 1987 (10).

83. Jae Ho Chung, "Studies of Central-Provincial Relations in the People's Republic of China, A Mid-Term Appraisal", *The China Quarterly*, June, 1995.

84. Sheldon Kamieniechi and Michael R. Ferrall, "Intergovernmental Relations and Clean Air Policy in Southern California", *The Journal of Federalism* 21, Summer 1991.

85. Daniel Kübler, "Problems and Prospects of Metropolitan Governance in Sydney: towards ' old ' or ' new ' Regionalism?" *City Future Research Centre Research Ppaper* No. 2, December, 2005.

86. Lef' bvre, C. , "Metropolitan Government and Governance in Western Countries: A Critical Review", *International Journal Urban and Regional Research*, 1998, 22 (1).

87. Thomas P. Lyous, "Explaining Economic Fragmentation in China: A System Approach", *Journal of Comparative Economics*, 1986 (10).

88. Adij Najam, "The Four-C's of Third Sector-Government Relations: Cooperation, Confrontation, Complementarities,

and Co-optation", *Nonprofit Management & Leadership*, Vol, 10, No. 4 (Summer 2000).

89. Judith Saidel, "Resource Interdependence: The Relationship Between State Agencies and Nonprofit Organizations", *Public Administration Review*, Vol. 51, Iss. 6 (Nov/Dec), 1991.

90. Savitch,H. V, and R. K, Vogel, "Paths to New Regionalism", *State and Local Government Review*, 2000, 32 (3).

91. Gerry Stocker,"Intergovernmental Relations", *Public Administration*, 73 (Spring), 1995.

92. Barry R. Weingast, Yingyi Qing, Gabriella Montionola, "Federalism, Chinese Style: the Political Basis for Economic Success in China", *World Politics*, Vol. 48, No. 1. (1995).

93. O. E. Williamson, "The Institution of Governance", *American Economics Review*, vol. 88, no. 2, 1998.

94. Deil S Wright, "Federalism, Intergovernmental Relations, and Intergovernmental Management: Historical Reflections and Conceptual Comparisons", *Public Administration Review*, 50 (March/April, 1990).

95. Zhang,Tao and Heng Fu Zou, "Fiscal Decentralization, Public Spending, and Economic Growth in China", *Journal of Public Economy*, 1998, 67.

后　记

　　呈现在读者面前的这本书，记载着我近 10 年来对当代中国政府间关系的理论思考，希望这一研究能有助于增进这一领域的知识积累。研究当代中国政府间关系，既受制于研究资料难以有效获得，也因为其关涉到经济学、法学、政治学、公共行政学、经济地理学等多学科而必须进行跨学科的综合研究。因此，虽然要交付出版了，但内心里仍然忐忑不安，真诚地期待读者的批评与斧正，以共同推进对这一领域的研究。

　　在这本书最终得以付梓之际，首先我要由衷地感谢我所在的学术研究群体。我的博士生导师陈瑞莲教授，她不仅一直指导和关注着我的研究，而且还将本书纳入中山大学行政管理研究中心的"地方政府与区域公共管理研究"丛书。夏书章教授和王乐夫教授，在中山大学学习与工作的日子里，我一直受益于他们博大精深的政治学与公共管理理论。任剑涛教授、肖滨教授、马骏教授、郭巍青教授、郭小聪教授、廖为建教授、倪星教授、蔡立辉教授、陈天祥教授、岳经纶教授等，在以往的学习与研究中，他们的帮助与点拨使我受益无穷。张海清副教授、刘亚平副教授、朱亚鹏副教授、郭忠华副教授、谭安奎副教授、黎汉基副教授、黄冬娅博士等，在日常的交流与互相砥砺中，使我颇受启发和不敢懈怠。其次，我要感谢社会科学文献出版社，感谢宋月华老师和陈俊乾老师，他们的艰苦工作使我能进一步修改和完善书稿。再次，我要感谢《社会学研究》的张志敏老师、《中山大学学报》的杨海文老师、《武汉大学学报》的叶娟丽老师、《华中师范大学学报》的王敬尧老师、《公共管理学报》的丁云龙老师，是他们给了我"学术思考的空间"。最后，我要将感谢留给我的家人，他们一如既往的关心与支持既是我安心进行学术研究的基础，也是我继续展开学术探索的动力。

张紧跟

2008 年 11 月于广州

政府增长与秩序演进

马翠军　著

2008年9月出版　35.00元

ISBN 978-7-5097-0248-2/D·0101

　　本书将国家权力与公民权利同步增长、政府权力与市场经济正相关发展、政府权力弱化与扩张的统一等一系列看似相悖的现象置于组织社会学中考查，沿着政府持续增长这一历史轨迹，解读政治秩序与经济秩序是如何作为一个整体共同演进的。政治、经济、行政等理论中诸多相互对峙、冲突的观点在这里逐一得到化解。

政治改革与政府转型

谢庆奎　佟福玲主编

2009年1月出版　59.00元

ISBN 978-7-5097-0556-8

　　本书是"中国政府管理和政治发展"国际学术研讨会的论文集，主要涉及"政治发展理论与中国政治改革"、"中国政治体制改革与中国共产党执政方式转变"、"治理理论与中国政府治理"、"中国行政体制改革与政府创新"等领域，都是当时中国政治发展与政府管理所面临的重大理论和实践问题，同时也是社会各界关注的热点问题。

城市公用事业市场化中的政府责任

李珍刚 著

2008年10月出版　35.00元

ISBN 978-7-5097-0344-1/D·0140

　　随着市场经济的发展，城市公用事业市场化已成为我国城市公用事业改革的重要趋势。城市公用事业市场化改革推动了城市的发展，但市场自身的局限性和政府公共管理中存在着的种种问题，使政府在城市公用事业市场化过程中应担当何种责任越来越成为社会关注的焦点。本书从历史演进、中外比较、实证分析的角度阐释了城市公用事业市场化必然性及其局限性，透析了政府在其中应当承担的公共责任，为科学建立城市公用事业管理机制，促进城市公用事业市场化健康发展提供了理论参考。

当代中国地方政府间竞争

刘亚平 著

2007年3月出版　25.00元

ISBN 978-7-80230-507-6/D·128

　　本书从动态和静态、政治竞争和市场竞争等多个视角、多个层面研究了当代中国地方政府间的竞争，分析了其利弊，提出了对地方政府间竞争进行规范的思考，具有参考价值。本书是在作者博士论文的基础上经过修改、增补而成的，得到多位教授、专家的指点，是一本值得一读的好书。

"县官"是门大学问

金世明 著
2007年11月出版 39.00元
ISBN 978-7-80230-858-9/D·267

　　县是我国最重要的一级政权，工农兵学商、党政财文卫，五脏俱全，在整个国民经济中，处于承上启下的作用。县官是中央大政方针的最具体的责任人，本书作者根据自己长期的工作经验，为怎样当好"县官"设计了一个参照系，是对"县官"执政能力的一种有益探索，也是一种科学的把握，一种全身心的领悟。对基层执政者不失为一本重要参考书。

中国地方政府学

沈荣华 编著
2006年9月出版 35.00元
ISBN 7-80230-296-X/D·053

　　本书从我国实际出发，以当前行政改革为总体背景，以梳理中西方相关理论与概念为逻辑起点，以我国县、市地方政府为主要考察论域，以狭义的地方人民政府为研究对象，系统阐述了我国地方政府的发展历史，论述了我国地方政府的权力及其配置、地方政府与地方权力机关及其地方司法机关的结构关系，分析了地方政府的职能与地方政府之间的关系，并从管理层面上论证了我国地方政府的财政、自治与责任，最后为我国地方政府改革留下一定的思索余地。

社会科学文献出版社网站

www.ssap.com.cn

1. 查询最新图书 2. 分类查询各学科图书
3. 查询新闻发布会、学术研讨会的相关消息
4. 注册会员，网上购书

本社网站是一个交流的平台，"读者俱乐部"、"书评书摘"、"论坛"、"在线咨询"等为广大读者、媒体、经销商、作者提供了最充分的交流空间。

"读者俱乐部"实行会员制管理，不同级别会员享受不同的购书优惠（最低7.5折），会员购书同时还享受积分赠送、购书免邮费等待遇。"读者俱乐部"将不定期从注册的会员或者反馈信息的读者中抽出一部分幸运读者，免费赠送我社出版的新书或者光盘数据库等产品。

"在线商城"的商品覆盖图书、软件、数据库、点卡等多种形式，为读者提供最权威、最全面的产品出版资讯。商城将不定期推出部分特惠产品。

咨询/邮购电话：010-59367028　　邮箱：duzhe@ssap.cn
网站支持（销售）联系电话：010-59367070　　QQ：168316188　　邮箱：service@ssap.cn
邮购地址：北京市西城区北三环中路甲29号院3号楼华龙大厦　社科文献出版社市场部
邮编：100029
银行户名：社会科学文献出版社发行部　　开户银行：工商银行北京东四南支行　　账号：0200001009066109151

·地方政府与区域公共管理研究丛书·

当代中国政府间关系导论

著　　者／张紧跟

出 版 人／谢寿光
总 编 辑／邹东涛
出 版 者／社会科学文献出版社
地　　址／北京市西城区北三环中路甲 29 号院 3 号楼华龙大厦
邮政编码／100029
网　　址／http：//www. ssap. com. cn
网站支持／(010) 59367077
责任部门／人文科学图书事业部 (010) 59367215
电子信箱／bianjibu@ ssap. cn
项目经理／宋月华
责任编辑／李正乐　陈俊乾
责任校对／尤田雄
责任印制／岳　阳　郭　妍

总 经 销／社会科学文献出版社发行部
　　　　　(010) 59367080　59367097
经　　销／各地书店
读者服务／市场部 (010) 59367028
排　　版／北京中文天地文化艺术有限公司
印　　刷／三河市世纪兴源印刷有限公司

开　　本／889mm × 1194mm　1/32
印　　张／12
字　　数／305 千字
版　　次／2009 年 6 月第 1 版
印　　次／2009 年 6 月第 1 次印刷

书　　号／ISBN 978 - 7 - 5097 - 0728 - 9
定　　价／35. 00 元

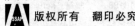